综合卷

上海教育丛书

典藏版

青浦实验

启示录

顾泠沅

郑润洲

李秀玲

著

上海教育出版社

SHANGHAI EDUCATIONAL
PUBLISHING HOUSE

《上海教育丛书》历届编委会

总　序

　　建设一流城市,需要一流教育。办好教育,最根本的是要建设好教师队伍和学校管理干部队伍。

　　在长期的教育实践中,上海市涌现了一大批长期耕耘在教育第一线呕心沥血、努力探索,积累了丰富经验的优秀教师;涌现了一批领导学校卓有成效,有思想、有作为的优秀教育管理工作者。广大优秀教育工作者教育教学和管理工作的经验,凝聚着他们辛勤劳动的心血乃至毕生精力。为了帮助他们在立业、立德的基础上立言,确立他们的学术地位,使他们的经验能成为社会的共同财富,1994年上海市领导决定,委托教育部门负责整理这些经验。为此,上海市教育局、上海市中小学幼儿教师奖励基金会组织成立《上海教育丛书》编辑委员会,并由吕型伟同志任主编,自当年起出版《上海教育丛书》(以下称《丛书》)。1995年上海市教育委员会成立后,要求继续做好《丛书》的编辑出版工作。2008年初,经上海市教育委员会领导同意,调整和充实了《丛书》编委会,并确定夏秀蓉同志任执行主编,协助主编工作。2014年底,经上海市教育委员会领导同意,调整和充实了《丛书》编委会,确定尹后庆同志担任主编。《丛书》的内容涵盖了基础教育和中等职业教育的各个方面,包含有较高理论水平和学术价值的著作,涉及中小学教育、学前教育、师范教育、职业教育、校外教育和特殊教育,以及学校的领导管理与团队工作,还有弘扬祖国优秀文化、促进国际教育交流等方面的著作,体现了上海市中小学教育改革与发展的轨迹,体现了上海市中小学教育办学的水平与质量,体现了优秀教师和教育工作者的先进教育思想与丰富的实践经验。《丛书》出版后,受到广大教师、教育工作者及社会的欢迎。

为进一步搞好《丛书》的出版、宣传和推广工作,对今后继续出版的《丛书》,我们将结合上海教育进入优质均衡、转型发展新时期的特点,更加注重反映教育改革前沿的生动实践,更加注重典型性、实用性和可读性。希望《丛书》反映的教育思想、理念和观点能起到抛砖引玉的作用,引发大家的思考、议论和争鸣;更希望在超前理念、先进思想的统领下创造出的扎实行动和鲜活经验,能引领当前的教育教学改革工作,使《丛书》成为记录上海教育改革历程和成果的历史篇章,成为广大教师和教育工作者的良师益友。限于我们的认识和水平,《丛书》会有疏漏和不尽如人意之处,诚恳地希望广大读者提出宝贵意见,帮助我们共同把《丛书》编好。

《上海教育丛书》编委会

目　录

3. 效率导向的教学策略体系

4. 实践、研究、培训三位一体

5. 经验筛选为核心、多元互补

永葆耕耘者的本色

1998 年新年伊始,我举家搬迁,告别工作了 30 年的第二故乡——青浦县(现青浦区),赴上海市教育科学研究院就职。在离开县境之际,我的心沉甸甸的,往事如云,难以忘却:

1967 年我从复旦大学数学系毕业,一年后在偏僻的青浦农村开始了教师生涯;

1977 年摆脱十年动乱的阴影,走上了青浦数学教改实验的艰难历程;

1987 年全县教改取得初步成功,转而进入向纵深推进的阶段;

1997 年实现了"十年生聚、十年教训"的承诺……

人生能有几个十年,在青浦我度过了自己的青春年华。今天,因为事业的需要改变了工作的岗位,但我想,作为人民教师默默耕耘的本色决不能改变。我忘不了青浦这片热土,忘不了那里含辛茹苦为教育事业奋斗了几十年的所有同志。

地上本没有路,走的人多了,也便成了路

20 世纪 70 年代末,我作为青浦县数学教研员,组织了一次全县统一的中学数学测验。试题内容是初中的基础知识。谁料,4 300 多名中学最高年级的学生,竟有 2/3 分数运算不熟练;全部考生的平均成绩仅 11.1 分。

积重难返。十年动乱留下的荒芜田园,该如何重播希望?

有人觉得:回天乏术。

有人主张:先抓一部分好学生。

有人认为:要想翻身,只有笨鸟先飞,加班加点。

县教育局局长找我谈话。我找到了日后成为教改实验小组核心人员的老师。责任感、使命感，还有穷则思变的翻身欲，终于把我们会聚到教育改革的大旗下。

我们坚信：路要靠人去走。地上本没有路，走的人多了，也便成了路。为改变青浦教育的落后面貌，必须寻找一条能够大面积提高教育质量的改革之路。

青浦县数学教改实验小组应运而生。探索首先从教学现状调查开始。前后3年，我们走遍了全县的每一所学校，对学生的数学学习情况进行了22次质量普查，并作了详细的数据统计和分析，发现了好、中、差三类学生在学习态度、学习水平和方法上的差别。在广泛了解的基础上，又选择有代表性的7所农村中学，用一年多时间对50名数学教师作连续听课。调查结果表明：大量教师的教学还停留于叙述教材的水平。

然而，在发现问题的同时，也发现了不少教师在教学上的"高招"。例如，有位教师常以问题作为教学的出发点；有位教师上课总是以旧引新、层次分明；有位教师擅长讲练结合，并有组题和变题的丰富经验。

真是"十步之内，必有芳草"。3年里，我们共收集整理了类似的经验160多项。

经验是生动的，包含着许多合理的内涵。但它受多种背景的影响，还不是规律。一项成功的经验不一定能在各所学校普遍适用。对它们必须去粗取精，去伪存真。

1980年4月，实验小组在一所中学开始为期一年半的实践筛选——让经验在课堂实践中接受检验。

每星期半天汇总情况、制订或修正计划，5天试教、考察评价。如此循环，整整50次，最后筛选出4条比较有效的教学措施：激发兴趣，让学生在迫切要求之下学习；处理教材，组织好课堂教学的层次、序列；改进方法，在讲授的同时辅之尝试活动；效果反馈，及时调节教学。

成功，孕育于不间断的科学探索之中

筛选的成功，让大家兴奋不已。地上的路渐渐成形。然而，我们清醒地知道:必须用严格的实验去验证这些有效措施的本质。

县教育局很快批准了进一步实验的报告。主实验用 3 年时间,选择县重点中学、一般完全中学、农村初级中学三种不同类型的 5 所学校,共 10 个班级 440 名学生作为研究对象。

实验的重点放在尝试活动和效果反馈上。

美国心理学家罗斯与亨利等的反馈效应实验证明:每日反馈、每周反馈或不给学生反馈学习结果,效果很不相同。每天知道自己学习结果的学生,成绩提高最快,每周次之,没有获得结果反馈的学生表现最差。

美国著名心理学家布卢姆提出的掌握学习方法,将教材分成以 1—2 周为周期的单元,每个单元完成后进行诊断性测验,发现学习中存在的问题,然后针对问题给予第二次教学机会,可大大提高教学质量。

我们认为:青浦农村教师创造的,通过课后作业和阶段测验两个通道相配合的效果反馈系统,既做到当日了解,又能够阶段掌握,更适合我们的国情。

至于尝试活动,主要指:如何创设问题情境、启发诱导;如何开展探究知识的尝试;如何引导学生把概括出的结论纳入知识系统;如何进行变式训练、巩固尝试效果;等等。

实验结果证实,尝试活动、效果反馈确实是大面积提高教学质量的有效措施,5 所学校实验班各个阶段多项测试成绩的合格率和优秀率都高于对照班。

教学是个变化着的过程,离开了对整个过程的科学分析,就会降低研究的价值。评价一种经验的普遍性和有效性,不能只看作为结果的分数,还必须对它在实践中的客观过程作深入的解剖。于是,实验小组的老师走进课堂这个活生生的"实验室",对作为"实验对象"的学生作长期的对偶跟踪研究。我们利用主观判据对课堂教学作评价,用"出声想"方法评价这些学生解题的思维过程。另外,还对活动与反馈、情意与认知在数学练习中的作用做了两因子实验。

寒暑三载,我们积累了 4 万多个实验数据和数十万字的分析资料。实验验证了切实提高教学质量的规律,也验证了理论与实践相结合的价值。

但是,实验成功还不是我们的终极目标。成果必须复归到大范围的实际教学环境中去接受检验。经验的生命在于应用,推广才是最有权威的鉴定。

早在经验筛选阶段,实验小组就着手进行经验传播的基础准备工作。在教改主实验完成以后,我们又用 8 年时间边推广边研究,不断填补研究者与实践者之间的知识沟壑。用科研成果更新教学常规;举办多种形式的推广辅导班,扩充骨干队伍;确定重点推广学校,进一步探讨和辐射教改经验。

经验传播是一门学问。技术革新成果的推广,处理的主要是"人—机"关系,教学经验的传播,处理的则是"人—人"关系。因此,经验的传播要靠选择和内化。

1985 年,《中共中央关于教育体制改革的决定》发布,把青浦县的教育改革推上了一个更加广阔的舞台——从数学扩展到其他学科,从智育深入到德、智、体、美、劳各个方面的教育。

历史,终于留下光辉的一页。荒芜的田园重新充满了希望和生机。1986年,青浦县初中毕业生在全市统考中数学平均成绩为 79.2 分,合格率达到 85%,优良率达到 62%,都大大超过了当年全市的平均值。全县各学科的教学质量明显上升,学生素质也相应有所提高,一些指标连续多年保持在较高的水平上。改革和研究的成果多次在上海和全国获得大奖。

那一年,上海市教育局(现上海市教育委员会)决定向全市推广青浦经验,市局老领导、著名教育家吕型伟指出,青浦的教改实验"充满了改革的精神,找到了提高质量的科学规律"。

也是那年,布卢姆教授来华讲学,他了解了青浦教改情况后说,"你们做了相当于我几十年所做的工作"。

1990 年,我国著名教育家刘佛年教授称青浦经验为"教育改革的楷模"。

1990 年 10 月,一个由数学教育界著名专家和中央科研机构研究人员组成的专家组,曾到青浦实地考察了整整 9 天。他们在递交中华人民共和国教育委员会(现中华人民共和国教育部,以下简称"国家教委")的研究报告中指出:青浦县数学教改实验小组面对教育质量低下的局面,不埋怨客观条件差,不丧失前进的信心,不受片面追求升学率错误思想的干扰,也不采取违背教育规律的做法,提出从实际出发,按教育规律办事,向教育科研要质量。正是由于有了正确教育思想的指导,他们的教改实验才有了正确的方向和明确的目标,他们探索出来的教学经验才具有其理论意义与实践意义。

1992 年 4 月,青浦教改经验全国推广会在上海召开。随后,国家教委办公厅向各地发出通知,决定有计划、有步骤地在全国范围内推广这项经验。

抓住今夜,因为明天从今夜开始

我的行事安排,不讲节假日,没有寒暑假。休息日和晚上是最佳的时光,时间完全由个人支配,没有公务,没有干扰,可以尽兴地读书、思考、写作。

有人问我:为什么要把弦拉得这么紧?

我的回答是:要抓住今夜,因为明天从今夜开始。

1987年,正是青浦教改经验开始在上海、全国传开的当口,我通过了华东师范大学的研究生招生考试,成为刘佛年教授的教育学硕士研究生。

终于圆了自己的梦。还在大学时代,我就向往登上纯数学研究的宫殿。十年动乱冲垮了所有的理想,但这一抱负和志向并没有泯灭。现在,历史给我安排了一条在职攻读研究生之路,虽然已经年过不惑,虽然这已不是当年钟情的纯数学研究,可是我深知青浦教改的进一步发展离不开理论的指导。

时间,越来越不够分配——实验要继续发展;经验的推广要不断深入;从全国各地慕名而来的人络绎不绝,常常要亲自接待;还要参加全国教育科学规划领导小组的工作,审阅上海市课程教材改革的新教材……

每天,日程表里排满了工作。于是,研究生课程的学习便只能从每夜的睡眠时间中去挤。

从攻读研究生开始,我设计了"学生数学思维过程分析""析取数学教学目标的内隐因素"两项学术水准要求较高的实验,与老师们一起花了整整4年时间悉心研究。思维,这一深藏于大脑的心理活动,我们把它暴露于学生解决数学问题的实际过程中。教育目标分类学权威制定的六级分类体系,遇到了实验的诘难,我们凭借的是对3 000名学生测试结果的精密分析。

1990年,我如期完成硕士学业,进而攻读博士学位。在繁忙的公务间隙,在紧张地扩展实验、推广成果的同时,我广泛研读了150多种中外文献、名家论著,顺利完成博士课程学业。最后的学位论文是《青浦实验的方法学与教学原理研究》。

这篇论文提出,提高教学效率的根本出路在于改变把学生当作"容器"的学习模式,建立注重学生学习自主性的"活动中介"模式。论文所概括的让所有学生有效学习的四条基本原理(情意原理、序进原理、活动原理、反馈原理),以及一种能显著提高课堂教学效率的教学结构,表明青浦教改正在努力登上新的理论层面。

1993 年 6 月 14 日,博士论文答辩会在华东师范大学教育科学院会议室举行,历时 3 小时。北京师范大学研究生院院长顾明远教授主持答辩。答辩委员会决议指出,该论文的实验基础宏大而扎实,实验时间之长、规模之大是世所罕见的,具有中国特色,是我国教育理论研究同教育实践相结合的范例。作者首创的实践筛选法填补了调查到实验假说之间的空缺,使科研方法更加完整,从教学实践中提炼出来的四条基本原理对学习理论是一项发展。论文提出的"学会教学"可与"学会学习""学会思维"等当代国际上的先进教育思想媲美,论文提出的理论丰富了我国教育理论宝库。

冬去春来,实验小组的老师依然忙碌。

人生苦短。有人可以潇洒走一回,而我们巴不得一天能有 48 个小时,因为青浦的教育改革要做的事情实在太多太多。

历史,给我们这代人安排的就是这样的人生:一辈子需要艰苦奋斗,不断攀登!

"过去的路已经走完,一切都将重新开始"。这是 1988 年元旦,我在新年第一篇日记上写的自勉。

面对接连不断的荣誉和成功,我们没有沉醉。实验小组成员依然清醒、依然理智、依然勤奋、依然谦和。任何个人的力量都是微不足道的,只有融汇到社会主义现代化事业中去,溶化到集体中去,才能真正做成一点有益于人民、有益于国家的事。

为了把握 21 世纪教育的主动权

春华秋实。辛勤的耕耘总有大地的回报。

1996 年,我连续两次出席国际会议并在会上作专题报告。在西班牙召开的第 8 届国际数学教育大会,有来自世界 80 多个国家和地区的近 4000 名代表出席。我在分组会上作了题为"青浦实验——一个基于中国当代水平的数学教育改革报告"的演讲。中国教师在数学教育领域创造性探索的成功,再次受到国际同行的注目。

演讲结束,许多代表前来祝贺。美国数学教授莱特赞尔博士说,中国的数学教育现在正是一个重要的时刻,您的工作非常关键。日本数学教育界领袖人物,东京大学名誉教授、理学博士藤田宏偕夫人约见,特地拿了"青浦实验"报告的中文本请我们签名留念,并一再表示希望下届大会在东京召开时相见再聚。德国埃尔朗根—纽伦堡大学教育科学院院长、数学教授费舍尔博士看了报告的英文本大有感触,马上在教育科学院内复印分发,还几次发信邀请我们赴德访问,共同探讨中国的传统教育思想与现代数学教育。

1997年5月,在北京,我又一次走上我国教育改革实验研究项目优秀成果的领奖台。颁奖会上我发言的题目是"牢牢把握住21世纪教育的主动权"。

教育是面向未来的事业,教师应该是最有权威的未来学家。当然,未来分为两半,一半是今天的延续,另一半靠理智的雕琢。

面对21世纪,回顾青浦走过的"十年生聚、十年教训"的历史轨迹,思想的视角达到一个新的境界:

——运用现代教育科学的理论和方法开展教改实验,是使一个县的基础教育质量取得大面积提高的成功选择,青浦县的教育走出困境,主要不是靠硬件、靠投入,因为这不是我们的优势,我们的优势在于教育科研起了重要的先导作用;

——从单项改革着手,逐步发展到综合改革,充分强调宏观与微观相结合,是一个县实现教育整体优化的可行之路,这是针对青浦县的现状,少量先进典型与一个巨大的落后面并存,然后权衡利弊、选准切入点的一种工作策略;

——实行"活动—发展"的教学新思路,突出学生主体意识与主体参与能力的培养和发展,是全面提高学生素质的有效途径,把重视和开展学生的各种主体活动(如主动变革活动、主动构建活动)作为对传统教育的一种改革,完全符合当前关于素质教育的要求。

这一年夏天,"青浦实验研究所"正式挂牌,作为上海市教育科学研究基地,青浦的实验还要继续新的探索。

面对 21 世纪,前瞻上海作为国际大都市的宏伟蓝图,思想的触角进展到一个更深更广的层面:

——在建设社会主义大厦的伟大工程中,中小学教师是奠基者,中小学学生是未来的建设者,奠基者的素质直接决定着未来建设者的质量;

——未来是属于青年的,未来的教育事业要靠青年教师去开创,现在的青年教师是 21 世纪教育的希望,因此,我们必须十分重视对青年教师的培养。

近年来,教师继续教育、课程与教育现代化等议题,日夜萦绕在教育研究者的心头。教师的成长与发展究竟有没有规律可循? 什么是教师继续教育的合理模式? 现代教师最关心的教学设计领域到底有哪些可靠的原理与精彩的范例?

我的案头,放着《进入 21 世纪的中小学数学教育行动纲领》及其专题研究报告,这是上海数学教育界同行们为新世纪到来而准备的特殊礼品。

21 世纪,对我们这一代人而言,也许已是晚霞满天,然而,对我们伟大的祖国,定然是更加灿烂的明天。

顾泠沅

1998 年 3 月

1. 以学生发展为本，全面提高学生素质

——教育观念的聚焦

综　　述

回顾一项教育改革实验在思想观念上的进步，必须将其置于一定的历史背景下。从 20 世纪初人文主义思潮对传统教育的猛烈冲击到"二战"后科学主义思潮的代之而起，从强调以儿童为中心的"经验—发展"的教育思想到倡导以学科为中心的"结构—发展"的改革主张，在促进人的发展方面，教育的成功与失误参半、启迪与教训互见。在经历了各种挫折之后，改革的重点开始向培养全面适应现代社会要求的人的方面转移，这导致了 20 世纪最后二十余年的教育繁荣。

当代教育改革已把培养全面发展的人作为教育的最终目的，认为使每个人潜在的才干和能力得到发展符合教育的使命。1989 年，联合国教科文组织在北京召开的"面向 21 世纪国际教育研讨会"提出，未来社会的人需要掌握学术的、职业的、素质的三本"教育护照"。美国的"2061 计划"提出培养"具有崭新素质的未来人"。1996 年日本中央教育审议会向文部大臣提交一份咨询报告，强调让孩子拥有"生存能力"和"轻松宽裕"，显现出未来日本教育的培养目标是人的整体素质的提高。可见无论是东方还是西方，虽然文化背景不同，但崇尚提高人的素质却是世界各国颇为一致的改革趋向。

明确提出素质教育，是我国 20 世纪 80 年代以来教改经验的总结和升华，也是顺应国际教改大潮的历史性选择。1985 年《中共中央关于教育体制改革的决定》提出，"教育改革的根本目的是提高民族素质"。1993 年《中国教育改革和

发展纲要》提出:"基础教育是提高民族素质的奠基工程","中小学要由'应试教育'转向全面提高国民素质的轨道"。

当前,思想观念的变革与更新正成为教育改革的先导。关于新世纪教育将发生的变化,众多教育家预言,教育的立足点将转向有区别地引导学生充分发展。在国内一些有影响的教改实验所勾勒出的教育思想观念演变发展的轨迹中,以学生发展为本,全面提高学生素质是一个共同的归宿性标识。

1997年,青浦实验的主持者顾泠沅受上海市教育委员会委托,担纲起草《进入21世纪的中小学数学教育行动纲领》(以下简称《行动纲领》)。该咨询报告也明确提出了这个观点,并指出以学生发展为本,"必须正确处理基础与发展的关系",中小学教育不仅要为学生将来的学习打好基础,提供基本素质的训练,还要为学生走向社会奠定基础,"必须正确处理学习主体与客体间的关系",学校和教师要注重培养学生的主体意识和主体参与能力;"以学生发展为本,正是体现了现代社会对学校教育最根本的要求,体现了学校教育工作最重要的规律,同时也体现了现代教育所具有的主动性、民主性、合作性和多样性等时代特征。"

报告全文同时发表于《上海教育》1997年第9期和《上海教学研究》1997年第5期,两份刊物的编者按指出,这是一份"揭开上海中小学课程教材改革第二期工程序幕的文件","由数学特级教师顾泠沅博士等几位数学教育方面和教育学、心理学方面的专家组成的课题组,在向数学家和数学教育家、中小学数学教师及有关方面人士较广泛调查、咨询的基础上,起草了这份文件。"

1997年9月新学期开学不久,上海市教育委员会举行大型报告会,正式推出《行动纲领》并介绍其所阐述的"以学生发展为本,全面提高学生素质"等现代教育思想,引起与会者极大关注。在此前后,不少教育界人士也在一些会议和报刊上就确立这一思想观念展开论述,"以学生发展为本"成了上海普通教育界迎接新世纪的一面鲜亮旗帜。

抓起点、抓基础、抓关键,让所有学生有效学习

教育改革需要教育思想作指导,教育改革又为教育思想的孕育创造条件。一个正确的教育观念,总是建立在长期的实践探索和反复的理性思考上的。学

生是学习的主体,以学生发展为本,这个思想在青浦实验的前期是从如何大面积提高教学质量开始被认识的。能比较自觉地认识到必须坚持以正确的教育思想指导改革实践,这是与当时全县教学质量极度下降的历史背景分不开的。

20世纪六七十年代,由于十年社会动乱,青浦县的教育事业受到了灾难性的破坏。1977年一次全县中学毕业生最低水平的数学知识普查,4 300余人的平均成绩仅11.1分,及格率只有2.8%,零分人数占比高达23.5%,质量之低令人难以置信。

面对这种落后状况,一种看法认为青浦教育基础差,师资力量弱,学生起点低,要在教育上打翻身仗希望不大,只能慢慢等待客观条件的改善;另一种看法主张要尽快提高质量,只有抓住一部分"尖子"学生,大运动量集中训练,才可能有所改观。这实际上是渴望改变落后面貌的人们第一次在教育思想上开展思考。当然,那些无所作为的观点和急功近利的做法都是不可取的,特别是丢弃多数学生的想法将会产生可怕的后果,教育上的失败往往就是从教师丧失信心与放弃一部分"差生"开始的。

1982年,青浦县一项学生数学作业批改情况的调查展示了"差生"的形成过程,那是某学生学习二元一次方程组解法的一组作业:

2月18日,代入法,该生初步会解,但书写不规范,未写出哪一式代入哪一式,并且解题过程"跳步",有时搞错符号,错误率为1/5,教师未指出这些问题;

2月20日,加减法,初懂解法,但由于直接跳步解题,竖式运算又不熟练,错误率升高至7/8,令改又错,未再订正;

2月25日,比较灵活的二元一次方程组与三元一次方程组的解法,解这类题跳步很困难,不跳步又不会按步书写,于是问题累积,到学三元一次方程组,连基本方法都不懂,抄袭占2/9,错误占5/9;

2月27日,巩固练习,问题仍存在,但出现一些好的苗头,如一道较复杂的题目能做对,教师漏改,上次的订正也未改,看来教师已对该学生产生成见。

这份材料揭示了差生形成的某个规律——

[学生] 某小问题……问题累积……学习脱节……自信降低

[教师] 不予重视……未及时补救……产生成见……期待丧失

学生从小问题的累积开始到学习脱节,最后自信降低;教师从不重视小问题开始,到后来又未及时查漏补缺,反而因学生的学习一时脱节而产生成见,最后丧失对学生的期待。

大面积提高教学质量,这个目标本身就表明基础教育必须面向全体学生,而要实现教学质量大面积提高的目标,又必须首先改变对"差生"的态度,正确认识每一个学生。青浦实验起步伊始,研究者们就从实践的多次碰撞中逐渐意识到端正教育思想这个问题的特别重要性——"我们认为,教学理应按它本身应有的规律行事。'回到规律去'"(《上海教育》1986 年第 5 期);"抓起点、抓基础","这是大面积提高本县教学质量的必由之路"[《华东师范大学学报(教育科学版)》1986 年第 4 期];"我们清醒地认识到,教育有着自身的规律,我们理应按它本身的规律行事:抓起点,抓基础,抓关键,让所有学生都有效地学习"(《课程·教材·教法》1992 年第 7 期)。人的发展是在学习过程中逐步实现的,让所有学生有效学习,正是以学生发展为本这一认识的滥觞。

抓起点、抓基础、抓关键,是青浦实验研究者针对当时学校实际所提出的工作思路。抓起点——不把精力全部放在毕业年级学生上,而将工作重点放在初中这个义务教育阶段极为重要而当时又是最薄弱的环节上,从初一年级开始一抓到底。抓基础——不把教学重点放在习题训练等升学考试需要上,而强调重视各门学科的基础。在后来开展的课程改革、素质教育探索中,强调重视课程内容的基础性,强调正确处理发展与基础的关系。抓关键——在教学中不要求平均使用力量,而首先抓住对学习有重要影响的儿童身心发展阶段的教学,特别是通过调查确认学龄前的启蒙期、小学中年级的自我意识形成期、中学低年级的思维发展飞跃期是基础教育的关键期。

立足于"抓起点、抓基础、抓关键",以实现让所有学生都有效地学习,将原先被当成教学负担的"差生"视作大面积提高教学质量的突破口,教育思想的这一转变当时得到了教育行政部门的有力支持。县教育局原局长施家琦后来回忆,1979 年提出的"三五年内改变青浦教育落后面貌、打翻身仗"是一项十分艰巨复杂的任务,当时通过下基层学校调查研究,发现了一批经验,但也发现教学中一些带有普遍性的令人忧虑的现象,"这使我意识到自己的责任,决心学习和宣传正确的教育思想,提倡向教育科研要质量,从'教育改革'中找出路,努力寻找一条由正确的教育思想指导的、运用科学的教学方法提高教育质量的道路"。他十分重视和关心数学学科开展的教改实验,认为坚持"从实际出发,从基础抓起,面向全体学生,大面积提高教育质量"的指导思想,"能够引导教改实验走向成功",这是"一条解放思想,实事求是,尊重教育规律的教育改革道路","只有面向全体学生,将来的实验成果才会具有普遍性、实践性和可行性",1984年数学教改实验取得初步成果,他"就明确提出在全县中小学数学教师中推广,并提出把那些有普遍意义的做法介绍给其他学科研究和探索"(施家琦:《愿教改园地里鲜花常开》,载于《教学改革的实践与认识》,上海市教育科学研究所编,1986年版)。

1984年,运用"尝试指导"和"效果回授"等心理效应促进学生有效学习的教改主实验完成,由调查、筛选所得的一些教学措施通过了严格实验的论证,数学教改获得初步成功,青浦全县中学生数学成绩合格率从原先的16%很快上升到85%,此后就一直稳定在这个水平之上。在全县数学教学质量获得大面积提高并产生一定社会影响之后,实验者们继续坚持以正确的教育思想指导改革进程,为青浦实验的进一步深入发展增加了活力。

20世纪80年代中期开始,数学教改成果推广和经验传播率先在县内展开。制订教学常规,加强常规管理是数学学科内全面推广的第一步。1984年,县教研室制订《青浦县中学数学教学常规》,明确强调教师应根据学生实际狠抓基础,抓住薄弱环节解决关键问题,尤其是要抓好初中、高中的起点年级。十条常规的第一条,就突出了教育思想上的要求。对于教改成果推广的评价,青浦实验的研究者同样认为最重要的应该是看教育思想的具体贯彻,不能由于注重实效而把推广经验片面地与提高考试分数绑在一起。

1985年《中共中央关于教育体制改革的决定》发布,上海市提出"端正思想,坚持改革,提高质量",并将其作为贯彻中央决定的共同要求,强调大面积提高基础教育质量是为社会主义现代化建设、为提高民族素质服务的一项十分紧迫的任务。青浦县坚持抓起点、抓基础、抓关键,大面积提高教学质量的经验得到了市教育局领导的充分关注和肯定。1986年4月,市教育局召开大会,推广青浦经验,姚庄行局长在大会讲话中强调学习青浦经验首先要学习正确的教育思想,指出:"1977年,面对教育质量低下的局面,他们不埋怨客观条件差,不丧失前进的信心,不受片面追求升学率错误思想的干扰,也不采取违背教育规律的错误做法(如集中力量抓毕业班,抓少数尖子学生,任意加班加点,搞题海战术等等),而是坚持从基础抓起,坚持面向全体学生。"(姚庄行:《在推广顾泠沅教改实验小组经验大会上的讲话》,载于《教学改革的实践与认识》,上海市教育科学研究所编,1986年版)

20世纪80年代后期,青浦实验开始进入理论总结阶段。大面积提高教学质量的基点要建立在"抓起点、抓基础、抓关键,让所有学生有效学习"上,这个共识已日益深入人心。实践成果与理论提炼交相辉映,提升了青浦实验的水平。1989年,前期实验的总结《大面积提高数学教学质量的改革实践与理论探讨》获国家教委颁发的全国首届教育科学优秀成果一等奖,同年在《教育研究》第9、10期连续发表。

国家教委对青浦教改经验十分重视,并由基础教育司邀集数学教育界专家和部分省、市教研室负责人,组织了"青浦县数学教学改革经验专家研究小组",于1990年10月赴青浦进行了为期9天的实地考察。在考察期间,研究小组先后到6所有代表性的学校听课,召开教师、学生座谈会;听取县教育局、学校领导和教育科研单位及有关人员的汇报;查阅了各方面在教改中积累起来的大量资料;对有些问题进行了针对性的专访。最后,专家研究小组一致认为,青浦实验"坚持从基础抓起,面向全体学生,把自己的工作重点放在初中这个极为重要却又十分薄弱的环节上,从初一年级开始一抓到底;坚持在加强基础知识教学的同时,注重培养学生的能力","促进学生的全面发展";认为青浦实验"方向明确、基础扎实、效果显著,其经验内容丰富,具有较广泛的适用性,可以而且应该在全国推广"(青浦县数学教学改革经验专家研究小组:《关于"上海市青浦县数学教学改革经验"的研究报告》,载于《课程·教材·教法》1992年第7期)。

1992年4月,国家教委有关部门在上海召开学习和推广青浦数学教改经验现场研讨会,国家教委副主任柳斌在大会讲话中指出,这次会议"是在全国基础教育深化改革、由应试模式向提高国民素质的轨道转变的形势下召开的,它是基础教育改革的一项重大成果,又反过来从广度和深度两个方面推动了基础教育改革向前发展"。他认为,"青浦数学教改经验的可贵之处,首先在于它方向正确","他们坚持面向全体学生,着眼于大面积提高教育质量","他们坚持让所有的学生都有效地学习的原则”,“这就从办学方针上与只抓少数升学有望的学生、放弃多数学生的片面追求升学率的思想划清了界线”(柳斌:《学习和推广青浦的教学改革经验——在学习上海市青浦县数学教改经验现场研讨会上的讲话》,载于《课程·教材·教法》1992年第7期)。

将教育改革的立足点和着眼点放在让所有学生有效学习上,青浦实验在这一观念的引导下还积聚了如下分述的一些基本认识,即“让学生在迫切要求下学习”“开发自主学习活动,促进学习过程积极化”“活化情感因素,建立新师生关系”等,在基本实现教学质量大面积提高之后,又在宏观与微观层面逐步确立“单科突破,各科迁移,诸育并进,整体受益”“加强基础,开发潜能,发展个性,提高素质”等改革思想。

让学生在迫切要求下学习

未来时代的教育将鼓励每个人抓住一生中可得到的各种学习机会,而且每个人也都会有抓住机会进行学习的可能性。这一设想的实现在很大程度上取决于人对学习的迫切性。“让学生在迫切要求下学习”,这个青浦实验所概括的对教师的要求,不啻是提高课堂教学效果的重要措施,它还意味着教师要培养学生形成适应现代社会竞争的主动精神和自觉性。

青浦实验前期的目标是大面积提高教学质量,侧重于在实践中取得成功。实现教学质量大面积提高,需要让所有学生都有效地学习,而有效的学习应该从何开始,即让学生在怎样的状态下进入学习过程,这是大面积提高教学质量首先面临的问题。解决这个问题的针对性措施是通过经验筛选得到的,最后把它概括为“让学生在迫切要求下学习”。这个措施显示了教师在教学观念上的自我把握,体现了对学生学习主体地位的尊重。

人的学习是一种主动的活动(包括中枢的心理活动和外周的行为),它是联结主体与环境的一个特殊的中介环节。在学习过程中,活动的需要与动力应当是首要的。可是青浦数学教改从历史的低谷起步时,这方面的前提却极度缺乏:许多学生对学习不感兴趣,上课时精神不振作,不少学生是在高压、厌烦等不良刺激支配下进行学习的,效果十分差。下述一个调查案例可以说明当时学生上课注意力不集中现象的严重程度。

一次，数学教改实验小组人员去一所乡村中学听课，当教师开始讲某个概念时，正巧有一辆拖拉机从远处的路上驶过，于是学生都将视线转向了窗外。课后听课者逐个问学生："上课时，你看见了拖拉机没有？上面有几个人？"结果学生无一例外地都说看见了拖拉机，甚至不但数了拖拉机上坐着几个人，而且还说得出他们的姓名。当问到"这时候你想了些什么"时，学生的回答十分有趣：有的在分析这几个人从哪里来往哪里去；有的在猜测他们去干什么事，甚至估计这些事情能办成或办不成；等等。教师讲概念仅一刻钟时间，而学生却在这段时间内漫无边际地想着其他问题。这种现象足以表明学生对教师讲课没有兴趣，上课缺乏兴趣很可能会导致学业失败，因此它无疑与教学质量低下的状况密切相关。于是，激发学生的学习兴趣，调动学生的学习积极性成了当时迫在眉睫的任务。

这个任务从根本上说是解决学习动机的问题。青浦实验在调查阶段曾得出造成学生学习质量低下的主要原因：一是原有基础差；二是只会机械模仿，不会独立思考，教师示范过的题目会做，教师没有示范过的题目就不会做；三是知识的遗忘率很高。后两个问题除与智能有关外，都涉及学习过程中非认知方面的因素。解决这些问题固然需要一些学习方法上的指导，但根本的办法是从学生的学习动机入手。

动机是影响学习的最重要因素。在课堂教学范围里，对教师最具挑战意义的工作就是激发学生的学习动机。困难的是，当时数学教师普遍缺乏这方面的素质准备。青浦实验研究者曾用一年多时间在县内7所有代表性的农村初级中学对50名数学教师作连续听课调查，结果是：8％的教师缺少应有的认真态度；16％的教师对教材尚未真正掌握，讲课时出现的知识性错误较多；74％的教师经验不足或方法落后，他们习惯于机械的、灌输式的教学，搞死记硬背。数学被人们称为"思维之花"，但在一些数学课上却是"教师教公式，学生套公式""教师讲例题，学生做习题"，搞单纯的讲授和简单的套用。可见大部分教师的教学基本功尚付阙如，更遑论激发学生的学习动机。

针对这种情况，20世纪80年代前三年，数学教改实验小组成员用6个学期的时间，分年级、按章节为全县数学教师举办了七十余次专题讲座和一百二十余次备课辅导活动,结合教材分析,介绍上课经验。与此同时,采用读书报告会的形式,指导全县数学骨干教师学习有关激发学生学习动机的心理学理论。读书报告会每月举行一次,首先拟定报告专题,由一人作中心发言,然后大家结合实际经验交流讨论。通过边学理论边总结专题经验,逐步提高骨干教师的教学水平。

理论学习推动教师去探索解决学生对数学课不感兴趣的问题,理论与实践的结合,又促进了原型教学经验的纯粹化。青浦实验调查阶段三年中共积累专题经验 160 余项,它们在一乡一校中显示出特有的作用。如对于学生上课注意力不集中的问题,有的教师便根据教材特点,选择恰当内容编成问题,让学生产生解决问题的欲望,从而吸引学生的注意力。

如有一节数学课,教学内容是对数表,上课铃声响后,一位女教师走进教室,拿出一张纸对学生说:"这张纸厚约 0.083 毫米,现在对折三次,厚度还不足 1 毫米,要是对折 30 次,请同学们估计一下厚度是多少?"学生纷纷猜测。教师说:"我经过计算,这厚度将超过十座珠穆朗玛峰叠起来的高度。"学生们都很惊讶,根本不相信。于是列式计算:0.083×2^{30},对此学生感到困难。这时教师说:"直接计算要费很多时间,而且很容易算错。如果我们运用对数表计算,那么很快就能得到结果。"接着这位教师开始讲解对数表的构造,查表求尾数的方法,当真数小于 1 或大于 10 时怎么处理,等等。全班学生听得仔细,练得认真,个个都在动脑筋。下课铃响后,有的学生还急着问教师现在能不能算 2^{30}。教师解释说,下节课再学一学反对数表就行了。下一节课全体学生仍然集中注意力学习。在这节课的最后 15 分钟里,师生共同运用新知识解决了 0.083×2^{30} 究竟等于多少的问题,计算结果证实了教师的结论。

这两节课,课堂气氛和谐活跃。诸如此类成功课例的共同特点是,教师巧妙地采用引而不发的办法,激励学生的主动精神,让他们自始至终保持着较强的迫切性,由此产生积极思维的心理气氛,教学效果得到明显的改善。在经验筛选阶段,大量的有效经验通过思辨和综合,在理论上得到概括。上述激发学生学习兴趣的具体经验经过反复筛选,剥离了原型背景,最后被概括为"让学生在迫切要求下学习",提升到了观念层面,比较好地解决了当时学生听课注意力不集中等问题。

研究激发学习动机，可以从多个角度进行。在强化、需要、认知不协调、成败归因、成就和期望等方面，都有各自的动机理论。但是从学校教学的需要出发，青浦实验特别重视研究造成学生迫切学习心理气氛的理想的课堂教学模式。组织和指导学生的学习活动，使他们的学习热情保持在最佳状态，这个问题的解决，在当前的教学条件下需要努力发掘下列三种可能性。

一是将问题作为教学的出发点。教师根据教材的重点和难点，选择内容编成问题，并在教学过程中先与学生一起对问题进行考察和磋商，逐渐造成这种情况——这个问题学生急于解决，但仅利用已有的知识和技能却又无法立即解决，形成"认知冲突"，这样可以激发学生的求知欲。同时，教师还应当通过适当的促进和调节手段，使学生的这种心理倾向指向明确并维持在一定的强度。

二是让学生面对适度的困难。训练中，教师采用分步设置障碍等方法让学生面对适度的困难，让其得到一定的锻炼，可以提高学生思索的兴趣。为了促成这种可能，教师应恰当运用鼓励、表扬等手段，引导学生追求克服困难的愉悦心理，体会解决问题的满足感。但是问题的难度对不同的学生要有不同的标准，鼓励的程度也要因人而异，因此必须采取适应个体差异的教学措施，以让不同类型的学生都感到满意。

三是根据学习的结果调整学习。在学习进程中，当学生感到新的内容"高不可攀"而气馁，或者获取知识过于容易而自满时，学习的热情往往就会下降。为了避免这种可能，应当根据结果作出调整。如果学生在学习上失败了，而又不能获得有助于纠正失败的策略，他们很容易丧失信心，从而导致更大范围的延误。此时应考虑重新确定适宜的梯度，还要抓准时机，使学生及时发觉其错误，并修正其策略。也就是说，当学生碰到学习上的失败时，要通过提供利于纠正失败的信息，帮助他们增强克服困难的信心。反过来，如果学生易于成功，也应考虑进一步设置障碍，然后让他们探索冲破障碍的新方法，在向成功的努力中，克服骄傲情绪。

为造成学生学习的迫切性，主张把问题作为教学过程的出发点，是青浦实验总结的尝试指导法的主要步骤和有效学习教学结构的基本环节，它强调不以单纯感知教材为出发点，更不以直接告诉现成知识结论为出发点，而是通过创设问题情境启发诱导，激发学生的求知欲。一般说来，以感知为出发点，提供掌握学习内容所必需的直接经验引导学生顺着教材的安排,通过分析、综合、抽象、概括等过程进行学习,也能达到理解的程度,但这种方法的局限性在于难以最大限度地激起学生的认知冲突,学生的学习积极性不易充分调动起来。而在教学过程一开始,提出对一节课起关键作用的、富有挑战性的,而且学生经过努力能解决的问题,以激起学生已有知识结构与学习新课题的认知冲突,则能引起学生的高度注意与浓厚兴趣,为一堂课的顺利展开奠定良好的基础。

创设问题情境作为教学出发点,激起学生认知冲突,让他们在迫切要求之下学习,这个认识后来作为让学生有效学习的教学基本原理的重要依据,成了其中情意原理的内核。在成果推广阶段,它被写入《青浦县中学数学教学常规》,列为对教师的基本要求。著名数学教育家曹才翰教授十分赞赏青浦实验总结的这条经验,他认为"把问题作为教学过程的出发点,一可以激发学生学习的心向,二可创设一种有利于学生积极思维的教学情景,我们应该加以肯定,其中有很丰富的内容"(曹才翰:《谈谈上海市青浦县的数学课堂教学结构》,载于《课程・教材・教法》1992年第7期)。十多年来,广大教师以此为圭臬,在课堂教学实践中积极探索如何更好地创设问题情境,让学生在迫切要求下学习,设计出很多成功课例,其中不少优秀示范课在市级和全国的教学评比中摘取各类奖项。

开发自主学习活动,促进学习过程积极化

人的发展的实现一定要通过主体的活动。没有活动,环境与发展主体之间就不可能发生相互作用,也就谈不上任何发展。就学习而论,学生发展的实现程度常常取决于学生在学习活动中的主体地位的确立。因此,发掘学生主体活动的潜在功能是时代对学校教育的基本要求。

青浦实验确认的研究目标是要让所有学生有效学习,而有效学习的关键何在,这个问题从青浦数学教改实验刚开始就成为教师讨论的一个热点。

十年动乱结束之后的最初几年,为了尽快医治教育受到的创伤,很多地方的学校都实行按学生学习程度分成好差班或快慢班的做法,以期大面积提高教学质量,青浦县的不少学校也尝试过这种办法。但是后来的事实证明那样做的

结果并不理想,因为如此分班难免要挫伤一部分学生的自尊心。更为深刻的原因是,在大多数人的教育思想尚未真正转变的情况下,按程度分班不可能实现本来意义上的因材施教。此外,当时的师资条件也不容许这样做,几乎很少有学校愿意把优秀教师安排到差班任教。

那时与此相伴的做法还有在学习上搞大运动量训练,以数量求质量,结果也往往是事倍功半或适得其反。

面对种种现实,青浦实验把有效学习的关键首先放在"开发自主学习活动,促进学习过程积极化"上。

重视学生学习的自主性,并在教改实践中创造了"尝试指导"等教学方法,青浦数学教改的这个经验受到各界肯定,认为"这些做法中都蕴藏着科学的教育思想",青浦实验"不是把学习的过程作为一个学生被动接受知识的过程,而是作为一个学生再探索再创造的过程"(柳斌:《学习和推广青浦的教学改革经验——在学习上海市青浦县数学教改经验现场研讨会上的讲话》,载于《课程·教材·教法》1992年第7期)。但在数学教改起步时,大部分学生学习数学还停留在机械模仿上,不会独立思考。在一些数学课上,学生被视为简单接受的"容器",他们只需记住教师讲的公式,然后直接套用,完全处于一种被动地位,谈不上主观能动性的发挥,也谈不上养成积极思考的习惯。

为了解决这个问题,研究者先对已有的经验,如讲练结合、要求学生动手动口动脑等进行分析,然后参照我国古籍《学记》上"道而弗牵,强而弗抑,开而弗达"的要求,试着在采用讲授法的同时,辅之以这样的方法:让学生自行"尝试"获取知识,教师则根据"尝试"需要予以指导。

这种尝试最重要的是充分发挥学生的学习主动性,改变以往那种被动的、单纯听讲的学习方式。通过逐步试探和试验,在讨论和研究中发现新的知识和方法,解决提出的问题。在尝试过程中学生一般进行这样几项活动:阅读教材或其他有关书籍,重温某些概念和技能,对数、式和图形进行细致的观察,做一些简单的数学实验,对数学问题进行类比、联想或归纳、推演。教师则应当拟定适合学生水平的尝试层次,确定"高而可攀"的步子,防止难易失度。

这种"尝试指导"方法坚持试验了一个阶段,学生的思维变得特别活跃,他们在课堂上自行概括的一些法则、结论,有的甚至连任课教师事先都没有估计到。如在学习"等腰三角形的判定"一课时，有个学生指着黑板上画的一个三角形说，这个图形完全可以看作两个三角形，即△ABC 和△ACB，这样就可不添辅助线，直接运用"角边角"定理推得它们全等，从而证明判定定理。这一思路连听课教师都称始料未及。

事实告诉教师，数学教学不应把所有结论都直截了当地讲给学生听，把各种类型的例题都面面俱到地示范给学生看，抱着学生走路，这样只会增加他们的依赖性，对学习自主性的培养十分有害。为此研究者在全县范围内积极建议采取各种启发学生独立思考的教学措施：引导学生边听边想边尝试，促使他们发现问题、提出问题、分析问题和解决问题；选择部分教材，让学生自学，教师释疑；用"引而不发"的方法诱导学生自己探究结论；例题教学适当运用变式，讲究逐步设置障碍，不断增加创造性因素，以达到"闻一知十""举一反三"的目的；等等。与课堂内的"尝试指导"相配合，还建议对学生加强学习方法的指导，主要包括：如何集中注意力进行学习；如何自学和做自学笔记；学习中如何进行独立思考和开展创造性思维活动；如何独立完成作业；如何选择与阅读课外书籍，开展课外数学小组活动。经过教和学两个方面的不懈努力，原来那种被动的局面开始有所改变，学生在学习过程中的主体地位渐渐确立。

体现学生学习自主性的尝试活动，是一种有目的的探究活动。它是以学生已有的知识为导向，在教师指导下进行的。这就与行为主义学习理论"试误说"截然不同。桑代克提出的尝试错误，是一种盲目的试探，它是靠试探过程中多次偶然成功的强化达成学习的。青浦实验则通过大量数学教学典型课例的累积，概括出这种尝试探究活动大体包含四个阶段：

引导学生思索某个数学问题；

为了解决这个问题，借助于观察、试验、归纳、类比以及概括经验事实并使之一般化和抽象化，形成猜想或假设；

在已经掌握的概念和知识体系的基础上检验猜想或假设，演绎出问题的结论，从中获得新的概念，以丰富原有的知识体系；

新概念和知识的应用，以巩固尝试探究的结果。

尝试活动这四个阶段的安排与科学认识形成和发展的一般途径大致相符，因而它对教学过程来说具有重要的认识论意义。而且，这种学习还有如下一些效用：第一，尝试探究是一种比较高级的思维活动，它首先使全体学生面临新的问题情境，然后让其根据各自已有的知识和经验，去试探获取结论，因此能充分发挥每个学生的学习潜力；第二，有利于学生学会掌握数学知识的正确态度和方法；第三，由于这些知识是学生亲自参与探究才得到的，因此印象特别深刻，可以经久不忘，遇到新的情境也能灵活地运用，并且有助于透彻理解数学知识的实质；第四，它还能提升教师对自身角色功能的认知，推动教师从传统的知识传授者向学生学习的促进者转变。

根据学习理论的通常说法，学生的高水平的探究是一种学习活动，学生的容器式的被动接受同样也是一种学习活动。如何辨别不同性质的活动，青浦实验认为这个依据就是活动的自主性，并在尝试活动的基础上提出了"自主学习活动"的概念，用以区别于一般的学习活动。这种学习活动，力求在学校和教师的主导作用之下，积极地发挥学生的自我意识和主观能动性。它一方面表现为学生对社会积累起来的知识、经验的主动关心和作用，另一方面表现为学生对学习环境的相互关系和各种交往的主动关心和作用。在课业学习上，既重视主动接受系统的知识和经验，又十分重视观察、实验和探究；或提出适当的课题，让学生通过一定的（包括课内外和社会的）实际活动进行学习。这种做法有利于确立学生在学习过程中的主体地位，促进学习过程的积极化。

在促进学习过程积极化的前提下，青浦实验曾于20世纪80年代集中力量对运用"尝试指导"等方法开发学生自主学习活动的效应进行了多次研究，这主要有前期的三年教学实验和后期的两项大型思维实验。研究结果表明，指导学生开展尝试活动，对于激发学生的学习动机，培养他们学习数学的兴趣有很大作用，实验组学生的阅读能力和思维能力均比控制组学生有更大的提高，实验组学生在解题时所表现出的思维的准确性、敏捷性、深刻性等方面也明显优于控制组学生；而且重视尝试探究的教学方法较之机械灌输的方法，在发展学生探究思维能力方面占有明显的优势。实验发现，学生从直观形象思维向抽象逻辑思维发展的飞跃期一般都在初中二年级，而良好的教学方法能促使飞跃期适当提前。

上述这些研究成果曾在《教育研究》《中国教育学刊》《华东师范大学学报（教育科学版）》《上海教育科研》等专业刊物上发表，或被收入中国教育学会、上海市教育科学研究所编辑的论文集;其中《改革数学教学的一项实验研究》获中国教育学会全国第二次学术讨论会教育论文奖、上海市第一届普教科研成果一等奖,《数学思维过程分析的原理、方法及初步结论》获纪念中国教育学会成立十周年优秀论文二等奖,《析取数学教学目标主成分的大样本实验》获上海市第四届普教科研二等奖。

活化情感因素,建立新师生关系

师生关系一直被视为教育变革的内部动因,教师和学生间确立的强有力关系是教学过程的运作基础。在中华民族几千年火播薪传的文明史上,亲师与爱生始终是一首永恒的旋律。但在一度愈演愈烈的升学竞争面前,这种关系出现了变异,教师高压、学生厌学致使师生感情渐生隔膜。在一些地方,由于课业繁重,除上课外,中小学生与教师接触的时间已降至可怕的下限。教师对学生的爱无论是在数量上还是在质量上,都不能充分满足学生发展的需要,甚至"恨铁不成钢"的体罚和辱骂也时有发生。耐人寻味的是,师生之间知识传承的渠道在拓宽,感情沟通的大门却渐渐关闭;教师为学生应考付出了沉重的代价,学生却埋怨教师未给他们留下自我发展的时间和空间。问题的实质是,没有感情的教育是苍白无力的,它会导致个体失去个性,失去创造力,甚至失去思想。

面对我国学校教育的现实,重新评价师生关系这个传统教育大厦的基石十分必要,"特别当师生关系变成了一种统治者和被统治者的关系的时候。这种统治与被统治的关系,由于一方在年龄、知识和无上权威等方面的有利条件和另一方的低下与顺从的地位而变得根深蒂固了"(联合国教科文组织国际教育发展委员会:《学会生存——教育世界的今天和明天》,教育科学出版社 1996 年版)。

以学生发展为本的现代教育观,强调师生关系的革新。随着教育改革的深入,那种指令性和专断的师生关系必将难以为继。时代正在呼唤新型的师生关系,这种关系旨在本着尊重学生自主性的精神,使学生的人格得到充分发展。教师的权威将不再建立于学生的被动与无知的基础上,而是建立在教师借助学生的积极参与以促进其充分发展的能力之上。教师必须尊重学生、信任学生、帮助学生,有区别地引导他们而非按统一模式塑造他们。

在教学过程中,怎样调整好教师和学生之间的关系,一直是青浦实验致力研究的一个重要问题。在强调开发学生自主学习活动时,青浦实验非常重视教师对自身地位变换的认知,提倡教师要善于从"独奏者"的角色过渡到"伴奏者"的角色,旨在促进学生主动地获取知识经验。同时,又十分关注在情感关系方面开发人际交往活动,旨在通过活化情感因素建立新型师生关系。

20世纪70年代后期,在开始寻找青浦县数学教学质量低下的原因时,人们常常将其归因于当时的师资水平,教材生疏和教法陈旧成了主要问题,师生情感因素的作用尚未深入思考。调查阶段的不少经验表明,那时一些在教学上获得成功的教师,其奥秘与其说是在教学方法上有一定创新,不如说是主要得益于良好的师生关系。当时还对7名差生作过典型调查,发现差生的形成正是学生、教师双方因素交互积淀的过程。如果师生之间有比较顺畅的感情通道,也许就不会使这些学生陷入自暴自弃的地步。

在经验筛选阶段,研究者曾对全县五个实验班进行差别研究,让五个班共同实施某几条试验措施。一段时间后测试教学效果,发觉有一个班级效果突出,开始时,该班知识技能考查成绩低于其余四个班的平均成绩,但后面很快赶上并超过四个班的平均成绩,而且差距较大。究其原因,一种可能是该班试验措施运用得特别好,另一种可能是还有某种未知的因素在该班起作用。经过考察了解,发现在这个班级里,数学教师与学生的感情特别好,教师对学生的生活习惯、学习特点和兴趣爱好了如指掌,学生则反映"最喜欢上数学课"。由于师生情谊深厚,教师指导学生掌握学习方法就很有效。全班学生大多喜欢钻研数学问题,爱看数学兴趣读物。这正是一个尚未深究的因素。

后来收集的各种事实表明:研究学科教学,较多地侧重于认知规律方面的分析,这并不全面。实际上,即使像数学这样的理科,情感规律也起着相当大的作用。学生心灵的火花一旦被点燃,就会收到意想不到的教学效果。通过众多的个案分析,发现优秀教师与学生的关系都很好,这说明师生感情融洽能促进学生有效学习的认识是有事实依据的,调整师生关系的着力点应该放在活化情感因素上。

如何活化师生之间的情感因素,青浦实验不断进行探索,有名的"一本练习本"经验就蕴蓄着情感效应。1980年前后,在全县教学质量调查和数学竞赛中,青浦县东部某农村中学的一个班级成绩异常优秀。将它与一般班级进行比较,发现那个班级的任课教师采用与众不同的"一本练习本"的做法。学生的练习本不是两本交替使用,而是用完一本再用一本。这样可促使教师及时批改作业,对信息反馈的作用自不待言,重要的是方法改进的背后是一种关系的建立,师生之间的及时沟通增进了教学上的亲近感,充分挖掘这方面的情感因素一定会有利于提高学生学习的有效性。

为了进一步探明情感因素在教学过程中的效应及作用机制,1986年,数学教改实验小组在青浦县一所基础较差的农村初中进行了一次为期10周的实验。实验以数学练习处理方式为主要变量,考察教师对学生练习采取当面批改、适当鼓励措施之后的反馈效应。实验证实了教师当着学生的面批改练习,并运用鼓励性话语与学生沟通情感,能使学生的成绩有较大幅度的提高;而且在当面批改并鼓励的同时,如果能让学生自觉产生一种适当的期望目标,那么学习效果的提高将更为迅速。

经验筛选和专项实验的结果都证明了情感因素对师生关系的作用:师生情感缺乏沟通以及教师期待的丧失是造成差生的相当重要的原因;而教师对学生的适当鼓励以及教师热爱学生的情感倾注,常常会提高学生学习的有效性。"活化情感因素,建立新师生关系"这一认识后来被作为情意原理的重要内容。

在青浦实验的成果推广阶段,《青浦县中学数学教学常规》(以下简称《常规》)特据此列出一项:"注意师生情感交融,让各类学生都能得到发展。"《常规》要求教师应当以实际行动关心全体学生的成长,深入了解他们的生活习性、学习特点和兴趣爱好,与他们建立深厚的师生感情,让学生"亲其师,信其道"。在教学中,教师应努力做到以充沛的感情、专注的精神、坚强的毅力、丰富的想象、生动的语言、高度的概括能力、娴熟的演算与作图技巧出现在学生面前,从各个方面影响学生,使学生通过耳濡目染,激起学好数学的热情,坚定克服困难的意志;相反,如果教师对学生漠不关心,上课无精打采,甚至歧视和讥笑一些成绩中下的学生,那将在学生的心灵上留下阴影,后果是不好的。《常规》提出的对教师的要求,后来被教育行政部门作为师德的重要表征,在教师考核中发挥着重要的导向作用。

单科突破，各科迁移，诸育并进，整体受益

面对全体学生的有效学习目标的基本实现，为学生的全面发展打下了基础。20世纪80年代中期，青浦县数学教学质量走出低谷，获得大面积的显著提高。尤其是作为义务教育最后阶段的初中毕业班成绩，从1979年的平均32.5分、合格率16%，逐年稳步上升，至1986年已达到平均79.2分、合格率85%，80分以上学生比率62%（全市的合格率68%，80分以上学生比率42%）。

在成绩面前，很容易因满足而止步，但科学的探索不应浅尝辄止。青浦实验接着关注的问题是，虽然学生学习成绩上去了，但整体素质并不高，特别是不能适应农村社会主义现代化建设的需要。针对这一现状，在当时已发布的《中共中央关于教育体制改革的决定》的指引下，青浦县及时提出了深化教育改革的任务，确立"单科突破，各科迁移，诸育并进，整体受益"的宏观思路，旨在解决大范围的问题，探索促进学生德智体美劳与个性特长发展的途径和方法。循着这一方向，全县学校教育以数学学科为突破口，首先将教改试点上取得的成功经验向数学学科全面推广，随后以点带面，推动各门学科迁移、内化数学教改经验，再从智育扩展到其他各育，促使德智体美劳诸育并进，逐步走向全县整体改革。

20世纪80年代，青浦实验在这方面的工作经历了以下三个阶段。

第一阶段是经验传播的前期准备。1980年在筛选经验的同时，一方面采用点面结合的办法将筛选进程及时在面上介绍，另一方面通过备课辅导、主题讲座、读书报告会、骨干培训班等形式继续抓紧面上的各项教学研究活动，为以后的经验传播做必要的准备。到1982年下半年，全县的备课辅导与骨干提高工作初步显现成效，于是全县性活动逐步减少，较多的是县以下区域或以学校为单位的教研活动，教研工作的重点开始向基层教研组转移。在全县则采取抓点、组织巡回讲座、教学观摩以及定期检查督促等方法，促进基层教研活动的开展，为数学教改经验在各基层学校的传播作准备。

第二阶段是数学学科内全面推广，分三个层次进行。第一层次，制定教学常规，将教改措施融于常规之中。这是指把经实验研究看准了的东西，结合青

浦县实际情况,纳入学科教学常规。1984 年制定了十条县的数学教学常规,明确了若干原则意见;各校教研组则参照县的数学教学常规,结合本校实际情况,有针对性地制定各自的教学常规,条目内容更为具体,而且切实可行。第二层次,扩大积极分子队伍,重在辅导他们掌握指导学生尝试活动的教学方法。自1984 年至 1988 年,先后举办了三期推广辅导班,每期约有 50 名数学教师参加。推广班学员通过理论学习、课堂教学观摩和实践,不仅较好地掌握了教改经验的实质,而且在他们的带动下,在各校形成了一种运用教改经验的氛围,扩大了教改经验的影响,提高了经验传播的效率。与此同时,还采用老带新的方式在中青年教师中进一步扩大积极分子队伍。对中青年骨干带教的时间为三年,带教期间,要求他们了解、学会带教教师的基本经验,总结提高教学质量的措施,为进一步推广教改成果积累经验。通过这些活动,不少中青年教师脱颖而出,成为传播教改经验的积极分子。第三层次,抓好重点推广班,探讨课堂教学的原理和结构。当时青浦中学和两所农村中学先后被确定为重点推广学校。青浦中学的推广班继续探索有效的教学方法,以期逐渐形成一套比较完整的经验。农村中学的推广班则从当地师资实际出发,适当降低要求,首先着重于推广"制定教学目标、教学效果及时回授"的经验,认真研究如何通过目标控制的方法,克服师资水平低、学生基础差的困难,尽量保证学生能熟练掌握最基本的知识。然后通过自我进修、定期培训等途径不断提高这些学校数学教师的思想业务素质,使他们逐步掌握尝试指导等启发学生思维的教学方法。

第三阶段是跨学科传播与整体改革。在数学教改经验传播中,各科各育从各自的特点和条件出发,开展了蓬勃的教改实验活动,涌现出一批成果,形成了各自的特色。如小学数学从学科的同一性和学段的差异出发,运用中学数学教改经验,将"引、探、练"作为优化课堂教学的基本途径开展课题研究。又如中学语文根据本学科的综合性和社会性特点,参照数学教改实验的研究方法,以"组织多向交流"为切入点,进行了持续三年的课堂教学改革实验,又在此基础上开展了提高语文教学整体效益的教学模式研究。再如德育研究则针对新时期农村学生思想道德与心理特点,围绕德育观念、德育内容、德育方法认真进行反思,逐步形成了一条"蹲点考察—面上调查—筛选经验—实验推广"的德育研究流程,并依据大德育的要求,进一步将研究的视点引入家庭教育指导、学生心理辅导等领域。汇集各科各育改革成果的综合研究课题《实证与思辨——大面积提高基础教育质量的研究》，在上海市第五届教育科学研究成果评选中获得一等奖。

作为基础教育整体改革的一种试验，青浦实验在1988年就提出把改革课程教材作为教育改革的核心问题进行研究。基于初中教育属于九年制义务教育的后半学段，是基础教育的重要阶段，于是就选择初中作为试点，开展课程改革研究和方案的设计。这项改革根据九年制义务教育的培养目标，考虑到县以下教育必须适应农村现代化建设的需要，从加强学校课程与现实生活的联系、改革课程结构、注意因地因人制宜、增加课程的可选择性等方面，努力促进学生德智体美劳诸方面健康和谐地成长，发展他们的个性特长，为后续的学习和工作打下良好的基础。

这项改革选择一所农村初中和一所城镇初中作为试点，在课程计划中增列劳动技术和本县乡土教育的有关科目，同时增设各种活动课以弥补原有课程的不足，强调积极组织学生的自主学习活动。此外，农村学校中小学学制由"六三制"改为"五四制"，初中由三年改为四年，以减轻农村学生初中阶段文化课的课业负担，同时适当加强劳动技术和乡土教育，开展职业技术选修和各类活动（上海市青浦县教委、教育学会：《青浦县赵屯初级中学、青浦县实验中学课程改革方案要点》，载于《课程·教材·教法》1989年第7—8期）。

这一初步的课改试验很快就融入后来上海市启动的中小学课程教材改革，在试点过程中显现出青浦的地方特点：采取以点带面逐步推进的办法，建立城镇类型的城北教改实验区和农村类型的赵屯教改实验区，改革实验主要在两个实验区的中小学内进行，取得成果后再用以指导全县的改革实践；建立实验学校与县教研部门的"教学—科研"联合体，强化县教师进修学校在实现教育实践、教育研究、教师培训三位一体目标上的办学功能。试点过程本身又为青浦实验的理论研究扩展了实践背景，从20世纪80年代末起，青浦实验在实验区开展的关于"活动—发展"教学新格局的探索，对确立以学生发展为本的教育思想无疑增加了一个强有力的支撑点。

青浦县基础教育整体改革实验受到了国家的重视与鼓励。1986年，国家教委授予青浦县"基础教育先进县"称号。"七五"期间，青浦实验作为分课题列入国家教育科研重点项目《普通教育整体改革的实验和研究》。嗣后,青浦县承担的课题《教育为当地现代化建设服务的实践与研究》《青浦县"活动—发展"教育模式的研究与实验》,分别作为子课题列入国家"八五"重点课题《21 世纪中小学教育模式的研究与实验》和国家"九五"重点课题《21 世纪中小幼教育现代化的研究和实验》。

基础教育的改革推动了全县教育综合改革的开展。20 世纪 80 年代中期起,在数学教改取得初步成效后,青浦教育开始有计划地进行综合改革的实践。在教育与外部的关系上,着重加强与当地经济、科技的协调发展,即在当地政府的宏观统筹下,教育与经济、科技、文化紧密结合,形成合力,根据当地经济社会发展的需要培养适用人才。在教育内部的关系上,强调基础教育、职业教育、成人教育实行统筹,即由政府教育部门全面规划各类教育发展的规模和速度,合理调整教育内部结构,统一配置各类教育资源,加强各类教育之间的沟通和衔接,使本地区的各类学校在正确的办学思想指引下,结构优化,运作有序,发展协调,充分发挥县域内教育的整体性功能。综合改革的内涵,包括对教育的观念、体制、结构、机制、内容、方法、手段等在内的所有不能适应经济社会发展需求的方面,进行全面考虑,综合分析,有计划地进行改革。综合改革的目标是,构建适应本地区经济社会发展需要的农村教育体系,充分发挥农村教育的育人功能和为现代化建设服务的功能。1995 年,概括综合改革成果的研究课题《奠基工程——一个县的教育改革》由人民教育出版社正式出版。

加强基础,开发潜能,发展个性,提高素质

进入 20 世纪 90 年代,青浦实验将很大一部分研究精力集中于对本身成果的理论总结。这一方面是为了适应各地学习青浦经验的需要——给出一个关于数学教改实验过程的基本总结,另一方面则是为了使原先的实践性教育研究登上一个新的理论制高点。这个阶段数学教改实验小组的一项重要任务是尽可能地吸取当代教育理论,用以观照青浦实验的全过程,在实证与思辨的对撞中构建自身的理论框架,在重新审视教育基本观念的过程中积淀新的认识并付诸实践。

为了做好理论总结的准备,青浦实验主持人顾泠沅于1987年起用6年时间完成由华东师范大学刘佛年教授任导师的研究生课程,并取得教育学博士学位。1991年,青浦县数学教改实验小组所著《学会教学——青浦教改实验过程》由人民教育出版社出版,后获中国教育学会成立十五周年优秀专著奖和首届苏步青数学教育奖。顾泠沅的博士学位论文《青浦实验的方法学与教学原理研究》,1994年经增补修订后冠名《教学实验论——青浦实验的方法学与教学原理研究》,由教育科学出版社出版。

由北京师范大学研究生院院长顾明远教授等7名专家、学者组成的论文答辩委员会认为,顾泠沅这篇论文"是对青浦县实验全过程的精深概括,在教育学理论上有所创新和发展,具有重大的理论价值和实际价值";肯定青浦实验的"实验基础宏大而扎实,实验时间之长、规模之大是世所罕见的,具有中国特色,是我国教育理论研究同教育实践相结合的范例",青浦实验"提出的'学会教学'可与'学会学习''学会思维'等当代国际上的先进教育思想媲美",它"丰富了我国教育理论宝库"。答辩委员会又对作者运用教育学和心理学理论,从实践中提炼出多种方法互补的教育科研方法体系作出肯定性评价,认为"实践筛选法是其创造,它填补了调查到实验假说之间的空缺,使科研方法更加完整。通过调查、筛选和实验总结出的四条有效教学措施,使青浦县数学教学质量得到大面积提高。实践证明了作者创造的方法论体系的科学性"。答辩委员会还认为,"作者研究了中外各家的学习理论,博采众长,推陈出新,在教育理论上进行了再创造,提出了与四条措施相对应的四个教学基本原理,对学习理论是一项发展"。

1996年,顾泠沅所撰《青浦实验——一个基于中国当代水平的数学教育改革报告》在第八届国际数学教育大会(西班牙)上发表,并由著者在大会上就此报告作系统性演讲(报告的中文本载于《课程·教材·教法》1997年第1、2期)。

此后,以上述专著和报告为代表的青浦实验,获国家教委师范司颁发的1996年度基础教育改革实验研究项目优秀成果一等奖。重视理论准备使青浦实验研究者得以用新的目光注视当前的教育改革大潮。

处于世纪之交的当今,面对世界信息化、全球化的趋势,教育应该作出怎样的抉择,承担怎样的责任?怎样将一个充满生机和活力的教育带入21世纪?

上述问题随着教育改革的不断深化和教育自身发展需求的提高,日益成为教改实验关注的中心和面临的挑战。

为了迎接这一挑战,青浦实验的选择是继续高举"三个面向"的旗帜,以已有的理论建树为依托,积极探索基础教育的跨世纪发展战略。

"教育要面向现代化、面向世界、面向未来"是邓小平同志关于中国教育发展的重要指导思想,也是绘制中国教育宏伟发展蓝图的基本纲领。"三个面向"的思想深刻地阐明了相互联系的两个问题。一是教育的重要性,它从战略高度概括了教育与经济、社会发展的关系,突出了科教兴国的国策。二是教育本身对经济和社会发展需求的回应,承担"两个文明建设"的双重任务,确立"四有新人"的培养目标。

"三个面向"最重要的是教育现代化。《中国教育改革和发展纲要》向全国提出:"再经过几十年的努力,建立起比较成熟和完善的社会主义教育体系,实现教育的现代化。"这是基础教育跨世纪发展的宏伟目标。

教育现代化是个发展的过程,教改实验有责任按此方向进行积极探索。对此,青浦实验按照"加强基础,开发潜能,发展个性,提高素质"的基本思路,导入教学策略研究,作为体现以学生发展为本的教改实验的主题。

在这里,加强基础的"基础"不仅仅是指原来强调的"双基"(基础知识、基本能力),更是指学生学习的综合基础,即要加强基本的知识、技能与能力的培养,以及为学生将来走向社会和接受终身教育奠定基础。

开发潜能,意味着学生蕴藏的学习潜能有待于教师去进一步认识和发掘。青浦县数学教学质量在 20 世纪 80 年代中期取得大面积提高,教改实践表明了学生的潜能是普遍存在的,后来进行的更为精细的学生数学思维过程分析实验,进一步证实中等生在能力提高方面具有很大的潜力。纵观人类历史的发展,从两千多年前依托牛耕生产的体力时代,经过 250 多年前蒸汽动力主导的财力时代,到今天以信息为标志的智力时代,急剧的变化不断地向人们提示:"现在几乎一切都成为可能,这在历史上是首次。我们将是生活于巨大潜力时代的第一批人。"但是学校的变革远远跟不上时代的进步和社会发展的需要,学生的潜能至今远未充分开发。这里很重要的一个原因是,人对人脑的一切了解不够,直到最近二三十年来才算逐步认识人脑的奇妙——有 1 万亿个脑细胞,其中约有 1 千亿个活动神经细胞,每个细胞有 2 万个连接点,这一切如同一台高功率的电脑,其复杂与迷人的程度在世间万物中绝无仅有。人脑所具有的几乎无限的力量,是人类学习最杰出的资源,完全可能在任何地方使学习效率成倍提高。开发潜能对于人口众多的我国,正是使沉重的人口负担转化为人力资源优势的必由之路。

随着教改实践的深入,人们越来越认识到个性在学生求知和成长过程中的重要作用。重视学生积极个性的培养,全面发展人、完善人,是现代教育的出发点和终极目标。个性,在心理学中又称人格。它是每个人所特有的心理—生理性状(或特征)的有机结合。尽管个性定义至今仍众说纷纭,但对它的理解已有共识。

在个性的形成方面,都认为是生物和社会两方面因素综合作用的结果,生物因素包括遗传和机体内外环境的影响,是自然前提和必要条件。社会因素包括社会环境和教育,起决定作用。

在个性的共同性与差异性方面,认为人与人之间存在着共同性,但更大程度上表现出差异。没有必要从差异的层次上区分个性的等级,也没有理由去划定个性发展的统一目标(千人一面地塑造)。承认个性差异,意味着承认人的发展规律,这就要求充分了解和尊重学生个性差异,加强个性化学习,使学生个性在原有基础上得到发展。重视差异,需要基础教育从淘汰变为适合,这还可能导致突破——创造出一种适合所有儿童的教育,而不再是挑选适合教育的儿童。

在个性倾向性与个性特性方面,认为一个人的理想、信念、追求、兴趣、世界观等构成个性倾向,它既是人的行为的导向,又是行为活动的内驱力。个性倾向是个性结构中最活跃的因素。美国心理学家丹尼尔·戈尔曼在他的研究中提出了"情商"的新概念,指出"情商是人的个体所具有的一种最为重要的生存能力",高情商"是完美的人格、高尚的品德、科学的思想、至尊至爱的情操之集合"。它能使人理智地面对失败,使成功大于失败,他还概述了一个成就方程式:20%的 IQ+80%的 EQ=100%的成功,认为 EQ 才是人生成就的真正主宰,并称这是"人类智能最重大的发现"。尽管这个观点尚存争议,但由情商引起的讨论无疑可以启发教育工作者思考如何发展学生个性。

在个性结构方面，分为三方面，一是心理倾向（观点、需要、动机）和个体潜能（知识、技能、创造），二是通过心理活动表现为心理性状（情意状态、认知特性），三是通过行为活动表现为行为风格（气质特征、性格特点）。个性的每一方面只有在整体结构中才有意义，才能发挥作用。培养学生优良的个性品质必须从整体出发，不能割裂。个性品质的核心是学生社会品质的发展程度，是学生活动过程中成为自觉主体的程度。

传统教育不鼓励发展个性，是个失误。从个性心理理论认识人的发展规律，进而探寻有效的个性发展教育策略，已是教改实验的重要课题。青浦县的数学教改，在追求大面积提高教学质量的同时，致力于培养学生中的数学爱好者。1988 年，数学教改实验小组通过县数学学会与香港杏范基金会联合兴办杏范数学星期学校，为全县各中学有数学特长的学生创设更好发展的条件。多年来，历届在读生踊跃参加县、市、全国和国际数学竞赛，并屡屡取得优异成绩。当然，发展个性不止是培养学科尖子或某些有技艺特长的学生，它的全部意义有待于教改实验在以后的探索中去切实把握。

素质的含义有狭义的心理学专业概念和广义的通俗概念之分，素质的结构也有常用的三分法、四分法、五分法以及分层法、分维法的区别。不管如何界定，人的素质只有在人与环境相互作用的活动中才得以表现与发展。人的活动有生理、心理、社会文化三个层面，相应地，人的素质就有生理素质、心理素质和社会文化素质之分。

现代化的核心是人的现代化，人的现代化的核心是素质的现代化。教育对人的素质的关注，缘起于 20 世纪 80 年代兴起的新技术革命。在我国，自 80 年代中期起，党和国家领导人从社会主义现代化建设、综合国力的国际竞争的需要出发，多次发出一系列提高民族素质、国民素质、劳动力素质和人才素质等号召。这在教育界产生了强烈的反响，人们逐步认识到应当把提高素质作为教育的根本任务。但那时讲提高素质，重点是讲提高人的科学、技术或文化素质，注重人才的培养。

20 世纪 80 年代后期开始，教育实践中以片面追求升学率为特征的"应试教育"愈演愈烈，它与我国历来坚持的全面发展的教育方针形成尖锐的矛盾和对抗。于是以马克思主义关于人的全面发展学说为理论基础的素质教育思想在我国兴起,逐渐形成一种热潮,特别是后来作为一种政府行为大力提倡,使素质教育的目标更加明确。教育要普遍关心人的培养,要全面提高人的素质,成为规范教育行为的基本准则和深化改革的巨大动力。

到了 20 世纪 90 年代,由于发展市场经济带来的负面影响,使本来就有违全面发展的"应试教育"受到功利主义、个人主义的驱动,从而更加忽视思想品德教育,举国上下都忧虑着道德滑坡、人文精神失落、理性与信仰萎缩等问题。反思教育的失误,促使人们一致认为严峻的问题在于全面提高人的素质,尤其是需要提高人文素质。青浦实验基于对提高素质的认知,将其作为基础教育的出发点和终极目标。全面提高学生素质,是教育迎接 21 世纪挑战的战略性任务。

小　结

教育改革的过程实质上就是教育科研的过程,而理论研究对教改实践的最大贡献在于思想、观念的重塑、重建。一项实践的不断深化,可以推进理性认识的逐步提升,而各项不同实践孕育的研究,也能达到同一个真理性的认识层面。以学生发展为本,是当代教育发展的共同取向,也是被广泛认同的现代教育观。青浦实验作为一项地方范围内教育改革的实践性研究,其教育观念的演变发展呈现了独特的轨迹。它的聚焦过程可简述如下:为了实现"大面积提高教学质量"的目标,青浦实验从确立"让所有学生有效学习"这个指导思想开始,通过抓起点、抓关键、抓基础的努力,初步实现了教学质量大面积提高,接着是面对全面提高学生素质的目标,从宏观、微观两方面进一步探索,趋向"以学生发展为本"的这个共识。

青浦实验明确以学生发展为本,一方面是基于教育改革的步步深入,特别是一些以探索教育思想为导向的教改实验的兴起,另一方面是有关人的发展与教育理论的研究以及国外先进思想的借鉴,这些因素均从多方面推进了研究者教育观念的趋同。现代科学技术的高速发展,产业结构的迅速调整,劳动力市场的波动,打破了平缓的经济发展状况和既相互竞争又越来越相互依赖的格局,以及随之而来的生态环境的恶化,有可能出现的道德沦丧、理想泯灭等,激起了全社会对人的素质的忧思。面对这一切,主张弘扬人的主体性,唤起人的主体意识,发挥人的主体活动能力,已成为时代精神的主旋律。我国正处在经济和社会迅速发展的历史时期,社会的进步特别需要教育的适时变革。

20 世纪 80 年代以来,国内教改实验如雨后春笋般出现,大致分为四类。

一类从情意因素入手,发展学生的自觉性。针对传统教育重认知、轻情感的弊端,这类实验从学生的情感领域入手统领整个教学过程,强调育智与怡情、"会学"与"乐学"的统一。有代表性的实验包括南通李吉林"情境教学"、上海一师附小"愉快教育"、上海闸北八中"成功教育"等。

另一类从认知能力培养入手,发展学生的主动性。这类实验受 20 世纪 80 年代初开始的关于传授知识与发展智力关系的大讨论所推动或引发,其基本主张是教学程序"先学后教""先练后讲",重心由教向学转移;教学组织形式不同意"齐步走",处于个别教学与班级授课之间。有影响的实验包括卢仲衡"自学辅导"、段力佩"读读、议议、练练、讲讲"、邱学华"尝试教学法"、黎世法"异步教学法"、魏书生"课堂教学六步法"等。

又一类从实践活动入手,发展学生的创造性。具体又分三种:充分挖掘教材本身蕴涵的创造性因素;通过"第二渠道"或各种课外科技活动;开设专门的创造教育课程。这类实验推崇将创新精神和创造能力的培养置于教学活动的中心,培养学生的创造性思维和创造性个性,造就创造性人才。

更多的一类是整体把握,把学生作为学校生活的主体,在全面发展意义上培养学生。20 世纪 90 年代以来,这类实验日益凸显如下特征:以马克思主义人的全面发展学说和国家的教育方针为指导,从分析教育的持续性与教育对象的主体性入手,从整体上探讨学生发展的基本规律、有效途径、理论体系等等。比较著名的实验包括北京师范大学裴娣娜、上海师范大学恽昭世、华中师范大学教育系的实验等。

上述教改实验所要发展的自觉性、主动性和创造性正是人的主体性的主要特征。一个时期以来学校教育中以片面追求升学率为特征的"应试模式"正好与此背道而驰,种种"认分不认人,重题不重智,求近不求远"的现象使学校教育失去了应有的"随风潜入夜,润物细无声"的情趣。一切简单浮躁、急功近利、不讲规律的做法,究其原因有各种社会现实的因素,有几千年封建文化的影响,但不容忽视的是学校教育尚未真正确立以学生发展为本的基本观念。青浦实验和众多的教改实验一样，针对这种时弊，以各自不同的研究视野，关注学生的发展，实现着教育观念的趋同。

以学生发展为本的基本含义是，教育要面向有个体差异的全体学生，学生的发展应该是以"四有新人"为目标的全面发展，是充分发掘潜能的主动发展。在处理基础与发展的关系时，要以教育的持续性为原理。终身教育的社会尤其注重可持续发展的能力。中小学教育要为学生打好身心健康成长、终身学习和走向社会的基础。在处理主体与客体的关系时，要以教育对象的主体性为原理。学生是学习的主体，也是发展的主体。必须解决学生是主动学习还是被动灌输、全面发展还是畸形发展的问题，实现教师、课程、学生三体互动，而不是简单地从以教师为中心走向以学生为中心。学生的发展在很大程度上取决于主体意识和主体活动能力的培养，因此要注重让学生学习获取知识的方法、参与实践的本领，获得终身受用的基础知识和创造能力，在发展的过程中，促进素质的全面提高。

由"应试教育"向全面素质教育转变，是我国中小学世纪之交面临的紧迫任务。素质教育是因应国际教改大潮的现代教育观的体现，从学校实施素质教育的角度看，它首先涉及目标体系的确立。目标体系规定了受教育者身心发展的质量规格和水平，是素质教育实施的前提和评价的依据。它包括学校培养目标、班级教育目标、各科教学目标、学生自主学习和自我教育的目标等。新的目标体系必须摆正选拔与发展的关系，只有学生全面、主动地发展才是教育的终极目的。以学生发展为本，全面提高学生素质，正是现代教育观的核心与基本内涵。

2."活动—发展"教学体系
——课程改革的多立面研究

综　述

作为理性认识的教育观念不能直接操作,需要通过一定的模式指导实践。青浦实验为在教育、教学实践中渗透"让所有学生有效学习"的指导思想,提出了"活动—发展"教学体系。

活动是人存在和发展的基本方式,是影响人发展的决定性因素,教育情境下的学生主体活动对学生素质的提高具有不可替代的作用。

20世纪以来,教育的改革在经受了儿童中心主义、学科中心主义种种思潮的震荡之后,才理智地把目光投向学校实现教育目的的具体途径和方法,认为教学可以走在发展前面,推动学生的发展。这样,寻找教学中最具活力的因素,便成了教改实验的热门主题。

青浦实验历经多年改革实践,认准学生的主体学习活动是促进学生发展的有效途径,在活动中发展是提高素质的现实途径,并致力于构建旨在开掘学生主体活动潜在功能的"活动—发展"教学体系,努力提高学生的素质,促进学生的发展。

活动促进发展、在活动中发展的教改思路可从下列几方面观照。

第一,人自身发展的特性。以往的教育忽略了人学习的特性——视学生为容器,使知情分离、知行脱节。尤其在"考试至上""分数第一"氛围的笼罩下,教育的目的、任务受到严重扭曲。师生之间知识传承的通道在拓宽,感情联络的纽带却在松懈,学习给学生带来了沉重的身心负担。失去情感的教育是苍白无力的,必将遗患无穷。死读书的后果是在德育上形成"两面人",在智育上造成脱离实际、鄙视劳动、缺乏"做"的意识的书呆子。今天,加强应用、重视"做"的训练已成为各国教育改革的明智选择。现代关于人自身特性的研究表明,人的行为与心理是高度统一的,人学习的最大潜力正在于这种统一之中。皮亚杰的活动内化原理指出,人的外部动作可逐步内化为智慧活动。苏联学者也指出,人的外部活动的动作结构能转化为内部的认知心理结构,他们由此建立了著名的"活动与个性"的心理学体系。我国传统的学习理论历来认为,学习是获得知识经验的"学"与进行行为实践的"习"相统一的活动范畴,它需要人的全部心理活动(包括认知、情意)的积极参与。

第二,现代社会变革与进步的需求。我国社会正处于转型期,生产力的构成、国家产业结构乃至经济体制正在出现深刻的变化。未来的建设者在急剧变革中必然会面临各种不确定性和可选择性,因此要有主动负责的精神,要具备不断获取新知识、不断进行自我教育的能力,要发挥主动性,提高自主意识。从世界范围看,国际社会正面临改善环境、应对人口增长和确保可持续发展三大挑战,这就需要人类根本意义上的合作态度(人与人的合作,人与自然的合作,人与社会的合作)。但是,一个时期来"只有你下才能我上"的升学竞争损害了合作态度的培养。时代呼唤主体意识,时代呼唤合作态度,如此重要的时代精神,只有高素质的公民才能维系。那么学校究竟应该怎样去培养这些素质?按照马克思主义的观点,人的发展的实现一定要通过主体的活动。人只有在与环境相互作用的活动中才会显现其素质,同样人也只有在与环境相互作用的活动中才能发展其素质。上述两方面表明,学知与学做的互补,自主意识与合作态度的融通,既是开掘学生主体活动潜在功能的基本途径,又是21世纪学校教育的坚实基础。

第三,本县的教改实践。据20世纪80年代中期青浦县人力资源调查,全县劳动力平均受教育年限为5.5年,其中工业、农林、建筑、财经等部门中专以上学历的人数仅占职工总数的0.6‰,大大低于沪郊平均占比2.4‰,可见总体素质低、人才匮乏已成为影响全县经济发展的突出矛盾。为了更好地为当地经济建设和社会发展服务,基础教育必须转向全面提高学生素质的轨道。

在青浦实验的进程中,伴随上述改革思路的实践研究,是从1988年开始的课程领域的探索。课程和教学的改革是实现我国教育现代化的核心，是基础教育跨世纪发展所面临的一项极其复杂的系统工程。

青浦实验提出的"活动—发展"教学体系，首先是观念上的变革。人的能力中最要紧的就是学习能力，虽然能力产生于一定知识积累的基础上，但很多能力是可"学"而不可"教"的，主要靠在实践、探究、发现等主体活动中逐步锻炼与提高。因此，要改变那种学生在课堂上处于被告知、被教导、看演示地位的被动活动，改变那种忽视甚至排斥以获取直接经验为目的的亲手操作和参与实践、偏重接受书本知识的片面活动，构建一种鼓励学生在教育、教学过程中主动参与、主动探索、主动思考、主动实践的主体性学习活动。

其次是教学形式乃至课程体系上的变革。近十年来，在课程和教学的某些方面，青浦实验正致力于进一步探索如何开发学生主体学习活动潜能的改革研究。尽管这一改革尚待深入，但已有的效果是明显的。县教育局 1996 年底的一次调查表明：与非实验的同类学校相比，坚持开展"活动—发展"教学实验的学校，学生活动为主的科目占比大，学生负担减轻，成绩优秀且后续学习能力强。由此可见，有目标、有步骤地提高学生主体活动的水准，可以大大增强教学过程的活力。

1997 年，根据上海市教育委员会关于设立市级教育科学研究基地的有关规定，县教育局报请建立青浦实验研究所，并获准成为首批市级教育科学研究基地。该研究所成立后即将"活动—发展"教学体系列为主要研究课题之一，与此相应，全县重新调整了城乡教改实验区，由原来的 2 个扩大为 5 个。面临世纪之交，各实验区学校正在根据县教育局要求，围绕改革课堂教学模式、探索各类活动相互渗透与融合、完善课程体系等方面，积极制订规划，落实研究课题，实施新一轮的研究。

活动之树要有学习理论滋润

"活动—发展"教学体系中的"活动"一词，在青浦实验的概念系统中，通常有两层含义：其一基于教育哲学，指作为主体存在方式的活动，突出学生作为学习体现者在这一过程中表现出来的主动、能动活动；其二基于心理学，指人内部的心理活动和外部的行为活动。在人的学习中,这两类活动是同时存在和密切联系的,它们是发展主体与环境相互作用的特殊形式,是人的认知结构(包括情意状态)和行为结构(包括语言)相互转化的中介。

青浦实验对"活动"的最早关注来自数学课上学生的尝试探究活动。为了克服以往教师一讲到底的传授方式带来的弊端,为了改变学生单纯"听"课的懒怠与乏味,一些有经验的教师就有意识地组织学生开展动手算算画画、动口交流讨论、动脑思索探究的课堂活动,让他们自己去试着获取数学结论。结果,这样上课的效果出奇得好。后来经过经验筛选、实验验证,原先的认识最后上升为活动原理的基本内容。其中,推动教学经验向理性阶段进步所不可或缺的一环,是对学习理论的观照。

学习理论是关于学习的性质及其形成机制的心理学理论,它所揭示出的学习过程、学习变量和学习原理均深深地影响着心理学与教育的密切联系。青浦县数学教改实验小组成员早在 20 世纪 80 年代初就开始钻研学习理论,那时日本大桥正夫的《教育心理学》刚在中国出版,便迅即成为小组众人的抢手读物,每月一次的读书报告会则是大家交流心得、析疑问难的学术沙龙。于是,行为主义、认知理论等 20 世纪心理学发展史上的主要流派纷纷进入学校教师的视野。

行为主义者认为,心理科学是一门行为科学。他们把环境看作刺激,把伴随而来的行为视为反应。持这种观点的人往往依据这样一个基本假说:学生的所有行为都是习得的,都是学生对以往和现在的环境所作出的反应。他们试图证明,行为是受外部刺激、奖励或强化控制的,因而,可以根据每一个学生的强化史来分析他们的任何行为。这种学习理论的逻辑延伸,就是要形成一种改变或修正行为的方法,主张在学校教育中,教师的职责就是要构建一种环境,尽可能适时强化学生正确的行为。

与行为主义者不同,认知心理学家的研究对象是学生对环境中各种事物感知的内部过程,注重知觉、记忆、思维、问题解决等。他们试图解说学生头脑中的认知结构,即学生知觉和概括自然界和人类社会的方式。认知心理学的一个基本假说是:学生的行为始终是建立在认知基础上的。而且,认知心理学家一般都持发展的观点。在他们看来,儿童的知觉和思维方式与成人有着本质的区别。在学校教育方面,他们强调教师必须根据学生知觉和思维发展的不同阶段进行教学。

无论是行为主义,还是认知理论,这两派心理学都力图用科学的方法研究人的学习,都将介于主体与环境之间的某个中介物视为学习的本质。然而令人遗憾的是,前者仅注重行为活动,视学习为"试误",学习的结果为个体行为习惯的改变;后者则注重心理活动,视学习为"领悟",学习的结果则是认知结构的获得。它们均未去查明行为和知识经验、情意状态之间的关系,因而反映不出人类学习的实质所在。

直至近期,人们渐渐明确,人的行为与心理是高度统一的,只有查明行为和知识经验、情意状态的关系,才能揭示人类学习的实质。于是,两派对立的状况才有所改变,出现了两派互相吸取的发展趋势。行为派的研究不仅重视个别外部条件对行为反应的影响,还特别注意内外部条件的相互作用对行为的影响。这些不能不说是受到认知派关于主体和环境相互作用思想的启发。而认知理论也从只考虑内在的认知转变为十分重视学习发生的情境的影响,强调社会因素、动机等对知识和策略获得的影响。可见,认知派也已经吸收了行为派注重环境刺激以及自身调节作用的思想。

在两派互相吸收的进程中,对当代学习理论发展起着重大推动作用的是皮亚杰,他从发生认识论的角度提出了智慧操作内化理论,即通过感性操作到表象操作再到理性操作,可使外部动作逐步内化为智慧活动。这一理论强调主体对环境的主动构建活动,后来成为布鲁纳发现教学、萨奇曼探究教学的心理学基础。

苏联心理学家以马克思主义的人类活动论为依据,在系统研究了儿童学习过程后所提出的"活动与个性"理论则指明,人的外部活动的动作结构是如何通过几个各具特点的阶段转化为内部认知心理结构的。由此延伸出一类课程形态——活动课程,用以补充学科课程的不足。这一理论强调认识是主体对客体的主动变革活动,物质和思维两种活动方式的相互作用使人的认识不断深化,后来成为加里培林智力活动多阶段形成说和赞可夫、达维多夫发展性教学流派的基础。

与此同时,青浦实验的参与者也被中国古代的学习理论深深吸引,很多数学教师当时热衷从诸子百家的著述中去寻求启迪。事实上,与国外学者的理论相比,我国传统的学习理论实践性非常明显。春秋战国时期的哲人就已认识到,学习需要人的全部心理活动(包括认知的、情意的活动)的积极参与,而且明确指出,学习是获得知识经验的"学"与进行行为实践的"习"相结合的活动范畴,诚如孔子所说"学而时习之,不亦说乎",到了宋代,朱熹更明白地提出学与习、知与行"相须互发"的观点,揭示了两者之间的密切关系,并把整个学习过程归结为"立志、博学、审问、慎思、明辨、时习、笃行"七个阶段。

诚然,中国传统的学习理论,在全面、系统地揭示学习的本质、表明学习的总体实现过程等方面较之西方学习理论略胜一筹;但是它毕竟存在着不少的缺陷。例如,在概念的划分方面,知、学、思、习、行之间,就有交错重叠甚至含混不清之处。又如在研究学习的内部机制方面,中国古代学者实际上运用了"黑箱"的方法,尚未深入其内部。而行为派和认知派却都不同程度地在机制探讨上有较大的建树,其中认知结构理论所提出的同化和顺应对现代学习理论来说具有奠基的作用。

对学习理论的不断学习,使青浦数学教改登上了较高的理论制高点。

首先,来自实践的众多教学经验因理论的渗入而增强了本身的说服力。回顾青浦实验过程,从创设问题情境到面对尝试过程出现的成功、受挫、失败的不同措置,从课堂上动手做、动口说到引导学生全身心地体验,种种有助于学生主动、能动学习的活动,无不承受过学习理论的滋润,研究者的认识也由知其然达到知其所以然的境界。

其次,结合我国的教育经验,对学习意义(特别是数学学习的意义)有了新的理解。

第一,学生的学习是一个连续不断地同化新知识、构建新意义的过程。学生不是一张白纸,尤其是中学生,他们已有相当的生活体验和知识积累,其中也包含可观的数学活动经验。学生的学习不应该是一个被动吸取知识、单纯记忆、机械练习的过程。一个有意义的学习过程是学生以积极的心态,调动已有的知识和经验,同化新知识,解决新问题并构建他们自己的意义。在这里,学习被看作建立新旧知识之间联系的过程,这种联系只有符合下述两条才是有意义的,否则就是灌输的、死记硬背的:一是合理联系(知识固着点与新问题具有合适的潜在距离),二是实质联系(经得起变换一个形式的检查)。

第二,学生的学习只有通过自身的操作活动和主动参与的"做"才可能是有效的。一个学生,如果没有活动、没有"做"就形不成学习,这一认识对教学过程的组织无疑具有指导意义——必须重视学生的亲身感受、动手操作和动口交流等行为在教学过程中的作用。在教师指导下开发学生自行活动和"做"的形式非常重要,它是形成学生良好认知结构的基础。

第三,学生的学习只有通过自身的情感体验、树立坚定的自信心才可能是成功的。学生真正积极参与学习(既包括认知前提,又包括情意状态)的关键问题是教学方法的情感化。就数学学习而言,学生一旦"学会",享受到数学活动成功的喜悦,就能强化学习的动机,从而更喜爱数学。

上述三点理解中,一个知识构建,一个主动参与的操作活动,一个情感体验,前后两个内隐于心,中间一个外显于行,它们形成一种三角关系,其中任何一个的发展和变化都必须以其他两个作为前提条件,三者相辅相成,相得益彰。由此可以引出青浦实验认同的关于学习的一个定义:学习是由重复情境引起的个体行为或心理的改变,这种改变相对持久,但不是遗传、成熟或其他生理变化的自然结果。

再次,对中外学习理论的大致观照,以及结合自身长期的教育、教学实践和研究,促进了青浦实验研究者对活动在学习过程中作用的认识。就学习而言,它是发生于主体与环境之间的、以特殊的活动为中介的发展过程。这种特殊的活动可分为两种形式,即外周的活动与中枢的活动。

外周活动主要是指学习过程中的行为和语言等外显的部分,表现为人体各外部器官的各种动作行为。通过这些行为,人一方面可以从环境中获取满足自己需要的对象,即环境的对象化;另一方面可以把自己的目的、意愿物质化,改造旧的环境,创造出新的环境和财富。人在活动中所必须进行的各种动作行为按活动的目的和顺序相互协调,形成行为结构,其中最基本的行为通过反复实践可以达到自动化的程度。

中枢活动主要是指学习过程中人的心理活动,包含认知和情意两大侧面。它是把物质对象转化为意识的活动,也就是把外周活动过程内化为思维过程,从而形成认知结构的活动。中枢活动不仅能控制主体活动,还能外化为行为动作,从而具有认识外部环境乃至改造外部环境的作用。

人的行为动作结构与认知心理结构具有同源发生,又具有相对同构性的特点。在人的学习中,这两种形式的活动是同时存在和密切联系的,它们是人与环境相互作用的特殊形式。人通过这两种形式的活动,实现了主体与环境之间的物质和精神的变换,在这个变换的过程中,人自己便呈现一种不断发展的动态图式:在原有行为结构与认知结构的基础上,或是将环境对象纳入其间(同化),或是因环境作用而引起原有结构的变化(顺应),于是形成新的行为结构与认知结构,如此不断往复,直到达成相对的适应性平衡。

这种以人的中枢活动与外周活动共同作为中介的学习模式,能较好地解释和指导实际的学习过程。青浦数学教改的广大参与者是通过实践体验而逐步窥其奥秘的,并据此在各自的课堂教学中演绎出不同特点的尝试、变式、反馈等活动方式来。

课程的改革是深化教育改革的核心问题

课程是教育内容的系统组织,是学校提供给学习者用以塑造自身、开发个人潜能的一份蓝图。以往的课程设计比较偏重学科的知识内容这一客观侧面,强调按逻辑组织起来的教育内容的学科划分,注重教育内容的价值与结构,而对学习者的经验与活动之类的主观侧面,则未予重视。因之显现了传统课程的弊端:课程及其标准简单划一,“一种规格的衣服不同身材的人穿”,强调统一要求而不顾学生实际存在的差异,造成学习有困难的学生多,富有创造力的优秀学生难以脱颖而出;课程内容比较单一且陈旧过时,局限于认知发展却忽略了情意发展,联系现实生活又少,如数学的“掐头去尾烧中段”,还有科学与人文相对割裂,以及学科分离等。课程改革无疑应是当前进一步深化学校教育改革面临的核心问题。

从课程改革角度看,青浦实验在前期主要着力于课程的展开方式——教学方法的改革,从 20 世纪 80 年代后期开始,进入课程观的探索,并根据“活动—发展”改革思路构建“套筒式”学校课程体系。

青浦县于 1988 年制定初中教育课程改革方案,嗣后逐步完善了如下改革要点。

第一,重视课程内容与现实生活的联系,增选、改造知识内容,开发实践环节。与时代和社会的需求尚有较大差距,这是以往课程内容所存在的一个重要问题。青浦实验关注农村生活和农业生产的实际需要,在实验性学校的课程设置中增加劳动技术和乡土教育相关科目,以加强课程内容的针对性。如在粮油作物与瓜果栽培、本地禽畜与水产养殖、简单机械维修、工艺制作、家政等方面选择一定内容设课,并根据学科课程的进程分布于各个年级;同时,将青浦的环境资源、历史文化、建设成就、生产技术设计为乡土教育的主要内容,充实德育课程。

第二,加强课程的主干——最基本的知识,在新观点下实施"削枝强干"。内容较庞杂、分科较多,致使学生负担加重,是传统学校课程受到批评的一个重要原因。当今各国的教育改革,都十分注重课程内容的基础性,强调向每个学生提供必需的基本知识,即作为现代公民应具备的最低限度的知识经验、思想观念及社会生活准则。掌握基本知识是智力开发、能力发展、继续学习以及个人全面发展的前提。根据农村教育的实际情况,青浦实验十分关注语文、数学等工具学科课时数量的保证,强调教学内容要经过精选,教学要求要适当,教学方法要改进,以加强基础知识的教学。同时,又根据工具学科的工具性、社会学科的社会性、自然学科的观察与实验性特点,积极探索有区别地进行考试、评价的改革,以强化基本知识的落实。

第三,拓宽创造性学习的课程渠道,加强学生的主动活动。青浦实验致力于学科知识课和活动课的有效结合,从培养学生的创造才能出发,增强课程内容的前瞻性,借以克服以往课程教材主要为教师讲授提供蓝本、很少顾及学生主动活动需要的缺陷。在实验学校里,学科知识课和活动课的周课时比调整为2∶1,活动课的内容丰富多彩,并且把各个不同学科的知识联系起来,把课堂学习和社会生活、生产劳动、科技活动联系起来。如语文学习的扩大阅读与读、说、写结合的综合表现活动,数学学习的问题探究、变题编题及各类实践活动,英语学习的视、听活动与会话表演等,都强调突出知识技能的综合运用和创造性运用。

第四,增加课程的可选择性,通过分流、分水平的组合,达到"降低一线,提高一批"的目的。以往的课程无视学生学习水平和学习速度的差别,用统一的模式套在不同的学生身上,不利于不同类型学生个性、特长的发展。有鉴于此,青浦实验注意因地因人制宜,使课程内容和课时保持一定的灵活性,为有不同需要的学生增加可选择的余地——给学习有潜力的学生提供加深和拓宽知识技能或适应自己兴趣、爱好的发展可能,给学习有困难的学生以补授的机会。为此,实验学校的教学计划都留有一定的机动时间,或用于学生的自主学习活动,或用于开设专题报告、系列讲座等。

进入 20 世纪 90 年代以来,实施素质教育成了时代对教育改革的迫切呼唤。课程体系是实施素质教育的核心。以往的课程体系不适应素质教育的要求,问题主要在于模式单一、结构不合理、功能不齐全。新的课程体系必须正确处理教材、教师、学生三者之间的关系,要坚持加强基础,要特别重视发挥学习主体在学习活动中的主动和能动作用。

新课程体系的构建,应该通过优化学科课程、加强活动课程、开发环境课程,让学生在各类教育与训练活动中主动发展;应致力于改变过去知情分离、知行脱节的状况,加强应用,重视"做"的训练,致力于通过学习主体的活动来实现人的全面发展,提高受教育者的素质。青浦实验根据多年的实践与思考,并结合国内外课程理论的学习,加深了课程改革要突出以学生发展为本的认识。1997 年 4 月,在上海市教育委员会、上海市教育学会联合举办的素质教育系列讲座第一讲中,青浦实验研究者阐述了这个认识(顾泠沅:《素质教育的实践与思考》,载于《上海教育报》1997 年 4 月 11 日)。

课程发展的现代趋势,一是课程形式的多样化、个性化和综合化,即通过学科课程和活动课程的正确结合(包括融通)处理好学科传授与学生活动的关系,通过必修课程和选修课程的合理组合处理好统一要求与学生差异的关系,通过显性课程与隐性课程的相互配合处理好课本内外、课堂内外、学校内外形成教育合力的问题;二是内容上提倡科学性与人文性的双向拓展与互补,即从整体上培养学生优良的个性品质。

青浦实验根据"活动—发展"改革思路构建的学校课程体系是"套筒式"的。这个套筒的内核是学科课程,它是提高学生素质的主阵地。优化学科课程,一是调整结构、强调基础、适度要求;二是改进策略,重视观察、试验、推理、想象、表现及实际应用等学科活动。中间是活动课程,加强中间层次是课程改革的突破口,需由教师帮助组织各种专题活动。外围是环境课程,应努力开发环境中的教育资源,让学生通过亲自设计、组织和开展丰富多彩的综合活动,走近生活、走近劳动、走近自然、走近社会。

套筒式课程包容学科活动、专题活动和综合活动等多种形态,这些活动不同于传统意义上的教学活动,它们着眼于学生的发展,因此在实施上强调课程与学习融为一体。第一,逐步提高学生自主学习的程度,表现于活动在两个维度上的进展,教师从知识经验的传授者到学生学习活动的指导者,再到学生自行获取知识经验的促进者;学生从提高学习主动性到初步自主,再到基本自主的自行学习。师生角色功能的转换,旨在实现"教是为了不教"的终极目标。第二,逐步提高学习内容的整合层次,这里的活动必须克服学知与学做脱节、学科之间分离、科学与人文精神割裂等现象,使智育与德、体、美、劳诸育在学习活动中逐步整合,达到和谐统一。第三,逐步提高学习效果的累积水平,这里的活动必须重视知识获得过程、行为技能习得过程、各项素质形成过程,强调有明确目标指向的累积,从量变向质变发展。

实施套筒式课程体系将会带来急需深究的两个问题。一是以提高学生素质为目标的教育归根结底是针对不同教育对象的差异教育,因此课程要加大可选择性,活动必须体现差别,这就需进行教学组织形式和教育管理的变革。二是多种课程、多种活动形态不能是人为割裂的"板块",而应围绕提高素质这个轴心"同轴旋转"、螺旋上升。实践中有"课内抓升学、课外抓素质"的说法,甚至把素质教育形式化为"唱唱跳跳、剪剪裁裁",这是不对的。各类课程、各种活动之间应当讲究横向沟通、纵向成序,目标始终瞄准全体学生主体性的充分发挥。此外,不可忽视课程改革与教育结构的同步调整,因为只有这样才能真正"变淘汰为分流",使每个学生都能成才。

在模式多样化的前提下掌握课堂教学结构

改革课堂教学是实现让所有学生有效学习的必由之路。教学过程需要随着教学目标的不同而寻求其不同的最佳状态,但是,离开了具体的教学目标奢谈某个唯一最佳的教学过程也是毫无意义的。对于这个问题的思考,需要多用教学模式来表征。

教学模式是运用一组精心安排的基本概念来研究课堂教学中师生活动的工具,它是在一定的教学思想或教学理论指导下建立起来的、较为稳定的教学活动结构框架。教学模式是教学基础理论的具体化,又是教学具体经验的概括化,它是理论与实践的中介。在教学实践中,一个好的教师往往善于从理论与经验两方面的结合上实施课堂教学的改进。因此,从模式意义上掌握课堂教学结构,比单纯依靠经验的长期积累去改进教学,具有更大的现实效用性。

近代教育史上赫尔巴特开创的接受式教学与杜威力主的活动式教学两大模式,最近一二十年来有明显接近的趋势。事实上,教学目标是多种多样的,对于不同的目标,教学的理想模式当然也不相同。例如,对传授系统知识的目标来说,有意义的接受模式就凸显出明显的优越之处。因此课堂教学改革的基点应当放在使全体学生都能独立思考上,使接受式教学与活动式教学有机结合与相互补充,从而改变以往那种封闭的、割裂的、学生被动接受的教学模式。

在如何结合与互补这个问题上,教学改革的实践者们作出了巨大的努力:有的从空间形式上把教学分为课堂内和课堂外两类,课内多半采用接受式,课外多半采用活动式,并尽量使课内外互补;有的从学生学习的时间阶段来区分,某几个阶段主要采用接受式,另几个阶段则偏重发现式;还有的试图通过教学内容的改革把两类方法融合起来;等等。

从初始时的教育调查到后来的经验传播,青浦实验一直将课堂教学作为研究问题和推广成果的重要载体。实验前期对 50 名数学教师进行调查,共用了一年多时间跟踪听课,发现当时教师上课基本上囿于传统的讲授模式。继而开展的教学方法改革,即是探索一种使接受式与活动式相结合的课堂教学模式。1987 年和 1989 年,上海教育学院主办的《中学数学教学研究动态》分两次发行专辑"青浦县中学数学教改实验教案选编",集中了青浦实验关于这方面研究的某些阶段性成果。

课堂教学改革需要探索一定的教学模式,但又应当避免教学过于"模式化",使生动活泼的教学陷入单一的架构之中。实际上,由于教学条件的复杂多样、课堂内容的千差万别,课堂教学的结构历来就是风格各异、流派纷呈的,不同的风格和流派往往各有千秋,对此绝不能一概而论。企图用统一的结构模式来包办一切肯定会遇到种种麻烦,正确的态度应当是在模式多样化的前提下掌握课堂教学结构。有鉴于此,青浦实验在 20 世纪 80 年代后期提出了一种具有层次性的数学课堂教学基本结构,作为对教学模式的探索(上海市青浦县教师进修学校:《青浦县中学数学教学模式浅析》,载于《课程·教材·教法》1991 年第 10 期)。曹才翰教授将它誉为"能优化课堂教学效果的一种教学结构",在刊物上撰文评析(曹才翰:《谈谈上海市青浦县的数学课堂教学结构》,载于《课程·教材·教法》1992 年第 7 期)。

青浦实验概括的数学课堂教学模式是一个具有层次性的、包括如下五个环节的基本结构。

第一,把问题作为教学的出发点。

教学过程是一种特殊的认识过程,其特殊性在于学生学习是有指导的和学习对象的间接性。对学习前人已经发现和创造的知识与经验,学生必须要经历一个"再发现"和"再创造"的过程才能真正掌握。在这个过程中,如果没有学生的自觉参与,那么就不会有好的学习效果。因此,激发学生的学习动机是课堂教学首先要解决的问题。

较之以直接感知教材为出发点,把问题作为教学的出发点有着很大的优越性。它能较有效地激发引导学生主动投入到教学活动中来,并以跃跃欲试的积极态度去尝试解决面临的问题。而且,问题是思维的出发点,那些学生想解决而又不能一下子顺利解决的挑战性问题,正是点燃学生思维火花的导火索。

青浦实验的广大参与者为了提高这个环节的可操作性,围绕"提出什么样的问题、怎样提出问题"等问题深入进行研究。形成的共识是,提出的问题要围绕教学任务,能对整堂课起关键作用;问题本身应该简明清晰,使学生在理解上不感到困难,要在学生力所能及的范围内,但又不是轻易可以解决的;提问时要注意创设问题情境,以期能一下子拨动学生的心弦,让学生在迫切要求之下学习,使他们在注意力最集中、思维最积极的状态中进入探究过程。

第二,指导学生开展尝试活动。

在采用讲授法的同时,辅之以指导学生亲自探究、发现、应用等活动,包括阅读书籍,重温某些技能和概念,观察,实验,类比、联想或归纳、推演,议论和研究,等等。这里的尝试与桑代克的"试误"不同,一是有教师的指导,二是以学生已有的知识经验为导向。因此它不是一种盲目的尝试,而是有目的的自主学习活动,是一种在教师帮助下,让学生自己通过究其原因、试其难易,从而获取知识技能、发展认识能力的活动。

这种尝试活动的有效开展需要有内外条件相佐。一是引导学生的个性意识倾向性,充分注意他们的需要和兴趣,以内在动机促进学生主动尝试探究;二是在尝试活动中注意认知过程与情意过程相结合,当学生出现成功、受挫、失败等各种情况时,教师就应该相应地运用表扬、激励等手段,引导学生追求克服困难的愉悦心情,体会解决问题的满足感;三是使学生原有认知结构中储存的旧知识进入一个合适的准备状态,为此在开展某项尝试活动前教师首先要考查学生是否具备了与该项活动有关的知识与技能;四是设置并保持一种浓厚的学习数学的课堂气氛,形成让学生充分展示其才能的机会和条件;五是让学生意识到自己在尝试活动中的进步与不足,增强思维的批判性与自我评价对尝试过程的调控作用。

第三,组织分水平的变式训练。

学生在尝试活动中获得的初步的概念与技能,只有通过深化和熟练,才能切实掌握和运用,变式训练就是使之深化、熟练的基本环节。

所谓变式,就是变更概念中的非本质特征:变换问题中的条件或结论,转换问题的形式或内容,配置实际应用的各种环境或使背景复杂化,使概念或问题的本质不变。变式在数学教学中有如下一些训练功能:一是可辨别性,即有助于排除非本质特性的干扰、容易混淆情况的干扰和复杂图形背景的干扰,同时还可提高新旧知识的可分辨性;二是可利用性,即扩大了概念、公式、定理、法则应用的范围,有助于提高学生的概括能力;三是可开放性,即摆脱了"示范—模仿—练习"的习题训练单一模式,有利于培养学生独立思考、灵活转换、举一反三的能力,促进发散性思维的发展。

变式训练的实施要点是:一是"万变不离其宗",无论是结论发散、条件变化还是学生编题,都不能脱离概括性高、包摄性大的概念或规则这个"宗";二是要依据教学目标设计变式,按不同水平教学目标的要求进行分水平的训练,使练习的思考性具有合适的梯度,并向学生提供用各种形式给出问题条件的机会;

三是掌握好训练的时机和分寸,在学生初步建立概念、法则但还不十分稳定、熟练的情况下,组织变式训练,将教学情境推向高潮,把学生思维引向深入,同时视学生的认知水平与意向水平等具体状况,将变式训练控制在合适的程度,以提高训练效率。

第四,连续地构造知识系统。

经过问题、尝试、变式等环节,学生在不断地克服不正确、不全面的认识过程中,逐步获得全面、正确的认识。

这个环节主要是归纳总结,对已经得到的一般性结论予以进一步明确与强化。也就是说,结合必要的讲解,指导学生对获得的新知识和新技能适时地归纳出带有一般性的结论,将其纳入各自原有的知识系统,或对原有知识系统进行改造,使之包容它们。由此构建的知识系统比较完整、合理,对数学教学有如下积极作用:首先是促进学习,这样的结构能使新知识与某些有关的旧知识及时建立起合理的、实质的联系,这种联系正是进行有意义学习的基础;其次是便于记忆,结构化的知识以基本概念和原理作支撑,重点突出,体系简约,容易被领会和记住;再次是利于应用,解决问题要通过联想,使问题的背景、条件、结论及所呈现的形式等与知识结构中的相关部分产生联系,合理的知识结构能为联想提供丰富的渠道。

第五,根据教学目标,及时反馈调节。

对学生必须掌握的知识技能,制订出具体明确的目标分类细目,便于检测。

教师在教学过程中要随时了解和评定学生的学习效果,有针对性地进行答疑和讲解。教师搜集与评定学生学习效果的途径是多种多样的,如观察交谈、提问分析、课堂巡视、课内练习、作业考查等。教师答疑要答在疑处,真正解决疑难问题;讲解则是在前几个环节的基础上,使研究的问题进一步明确,并通过帮助学生克服思维障碍,对那些不易被学生发现的问题给予适当指点。

一个阶段以后,应当给掌握阶段内容有困难的学生以补授的机会,使之达到所定目标的要求。反馈调节的好坏,前提在于对学生情况的了解,关键是教师的责任心。

上述五个教学环节是一个统一的整体,它们构成了一种融合接受式与活动式特点的数学教学结构。在这里,尝试是其中的中心环节,体现出学生的自主学习活动;问题是启动学生思维的开端,为学生的尝试探究活动创设情境;变式练习是又一种形式的尝试学习,是为了进一步巩固和强化通过探究所得的知识和技能;构造知识系统是使尝试学习的结果更加明确化、结构化,为后续学习奠定基础;调节是对学习不足的及时补救,是为了进一步提高学习效果。

开展学生的各种主体学习活动是改革传统教学的突破口

把"活动"纳入课程体系无疑有利于发展目标的落实,但以往的教学偏重学生的接受活动,尤其是被动接受的学习。因此强调发挥学生主体作用的各类学习活动便成为冲击传统教学樊篱的突破口。

青浦实验按活动中学生自主性的不同表征,把这种主体学习活动分为三类,并在实验学校里以此为基础进一步开展了综合活动的探索(青浦县实验中学:《树立自主意识,开展综合活动课》,载于《上海教育》1997年第2期)。

在学生自主学习的活动体系中,第一类是课堂教学中的活动,它本质上是学科活动,服从于学科课程的目标。在这类活动中必须强调提高学生的自主性,反对在传授知识技能时搞机械灌输,提倡在课堂上增加学生动口、动手、动脑的机会。如一些理科将演示实验扩充为学生实验,把单纯要学生"看"改成让他们主动操作、观察的"做";又如语文课安排学生分角色朗读课文甚至自主表演课本剧,以学生的主动体验代替原先由教师直接分析人物心理的做法。

第二类活动基本上超越了原先学科课堂教学的时空,其主要形式是专题活动课。学生的学习内容与课堂教学内容有联系,但社会生活内容已被引进。因此,它既是学科课程的适当延伸和扩展,又体现了活动课程的目标。在这类活动中要求学生能基本达到自主,即学生通过亲身感知、直接体验、主动观察、操作实验等方式,获取课本上没有的知识与经验;并且在获得直接经验的同时,学生的能力也要因自主性的扩大而有较大提高。例如河虾标本制作这项活动,学生不仅要熟悉生物课关于标本制作的一般要求,还要去了解河虾生长条件等水产养殖的有关知识,同时通过独立观察与亲自动手,学习解剖、防腐、固定等标本制作技能。

第三类活动是让学生通过主动参与获得学习的最大的自由度。这类活动打破学科、班级的界限,强调学习的综合性和社会性,强调活动向课外、校外展开,使学生的兴趣爱好、能力、个性特长都能得到比较充分与和谐的发展。兴趣小组是这类活动常见的一种组织形式,学生按照个人意愿自由结合,聘请教师当指导,自己制订计划开展活动。近年来实验学校的英语口语小组最显活跃,因为学生能与在校任教的外籍教师直接对话。青年志愿者社会服务是这类活动的常设内容,学生在为老弱病残者上门打扫卫生、购粮买菜中学习如何料理家务,在为他们读报、讲故事、表演文艺节目时锻炼口头表达和人际交往的能力。更为重要的是,服务活动会使学生学会怎样关心别人。

上述三类自主学习活动尽管内容、形式、范围等各有区别,但都注重学生在活动过程中的主体地位。它们之间既有一个层层递进的关系,又互相依赖、互相促进,共同形成"活动—发展"教学新体系。

20 世纪 70 年代以来,国际上十分推崇"综合学习"这一新模式,它就是将学科学习同学校内外各种活动紧密结合起来,让学生综合应用所获得的知识和能力,将课堂学习与社会中各种现实问题相联系,通过这种学习,促进学生的自然认识和社会认识的统一,并进而达到认识和行动的统一,综合提高学生作为公民所应具备的基本素质。"综合学习"的提倡,扩大和丰富了活动课的内容,使之不再局限于经验学习的范围。这种理论对上述第三类自主活动的开展有借鉴意义,实验学校运用课程理论着重审视了第三类自主活动的经验,在此基础上开始了综合活动课的实践与研究。近几年来,该校以"寻根认祖""认识交通""义务献血,人人有责"等为课题,设计了若干个综合活动课方案并予以实施,又对活动课的编制原则和活动模式开展思考。

首先,课程目标应融于活动之中,通过内容的综合性与时空的广域性予以落实。如"寻根认祖"是一次对青浦境内具有六千年悠久历史的崧泽文化遗址的寻访活动,旨在使学生通过实地考察,认识上海先民的生活状况与石器时代原始农业的生产状况,这里涉及历史、地理、社会等知识的学习与运用。学习内容的综合性蕴涵着这次活动的一个宗旨,让学生接受一次文化熏陶,激发民族自豪感。

为增强学生对"寻访"的体验,活动过程安排了一项 8 千米行军的内容,并且强调学生要克服困难,互相帮助,保证全班无一人掉队。把体育课从校园里的队列操练引向军训式的实地步行拉练,扩充体育活动的时空。这又蕴涵了这次活动的另一个宗旨,让学生通过行军锻炼体魄,增强纪律性,培养团队精神。

整个活动由参观出土文物展览、听介绍遗址发现和发掘过程的专题讲座,寻访遗址现场等形式组成,其中又包括班组讨论、交流学习收获等活动,一共持续两周时间。显然,这类活动课的学习目标已不是单一的学科知识要求,而常常是德、智、体多方面的要求,并且这些要求又需要通过综合性的内容和相应的时间与场合才能落实。

其次,课程编制应因地制宜和灵活多样,通过课题的地方化和形式的多样化予以实施。如"认识交通"是个辐射面很广的学习课题,交通有水、陆、空多种形式,但就农村而言,常见的还是公路交通。318国道横贯青浦全境,学校就根据本地地理这个特点编制活动方案,从公路交通与农村经济建设和社会发展的关系、汽车行驶与交通秩序、公民的交通法规意识、交通污染与人类生存环境等层面多方位地展开学习活动,又使各项活动围绕着对建立"人和交通"良性生态这个目标的认识,帮助学生从小打好现代观念和科学意识的基础。

与此同时,学生通过对农村交通情况的考察,了解青浦经济的发展形势,体验人民生活水平的提高,从而增强振兴家乡、报效国家的责任感。

对于这类大型的活动课题,学校采用了分散与集中相结合的形式。

分散活动时有的学生分小组沿国道采访公路两旁的工厂企业、集镇居民点、菜篮子工程基地、游乐景点等地,通过今昔对比了解公路开通给当地工农业生产、旅游事业、群众生活带来交通便捷的有利条件,领会速度、效率这些概念的时代意义;有的学生在校内检查师生自觉执行交通法规的情况,将校园内停放的自行车逐一查看,对其中不合规范的车主发出通告并协助或督促修理;有的学生回到家里对亲邻的交通安全意识进行调查,内容分为知识和态度,包括道路行走、骑车常规及被调查者对此所持立场,用交通信号图示测试对符号意义的了解;有的学生去城建部门、公交单位调查农村公路建设与公共交通发展情况,了解本县公路建设与公交线路发展的历史和现在的成就,收集全县上下为早日摆脱交通落后局面、积极兴建高等级公路而捐资筑路、迁家让路的感人事迹;有的学生以一个普通乘客的身份乘坐一次公交车辆,专门考察车厢内有违行车安全和公共道德规范的各种现象,并由人及己地进行分析、反思;有的学生到交通繁忙地段进行现场观察,亲身体验汽车废气与噪声的污染,了解交通民警对违章事故的处理,感悟他们忠于职守的敬业精神。

集中活动时全体学生用一个休息日的时间到青浦镇主要交通道口统计汽车流量(与研究道口交通信号灯的驶停间隔时间相结合)、观测空驶的车辆数(与思考汽车运输效用相结合)、考察违章行驶情况(与宣传交通法规相结合)。活动形式多样化带来了丰富多彩的学习结果,面向社会的学习增长了学生的知识和能力,唤起了他们的责任意识。

再次,课程评价应注意活动过程和活动结果的结合,尤其应突出过程评价,因为活动课对教学过程的关注超过对教学结果的关注。学科课程评价基本上仍是以学得知识的结果作为依据,活动课的评价不能照搬,不应再是一张试卷的评价,而应对全过程的外显行为和内隐心理进行综合估量。这种评价不只是对活动的成果进行考察,更强调学生在活动过程中态度、情感的变化和能力的提高。如"义务献血,人人有责"这项活动无法对有形的活动成果——献血作出评价,因为学生尚不到法定献血年龄。但它还是可以考察每个学生是如何获得并以怎样的态度获取关于血液、献血与人的生理健康、公民献血意识等知识的,以及他们通过了解献血意义、社会供血状况、无偿献血模范人物的动人事迹,对公民的责任、对个人与社会的关系是否有更深刻的理解,并且是否促进了他们态度、情感向行为习惯的转化。

在实行一周两个休息日的条件下,让学生参加一点综合活动是有现实意义的,这种活动课有其实践性、自主性、综合性与评价的过程性等鲜明特征。它不再是教师"上课",而是学生自己的自主行为的一种实践课,不再是单一学科为主的活动,而是涉及多门学科、日常生活经验,并且是在不同层次上进行综合、包括各种素质要求的综合活动。实验学校初步实施后反映,其效果是多方面的。通过"学知"与"学做"互补,拓宽了学生的知识面,增强了他们获取知识的能力;通过自主与合作结合,丰富了学生参与社会生活的实践经验,锻炼了他们处理人际关系的能力。

思考示例——现代背景下的数学课程

青浦实验缘起数学学科的教学改革,关注当前中小学数学课程改革研究则是它的必然选择。不仅如此,多年来青浦经验由传播得到数学教育界的认同并与各地数学教改经验交相辉映,同时国内外数学教育发展的新信息也不断传入,所有这些都为青浦实验研究者观瞻面向 21 世纪的数学课程发展态势提供了有价值的思考资讯。这种思考对数学教师构建现代数学课程观是有所助益的。

未来社会对公民数学素养的需求,现代数学发展对数学教学内容的要求,是思考数学课程改革的两个出发点。以计算机为基础的信息社会越来越依赖数学,需要更多、更有用的数学,尤其是以数学为基础的工具、设备和技术的大量出现,要求每个公民具备更高的数学素养。与数学重要相伴随的是数学难学,现代数学似乎越来越只能为少数人所掌握,现行中小学数学内容,不少方面学生掌握不了,有的学了没用;而很多既有实用功能又有智力价值,既能反映现代数学全貌又能从学生现实生活情境中发展的内容,学生却很少接触或学不到。

面对这些问题,自 20 世纪 90 年代中期以来,青浦县数学教改实验小组的有关同志在数学教学学术团体举办的讲座上作了多次报告,介绍了对现代背景下数学课程的思考。

首先是关于数学是什么。早在 19 世纪,恩格斯在批判杜林所谓数学研究的是同经验无关的"纯粹理性"的创造物这种错误见解时,就科学地概括了数学的本质:纯数学是以"现实世界的空间形式和数量关系"为对象的,并以"极度抽象的形式"出现。"只有在最后才得到知性自身的自由创造物和想象物,即虚数。"恩格斯在《反杜林论》中正确地指出,数学是反映现实世界的,它产生于人类的实际需要,它的概念和原理的建立都是以经验为基础的长期社会历史发展的结果。数、量、几何图形等概念是这样产生的,函数概念也是这样产生的,它们都是对现实世界数量关系和空间形式概括的、抽象的反映。虚数最初出现于数学内部,不像实数那样直接从现实世界中提取出来,其现实意义长久未被认识,因此被称为"虚数"。直到后面发现了它的几何解释,这才得到许多重要的应用。同样,非欧几里得几何也不是思维的任意游戏,而是根据几何的基本概念作出来的必然结论。黎曼几何为广义相对论提供了数学框架,使理论物理学家不得不服从于纯数学形式的支配。

20 世纪初以来,在由精确虚数理论和非欧几何奠定基础的数学发展的新阶段上,产生了许多新的概念和理论。它们常常是在已经形成的概念和理论的基础上构造出来的,而不是直接从现实世界提取出来的,因此越出了具体的数量关系和空间形式。数学规定和研究现实世界的各种可能形式,这正是 20 世纪数学发展的决定性特点之一。于是,"数量"从实数扩展到复数、向量、张量,甚至以代数结构的抽象集合中的"元"作为数量;"空间"也从欧氏空间扩展到非欧空间、高维或无限维空间,甚至具有某种结构的抽象空间。这样,数学研究的对象似应扩大为具有量性特征的一般关系和形式结构。

最近二三十年数学的性质及其应用的途径也发生了巨大的变化,不但发现了许多新的数学领域,而且应用数学的问题类型以空前的速度增长,其中最显著的是计算机及其应用的迅速发展与普及;同样重要的是,在由广泛应用性的统一概念联系起来的几个主要数学分支中、在数学与其他科学领域的联系中,产生了大量的思想财富。特别是计算技术和用广泛应用性的统一概念处理现实世界的各种数学模式,已成为当代数学发展的另一个决定性特点。

数学的领域已经远不止原来的算术、代数和几何,业已扩大为科学中的数据和测量、观测资料,数学推断、演绎和证明,是自然现象、人类行为和社会系统的数学模型。

数学作为研究抽象对象的科学,它当然必须依靠逻辑而不是观测结果作为真理的标准;但与此同时,它也必须使用观测、模拟甚至实验作为发现和应用真理的重要手段。因此可以说,数学起源于现实世界,它以形式抽象为其突出的特点。数学的抽象跨越了事物的物质性的区别,只保留它们的结构和形式;数学通过对抽象概念的严格推理构成形式系统。正如著名数学家辛钦所说,"一切数学学科的决定性特点总是某种形式化的方法。……数学问题的解决,不能由它所反映的物体或现象的物质性去解决,而只能由它的形式结构特点去解决"。数学的领域是数、机会、形状、算法和变化。

对数学的全貌需要这样去了解:如同生物是有机体的科学,物理是物和能的科学一样——从某种意义上说,数学是模式的科学。这可追溯到笛卡儿,他把数学称作"序的科学";类似的看法是把数学看成"模式和秩序的科学",在《美国科学》中这成了表述数学的基础;怀特海认为,"数学就是对模式的研究";数学家哈代称数学家为"模式的巨匠"。

对数学全过程的体会,数学家是这样反省自身研究生涯的,看到了一个基本的数学过程的循环,它反复出现,形成了最基本的形式:抽象、符号变换和应用(《美国 2061 计划第一阶段数学专家小组报告》)。对于这个数学的全过程,荷兰的数学教育家弗赖登塔尔称之为"数学化",即数学地组织现实世界的过程。对数学全貌、全过程的重新认识,必将对数学教育产生深刻的影响。

其次是关于数学学习的基本过程。用信息加工的观点看待学习,它包含三个基本过程,即获得信息、加工信息和使用信息,而且三者与信息贮存都有直接的互动关系,这里的信息贮存涉及以前各种行为或心理改变的"痕迹"。数学家看到的数学过程的基本形式,与信息加工学习观得出的三个基本过程完全相通:信息获得即指数学抽象与概念辨识;信息加工包括经验归纳、猜想与尝试,也包括计算与演绎;信息使用则是数学演练与交流、数学建模与求解。这样认识,将促使数学课程产生本质的变化。

再次是关于数学课程内容。1949 年以来,我国编写数学教材有一个指导思想,即"烧中段"。一条鱼,抽象是它的头,应用是它的尾,符号变换是它的中段。"掐头去尾烧中段",忽视了生动的数学内容要从具体实践中抽象出来,也忽视了它的应用,而且在符号变换中比较注重严格的推导,忽视了"有可能是这样的",即所谓的猜想。

以往的教材往往是一味地判断,一味地推导,至于怎样将具体问题抽象为数学问题以及数学的实际应用则不去关注。因此造成了这样的后果:我国"中学生所学的数学知识与学生的日常生活及他们具有的其他知识和经验的联系太少",致使"应付高考几乎是他们学习数学的唯一目的;几乎没有将数学应用于实际的意识",就是升入大学以后,对数学与其他科学的联系与应用问题也很少感兴趣,无疑地"给工作造成了损失"(严士健:《中国数学教育改革要面向 21 世纪》,载于《课程·教材·教法》1994 年第 10 期)。

国际上数学教育的发展也有一个演变过程,如 20 世纪 50 年代末到 70 年代初,为了在科学技术上赶超苏联,美国的数学教育出现了一个"新数学运动",这次课程改革有点偏,重理论而轻实用,重知识体系而轻学生的接受。因此后来在公众的压力下,于 20 世纪 70 年代中期重新提出一个口号"回到基础",强调掌握最低限度的基本技能。但实践了几年,没有真正解决问题,因为它只是重视了形式训练,没有重视数学的思维、数学的思想、数学的意识。在对"新数学运动"和"回到基础"的历史反思中,他们获得许多关于数学教学的实际情况,由此推动多方谋求对策。

近年来,由于吸取了正反两方面的教训,数学教育界得到了一些重要的结论,其中有代表性的是"强调数学过程"。如前所述,这个过程包含抽象、符号变换、应用,它是个完整的数学过程,而且研究数学、发展数学、应用数学总是在这样一个基本过程中循环,数学在历史上就是从这样普通的人类实践中发展起来的。因此,数学教学必须抓住、必须培养、必须促进这种循环式的发展。这样一来,学校的数学课程,包括教学方法发生了本质的变化。

以往的数学教学主要强调判断与推导,但不考虑抽象与应用这两个数学过程侧面的协调处理,这就排除了把数学知识与学生的实践活动联系起来的可能性。美国数学界研究的结论是:必须重视完整的数学过程的教学。1996 年召开的第八届国际数学教育大会闭幕式上发布了带有总结意义的两个报告——英国托尔的《介绍应用科学与数学教育:热忱、可能性和现实性》、荷兰达朗其的《数学地组织现实世界的现实问题》。两个报告都探讨了数学教育中的应用问题,这个动向大概与 20 世纪最后 30 年数学本身的发展有关。

强调数学应用现已成为各发达国家课程内容改革的共同特点,其主要途径有:增选现代生活中更具有广泛应用性的数学内容,如估算、统计、概率、线性规划、系统分析与决策、计算机应用与数据处理,以及与经济、金融、贸易密切相关的其他数学知识等,其内容与课时比例都有渐增趋势;改造原有中小学数学内容,用增强应用、强调从生活实际和学生知识背景以及其他学科中提出问题以发展数学概念的观点,对传统的内容进行根本性的处理,比如将指数函数 $y=a^x$ 与细菌繁殖、人口增长、原子衰变、地震强度等相联系,一变量算术地增长 a,$2a$,$3a$,$\cdots$,na,$\cdots$,另一变量几何地增长 λb,λb^2,λb^3,$\cdots$,λb^n,$\cdots$,那么它们之间存在着指数函数关系 $y=\lambda b^{x/a}$;开发实践环节,以来自实际、专业的课题和学生兴趣为出发点,教师指导学生共同设计分工实施,获取所需信息,将单项结果汇集综合。

这种数学应用和我国传统教材中的应用题是大不相同的,它着重于两方面,一是数学交流,一是数学建模与求解。

数学交流就是训练使用数学语言来表述思想,数学语言是最精确、最简约、最普通的科学语言。学习用语言来表述思想已成为现代数学学习的一个重要侧面,其中有用符号语言给应用题列方程,用逻辑语言表达推理过程(包括似真推理),用函数语言描述运动的模型,用计算机语言处理数据,等等。不少发达国家都把运用数学语言开展交流作为培养学生能力、提高学生科学素质的重要途径。

数学建模就是将实际问题归结为数学问题,建模与求解的过程可以说是与数学同时产生的。近代数学建模的辉煌成就也许要数牛顿由天文学的开普勒行星运动三定律的启发而提出万有引力定律,它完全是用数学建模的方法解决的——牛顿从理论上演绎出的定律和开普勒由观测总结出的结果完全一致,而且更有普遍意义。从近代以来,人们沿着这个模式不断从一种实际现象出发,提出数学问题,构造数学模型,求出问题的解,然后用以认识实际现象进而为人类服务。随着时代的发展,更高级的形式不断出现,不但使数学建模在应用中的作用日显重要,而且也愈益显得有专门学习的必要。

基于传统教材存在的问题与国外数学教育发展的共同取向,我国中小学数学教学内容应该从"掐头去尾烧中段"到有"头"有"尾",注重数学抽象与数学应用的教学,当然"中段"仍是重要的,属于中心地位。数学抽象首先是根据需要把握现实事物的本质特征,舍去非本质特征,这可以节约精力,但是否恰当是不确定的。数学应用是回到开始时注意的事物的所有特征中去,可能不恰当,也可能用于计算的仅仅是一个简化了的公式,因此得到的只是近似答案,要有误差估计,甚至实际检验。由此可见,抽象与应用的内容含有与原来"烧中段"的数学课程很不相同且又很不简单的训练,需要经过一定的磨炼才能学会。但是在数学课程设计中,数学抽象与应用必须以系统的基本知识为内核。数学基本知识是指为每个学生提供的作为现代公民应具备的最低限度的数学概念、数学方法和数学思想,它是学生智力开发、能力发展、继续学习以及个人全面发展的基本条件。

最后是关于数学基础能力。这里的数学基础能力,不再局限于通常所说的计算能力、逻辑推理能力和空间想象能力,而是指数学抽象的能力、数学符号变换的能力和数学应用的能力。

关心未来教育的学者早在20世纪80年代初就认为未来的学习着重考虑、发掘问题,以及培养问题求解能力。近年来,美国、英国、日本有不少人提出了"将问题解决作为学校教育的中心"这一观点。显然,它已不仅指学生解题能力的培养，而是一种具有全局性的教学指导思想，带有根本性的创新意义。

事实上，问题解决的观念在我国古代以《九章算术》为代表的数学体系中也早有体现。中国古代的数学思想明显地表现出对实用性、计算性和算法化的追求，而以《几何原本》为代表的西方古代数学思想则主要崇尚逻辑性和理性。不妨认为，"实用功利"和"思维训练"分别代表了古代中西方数学教育思想的两种不同倾向，它们之间不是非此即彼的两难抉择。对此，人们渐渐意识到，不能太偏激，问题解决与结构化的知识具有不可忽视的互补关系，数学应用必须以系统的数学知识作为其坚实的内核。而且，符号变换作为重要的"中段"，不仅应培养学生开展计算、演绎等严格推理的能力（虽然具有根本意义），还应培养学生开展预感试验、尝试归纳、"假设—检验"等非形式推理或似真推理的能力。

但是，当前的问题是，严酷的升学考试正在"窒息青少年的创造思维"，"会做考题、奥林匹克题，只是将别人已想过的问题重新做一遍而已"，"独创精神才是可贵的，中国现代数学考试恰恰缺少这种气质"（张奠宙：《华人地区社会数学教育的成功与不足》，载于《数学教学》1993 年第 6 期）。

然而数学史不乏由预感、尝试寻得数学规律的事例，高斯曾提到，他的许多定理都是靠试验和归纳发现的，如著名的二次互反律，证明只是补充的手续。欧拉则认为，数学这门科学需要观察，还需要实验，凸多面体公式 $F+V-E=2$ 的归纳是个很好的例证；他还指出，今天人们所知道的数的性质，几乎都是由观察发现的。现在，人们愈来愈重视实验方法在数学和其他科学中的作用，不少数学专家都有这样的共识，"数学家用以发现新思想的方法之一是进行实验"，苏联数学界更是明确指出，"数学实验是现代科学和实践的产物"。

当然，现代的数学实验，除了直接观察和假想试验之外，还有采用统计抽样和计算机数据处理等方法。

可以这样认为，注重培养似真推理能力是提高数学课程创造性气质的重要环节。一方面，数学的形式化的体系是建立在严格演绎的基础之上的，但数学的结论及其证明的思路则往往靠似真推理才得以发现。似真推理方法之一是经验归纳（或不完全归纳），从特殊推至一般，结论不一定正确，它遵循的是一种"试试错错，经过多次猜想、多次反驳才得到"的数学发现的逻辑（伊姆雷·拉卡托斯：《证明与反驳——数学发现的逻辑》，上海译文出版社 1987 年版），多面体欧拉猜想的几个反例很好地说明了这一点。似真推理方法之二是类比,从两类事物一些属性的类似推出另一些属性也可能类似,例如欧拉曾利用有限与无限的类比,求得 $1+1/4+1/9+\cdots=\pi^2/6$ 的大胆猜测。另一方面,计算和演绎总是紧密结合在一起的过程,而解决现实世界的数学问题常常需要通过非形式推理去寻求新的计算算法。尤其在计算机得到广泛应用的今天,让计算机通过迭代计算的数学变换重复群来逼近解析模型,应用数字仿真技术进行系统模拟或随机模拟,所有这些都伴随着大量的试验、猜测、检核、放弃、简化然后复杂化、寻找相似性等非形式化的过程。

当然,扩充数学课程的创造性成分需要逐步做到:有计划地增设以数学问题解决为特征的课程实施形态,与原来以数学知识构建为特征的实施形态构成互补体系;无论数学知识构建,还是数学问题解决,都应是学生内心的体验与主动参与的活动;大力开发习题对促进学生主动活动、培养学生创造才能的功能,把非形式推理、开放性问题、课题钻研和建模求解等纳入新编习题的范围,与原先强调现有知识掌握、巩固的习题类型相配合,组成完整的数学训练体系。

基于上述思考,数学课程新体系的大致框架应该是,纵向按数学知识内容排列,强调以最基本的数学知识为主干,使中小学学生必需的各项知识互相穿插,由浅入深地螺旋上升;横向按实施形态分类,注重以培养终身受用的发展能力为线索,包括从数学知识构建到数学问题解决等各项活动,贯穿所有相关内容。第一章开头提及的《进入 21 世纪的中小学数学教育行动纲领》(本书附录二)介绍了上述思考的梗概。

小　　结

上海从 1988 年起开始了中小学课程教材改革工作。顺应这项工作,青浦实验提出了"活动—发展"教学体系改革设想,并从理论和实践两方面开展探索、研究。

融合接受式教学和活动式教学的各自长处,建立三类自主学习活动架构,是理论探索的进步;总结以尝试活动为核心的课堂教学模式,进行综合活动试验,是实践研究的突破。十年来,青浦县的课程改革注意思想、观念先导作用与实施方案可操作性的正确结合,使这项工作取得了初步成果。

但是,由于全县各地区教育发展的不均衡性,以及主客观条件的种种不足,现在的改革与期望目标仍有差距,还需要在已有的基础上进一步深化。

例如,怎样逐步增加课程的可选择性,是个必须尽早妥善解决的问题。以往的课程无视学生学习水平和学习速度的差别,用统一的模式要求学生,不利于不同类型学生个性特长的发展。新的课程应该因人制宜,增加可选择的内容,为全体学生的发展提供条件与机会。一方面,作为基础教育的课程都应建立在学生力所能及而非简单划一的基础上,满足所有学生的学习需要;另一方面,教师要通过教学的实践和策略,保证对每个学生来说,他的课程学习都是完整而有效的。现在的问题就在于课程开发与师资准备的滞后,巧妇难为无米之炊,"米"的充实与"巧妇"本身水平的提高都亟待应对之策。

又如,提高活动的效率,也是个值得注意的问题。一般说来,开展尝试活动可以在教学中取得很多积极的效果,但是采用这种方法常常需要花比较多的时间。这就必须加强活动设计研究,合理安排尝试问题的数量和尝试点的布局。近几年来,青浦实验强调教学策略研究,旨在在效率提高上有较大突破。提高活动效率还必须注意如何使讲授的形式和活动的形式在教学中相互配合、各得其所,课堂教学实践中两者分割,甚至为活动而活动的现象并不罕见。此外,无论哪一类活动都不能没有控制,儿童沉湎游戏机造成的后果告诉人们,一旦活动失度,其对学习应有的效率必将损失殆尽。

另外,学生的外部行为活动怎样有效地内化为内部的心理结构,同样是个需要关注的问题。其实,这也是学生学习的根本目的,所有的新知识只有通过学生自身的"再创造"活动,使其纳入自己的认知结构中,才可能成为有效的知识。教育实践表明,学校内学生行为规范训练得再好,如果不重视内化,那么到了校外,不少学生的道德行为表现就会判若两人。同样,数学教学中的解题训练,如果只偏重数学变形、知识组合上的技能技巧操练,而不是注重知识、技能的内化,不注重数学意识、数学思想的学习,那么学生常常只能在题海中挣扎,到达不了数学素养的彼岸。

上述这些问题,在实施"活动—发展"教学体系的过程中,需要予以深入研究。

3. 效率导向的教学策略体系

——原理探索与实验研究的集聚

综　　述

教学效率不高的问题,几乎长期困扰着学校,如今更面临迫切要求解决的呼唤。

20 世纪 80 年代末以来,党和政府多次提出基础教育要从"应试教育"转向全面提高国民素质的轨道,这表明教学目标由此更为系统、更为综合、更为现代化,也就是更高了。同时,中小学又面临减轻学生过重负担的问题,而实施一周五天工作日制度则使学校教学时间减少了六分之一。于是,教学时间减少,学生负担要减轻,教学质量要提高,这些问题严峻地摆在人们面前,就是说现实迫使教育工作者不得不去研究提高教学效率的问题。

当然,这些问题并不是新的。早在 1632 年,大教育家夸美纽斯就明确指出,研究教育的根本宗旨在于"使教师因此而少教,学生因此而多学,让校园充满着欢乐",就是要像节约粮食一样节约学生的时间和精力。但是时隔 360 多年,这还是个有待解决的问题。今天,以提高教学效率为目的的教学策略研究在教学设计领域愈来愈受到重视,是势所必然的。如果把教学设计的前两个环节,即确定教学目标和了解学生的初始特征比喻成医生弄清病理、诊断病情,那么教学策略的选择和制订便是对症下药开处方了。在这个意义上,教学策略的选择和制订是构成教学设计过程的中心环节。

青浦实验从一开始就确立了大面积提高教学质量的目标,这个目标蕴含了对教学效率的追求。

青浦数学教改初期开展的教学经验调查,旨在寻求有效解决教与学中主要问题的针对性措施,便是教学策略研究的一种准备。例如,数学备课方面有经验的教师在课型设计中的独到做法,是如何在新授课与复习课上分别体现出来的? 当时发现这些教师的共同特点是:备新授课,在明确教学目的、把握教材内容的基础上,着眼于从学生实际出发,突出重点、解决难点、抓住关键;备复习课,在引导学生梳理基本知识的基础上,着重查漏补缺和提高学生分析问题、解决问题的能力。又如,讲练结合是数学课上经常采用的教学方法,而有经验的教师就很注意多种讲法与多种练法的适当配合,当时总结了启发性讲解、关键性讲解、概括性讲解三种讲法,单一练习、过渡练习、辨别练习、巩固练习、综合练习五种练法。再如,怎样组织教学过程与课堂效率的高低密切相关,而有经验的教师在新课导入时就比较讲究以旧引新,让已学过的数学知识在新的情境中发挥作用;在知识、技能训练中则很强调分步设置障碍,一题多变,前后呼应,使一节课的教学步骤呈现循序渐进的层次关系。诸如此类的具体经验无疑表现出教师在进行教法选择时的一种策略性思考。

20 世纪 80 年代中期起,青浦县数学教改实验小组组织了几项关于数学学习认知过程的专题研究,以期探索那些有效措施所依据的心理学背景,并通过对学习理论的探讨,建构让所有学生有效学习的教学基本原理,推进经验系统向理论升华。20 世纪 80 年代末以来,顺应素质教育的改革大潮,优化教学过程、提高教学质量和效益成了学校的紧迫任务。青浦实验在致力于课程改革的同时,强调教师要重视教学策略的改进。

20 世纪 90 年代中期起,县教育行政部门和教育研究部门在制定年度工作计划时,都将开展学科教学策略研究作为一项主要任务。青浦实验研究者也多次在有关场合就教学效率与教学策略问题发表研究心得,主张研究与改进教学策略体系是学校实施素质教育的基本措施之一。近年来发表的主要论文有:《数学教学效率与学习理论研究》(《课程·教材·教法》1994 年第 5 期,中国教育学会成立十五周年优秀论文二等奖)、《改进教学策略　提高教学效率——在中国教育学会第七届数学年会上的专题发言(提纲)》(《数学教学》1996 年第 2 期)、《要重视学科教学策略的研究》(《上海教育》1996 年第 7 期)。

研究教学策略有两条路线,一条是从理论到策略的路线,另一条是从经验到策略的路线。无论由哪条路线构建的教学策略体系,都必须依据确定的目标,因此青浦实验将教学策略与教学目标这两项研究紧密地结合起来,以实现提高教学效率的目的。

追求效率的根本性选择在策略

在现代社会,效率是个得到广泛应用的概念。"效率,意味着从一个给定的投入量中获得最大的产出。"(阿瑟·奥肯:《平等与效率》,华夏出版社 1987 年版)所谓教学效率是学生的学习收获与教师、学生教学活动量在时间尺度上的量度,而提高教学效率也就是从适当量的师生活动投入中获取尽可能多的学生学习收获,而它必须以教学目标为依据,因此直接关联到教育观念的转变。

教学目标是由教育的社会功能所决定的。需要指出的是,教学目标的分类及表述目前常偏重层次的划一与外显的行为。于是就有一种可能,过于划一的目标会低估教学过程的复杂性,凭借外显行为的表征会掩盖教学活动的深刻性。这是由于,第一,教学的对象是发展中的人,学生在教学过程中获取知识、技能与能力,并在生理、心理的其他侧面,以及社会化等诸方面得到迅速成长,但彼此间的成长速率并不相同,因而这种简单化的划分很容易忽视学生个性特长的发展。第二,外显的行为目标一般不能准确揭示出全部心理活动的内隐因素,制定教学目标如果仅是从知识内容出发,离开了教与学的具体行为,离开了教师和学生实际的基础水平,必将问题百出。可以这样说,教学目标的全面、合理与个性化导向,是研究教学效率问题的前提。

如何提高教学效率,实践中常见的偏差是视学生为被动接受的容器,片面加大知识传授的总量,以此作为学生学习收获的增值途径。在青浦实验的初期,这种现象颇为严重,很多教师都以为靠加班加点、反复训练能提高学生的数学考试成绩。后来,大家才认识到搞大运动量训练、机械灌输都是低效率的。于是,又转向针对实际问题的具体教法。但是简单的教法研究只是停留在一个个具体情况下的试验,不能立足于一个更概括的、可以传达的框架之上,在教学实践中难有指导意义。青浦实验所倡导的经验筛选法较好地解决了有效的原型经验的提升问题,筛选所得的四条教学措施便是最初的课堂教学策略。

"策略"一词原意是指大规模军事行动的计划和指挥。从更一般的意义上说,策略是为了达到某种目的使用的手段或方法。在教育学中,这个词一直与"方法""步骤"同义,还用来指教学活动的顺序排列和师生间连续的有实在内容的交流。所谓教学策略,即是为达到某种预测效果所采取的多种教学行动的综合方案。它是实施教学过程的基本依据,是教学设计的中心环节。其主要作用就是根据特定的教学条件和需要,制订出向学生提供教学内容、引导其活动的最有效率的方式、方法和步骤。当然,教学策略不是一个包揽一切教学方式、方法和步骤的内容庞大的混合体,而是在教学目标确定以后,根据既定的教学任务和学生的特征,有针对性地选择与组合相关的教学内容、教学组织形式、教学方法和技术,以便形成具有效率意义的特定的教学方案。教学策略具有如下基本特征:

第一,综合性。选择或制订教学策略必须对教学的内容、媒体、组织形式、方法、步骤和技术等要素加以综合考虑。毫无疑问,在教学实践中每个教师都在自觉或不自觉地运用或执行着某种教学策略,而教学理论也或多或少、或深或浅地以某种方式涉及与教学策略相关的问题。但各种教学理论常常出于构建自身体系的考虑,较多从静态的单一因素的角度,研究诸如教材结构、师生关系、教学组织形式、教学方法、教学技术等与教学策略相关的成分。这种单一的、细致的分析研究是必要的,它为教学策略的选择与制订提供了理论依据和经验。然而在教学实践中,上述几种成分毕竟是综合地、不可分割地共同在教学过程中发挥作用的。因此教学设计必须运用系统科学的理论和方法,针对具体的教学需求和条件,对构成教学策略的几种成分进行综合考虑,形成切合实际的最有效的实施教学的方案。这种整体的综合性处理问题的方法,为教学理论和经验架设了通向教学实践的桥梁。

第二,可操作性。教学策略不是抽象度较高的教学原则,也不是在某种教学思想指导下建立起来的教学模式,而是可供教师和学生在教学中参照执行或操作的实施方案。它有着明确具体的内容,是具体实施教学过程的基本依据。教学原则和教学模式一般不涉及具体实施这一层次的问题。当然,任何一种教学策略都必须体现和贯彻教学原则,接受教学原则的指导和制约;同样,任何一种教学策略均可为它所相适的教学模式选用,为教学模式服务。教学策略与教学原则、教学模式所探讨和反映的问题虽有联系,但不属于同一层次。教学策略偏重实用性和技艺性,而教学原则、教学模式则偏重指导性和规范性。

第三,灵活性。正确运用教学策略,就必须根据不同的教学目标和任务,并参照学生学习的初始状态,选择最相宜的教学内容、教学媒体、教学组织形式、教学方法,并将其组合起来,这样才能保证教学过程的有效进行,实现特定的教学目标,完成特定的教学任务。每当教学的目标、任务和教学对象发生变化,教学实施过程也应随之改变。相同的教学策略对不同的学习群体会产生不同的教学效果,而不同的教学策略对同一学习群体也会有不同的效果。这就需要教学设计者或教师依据实际情况灵活掌握,设计出具有多种风格和特色的教学策略。

由理论演绎的策略类型

作为教育工艺学基本概念的教学策略,总是建立在一定的理论基础上的。教学策略的心理学渊源,呈现出不同的流派。考察这些理论给予教学实践的长期影响,对理解当代教学策略研究进展具有指导意义。

教学策略的三大心理学渊源是以思辨为特征的欧洲大陆传统、以实证为特征的英美传统和以实践为特征的中国传统。

欧洲大陆传统是从苏格拉底和柏拉图的心灵—物质二元论发展起来的,这种理论视教育为从内心逐步去领悟永恒的理念,把教师描述为小孩心中固有理念的"助产婆"。这个传统盛行于德国和法国,它强调儿童和智力发展的定性结构模式是唯一的。在这种理论指导下的教学实践,在不同程度上都是以儿童为中心或者说是面向儿童的。卢梭认为儿童天生高尚的浪漫主义思想便是一个极端的例子,裴斯泰洛齐和福禄培尔为了满足儿童需要而设计广域课程的想法也是一个典型的例子,后来皮亚杰提出的关于儿童的学习安排的思想则承袭了这一传统。欧洲大陆派认为,儿童的进步是以他们的需要、年龄、文化和经历为基础的。他们通过完形心理学强调认知结构,而不是把知识分成孤立的单元;通过动力心理学强调情感结构。

英国传统或者说洛克传统,来源于亚里士多德关于学习是心理要素的联想的观点。在英国、澳大利亚、加拿大、美国的心理学界,原子论和行为主义占统治地位。典型的欧洲大陆式研究方法取人文学科的态度,深入细致地研究一个或几个儿童的个案,而英美心理学家则崇尚实证主义,对大量被试进行横向调查或者严格的控制实验,根据单一的标准对所得资料作统计分析,这些资料常常是离散的行为要素的集合。英美传统中的遗传派和环境派自20世纪30年代以来,不时地相互论争,但双方都未就智力发展的单一测量的局限性提出异议。

西方关于改进教学的各种策略思想都注重以心理学理论为基础。过去曾提出过三种策略:选择法、深造法和速成法。选择法又分两种,一种是柏拉图最先提出的优生法,另一种是大学入学普遍实行的择优录取法,虽然这两种策略都非常有效,但是许多教育家认为它们本质上是保守主义和失败主义的。目前最广泛使用的是深造法和速成法,它们都包括一系列的教学活动单元、测验和期终考试,学生按同样的顺序学习同样的教程,都强调教程的单元和要素,都属于英美心理学派的主流,尤其以桑代克、沃森和斯金纳为代表。所不同的是,参加深造法的学生学习时间相同,理想的速成法则应该是标准固定,但学习时间不同,某些速成教学的形式称为"掌握学习法"。

近年来欧美出现的两种教学策略都采用学前诊断测验来测定学前学生的成绩。其中一种是层次教学策略,这种策略认为学生必须学完一个单元的教学内容再进入下一个单元,学前考试的目的就是把学生安排在教学程序中最适合他们的地方;每个单元结束后,测量学生的进步,不及格的学生必须在学习下一个单元前重学。虽然层次教学策略强调学科内容单元化,但它的层次概念可以溯源到欧洲大陆心理学派的智力按阶段发展的思想。另一种是随机的策略,这种策略认为学习无须按固定的顺序,学前考试的目的是确定学生应学哪些单元。随机教学策略继承了英美传统,其重点放在要素上,而不在顺序和层次结构上。

与西方传统相比,中国古代的学习心理思想有其自己的特色和科学性。我国的学术源头可溯至春秋战国时期,以孔子的儒家教育思想为代表。循此沿革下来的中国传统的学习理论,大多是哲学家、教育家通过自身的学习与教育实践总结出来的应用理论。它不以动物实验或人的行为变化为依据,而是指人的社会活动范畴,其实践性非常明显,至少表现在以下三个方面:学习是获得知识经验的"学"与进行行为实践的"习"相结合的活动范畴,学习的本质是"知行统一",学习需要人的全部心理活动(包括认知活动、情意活动)的积极参与。不仅如此,中国古代关于教与学的策略思想,也与西方的诸多学派大异旨趣。比如孔子一贯主张因材施教、学思并重、启发诱导、身体力行和自省改过。在他的治学主张中已经形成了"立志—学—思—习—行"这一学习过程框架的基本思想。历经发展,至宋代朱熹提出"知行相须互发",中国古代知行统一的学习观基本形成并固定成一种模式。这一模式对中国,甚至东亚其他国家的教学实践,都有着极其深远的影响。然而,中国封建社会的长期停滞严重阻碍了教学理论的发展,教学效率、教学策略这些现代概念的雏形难见古代教育典籍传承。

从理论到策略的路线较早主要见之于国外的研究,即根据教学设计的需要提出教学策略的类型问题。一种研究认为,不同类型的教学策略可以增进不同种类的知识和技能的学习。目前国外关于教学策略的制订,一般以教学过程的某个主要构成因素为中心建立框架,将其他相关要素有机地依附于这个中心上,形成一类相对完整的教学策略,据此可以将教学策略按构成因素区分为内容型、形式型、方法型和综合型四种主要类型。

内容型策略是指在教学过程中有效地向学生提供学习内容,它是教学策略的核心,有人就把教学策略描述为教学内容的总部署。

现代的研究表明,人类的学习,就个体接受前人的知识、经验而言,总是离散的、不连续的,或如通常所说是一个一个有限的知识点。目前还没有可将前人所有的知识信息涓滴不漏地传递给现代人的媒体,甚至学校使用的课本也免不了有很大程度的残缺。但人有一种本领,通过他的中枢活动,有可能利用一定丰富的知识点,采取如同数学演算中的"内插"或"外推"方式,构建和产生连续的认识和行为。这种情形在人的学习中是必不可少的。如果把传递文化历史遗产视为信息传输过程的话,那么这种情形就与信息论中的冗余原理有关。在传递的信息中,总会有一些多余的部分,信息论中称之为"冗余度"。这部分越大,则传递信息的效率就越低。但是,这个多余的部分是因接受者的差别而不同的。接受者内插与外推能力越强,同样的信息量对他来说冗余量就越大;反之,这方面能力越弱,冗余量就越小。换句话说,不同能力的人具有不同的主观冗余(俗话"明人不必细说"就是这个道理)。面对残缺的课本,正是有了这种主观冗余,因此学生还能理解知识信息。人的学习既是知识获得的过程,又是主观冗余获得的过程,高效学习的根据在于两者的最优平衡,这正是提高教学效率所要解决的问题。

关于内容型策略的实施,下述两条途径似乎正好方向相背:一是采取结构化策略,即提示合适的知识结构(有序的信息),使之有利于知识与主观冗余的平衡;二是采取问题化策略,即从问题出发追求知识发生过程,以期通过"个别—抽取特征——一般原理"的程序可以产生较大的主观冗余。

强调知识结构的策略,主张抓住知识的主干部分,削枝强干,构建简明的知识体系。结构化的策略,在教材的排列方面还可细分为直线式、分支平行式、螺旋式、综合式等等。直线式是按照教学内容的内在逻辑顺序,将其划分成几个相互密切联系的阶段或步骤,教学活动是一个阶段接一个阶段由浅入深地进行。分支平行式是把教学内容分为若干个平行的单元,针对这些平行单元分别采用相应的教学方法和媒体,逐一开展教学活动,最后进行总结。螺旋式是根据不同年龄阶段学生的特点,分阶段设计教材,螺旋交替地扩展和加深。而综合式则是上述几个方式的综合。

至于问题化的策略,20 世纪 60 年代联邦德国的库贝在用信息论阐明范例方式教学的特点时就指出,要让学生接受带有代表性、典型性、基本性和基础性的信息。他还提出利用范例方式来实现发生认识过程的三个步骤:提供有关的范例(仅仅是事实而不是要学的新知识本身);从事实中总结出共同特性,形成概念("超级符号");把了解到的认识联系到其他相关实例中去,进行归类。

形式型策略就是以教学组织形式为中心的策略。美国教学设计专家肯普提出下列三种形式:集体教/学的形式,个别学习的形式和小组教/学的形式。英国教育技术学家波西瓦尔则提出两种基本策略:以教师/学校为中心的策略和以学生为中心的策略。当前大多数国家仍以班级授课为教学的基本组织形式,因此现代研究在弥补集体教学不足这一点上十分活跃。

众所周知,人的发展随着年龄增长呈现一定的阶段性(共性),这是班级授课制的主要依据。在这种授课制下,一名教师教几十名学生,一定的学生规模带来了较高的效率(如能把握儿童发展的关键期开展教学,则效率将更高)。但与此同时,不同的学生(性别、学习成绩基础以及能力倾向类型差别,甚至地域产生的个别差异等)要在大体相同的时空中按划一的目标发展,师生活动总量的浪费也分外可观,这是提高教学效率面临的重要问题。为了简要地说明这个问题,不妨假定学生的个别差异可以用获得某些知识所需时间的不同来表示(见下图)。

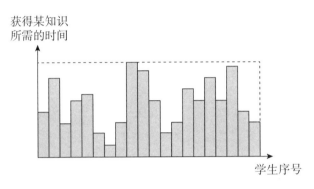

为使全班学生都能获得这些知识,教师必须使教学时间达到图中水平虚线所示数值。这样,图中阴影部分与整个矩形面积之比即为教学效率。怎样提高这个比值呢?

其一,减少班级的学生数(如采用"小班制"),实行按程度分班或者施行小组教学(包括班级外分组、班内分组等,后者如"分层教学"),以便减少无效的时间,极端办法就是个别教学。当然,这对学生学习效率的提高很有好处,但班级规模产生的效率将会随之大大降低,其中按程度分班或班内分层教学还有难以克服的"标签"效应(每名学生脸上都会被贴上"好""差"或"快""慢"的标签,会产生负面影响)。此外,还有使用学习机器、采取程序教学等方法,但由于缺乏师生之间的情感交流,班级的集成效应得不到发挥等原因,效果并不理想。

其二,如果不缩小班级的规模,那么改善差生学习状况便成了关键。从图中可以看出,少数几个学生所需的教学时间如能下降一定幅度,整个矩形的面积将大大减少,阴影与矩形面积之比则会大大提高,或者说同样长的时间内可获得更多的知识。不过,班内学生的差异总会存在,教学中的浪费仍难以完全避免。

波西瓦尔提出的以学生为中心的策略,指出了另一条出路。学生增长知识的形式,既可以是以教师为中心的讲授,也可以是在教师引导下由学生自己去探索。以学生为中心的策略,就是为适应学生个人学习方式而提供的高度灵活的学习系统。在这个策略中,教师和学校起支持或辅助的作用,而不是决定的作用。影响学生或为其服务的教学资源众多,如辅导教师、图书馆、资源中心、媒体、书面材料、学校行政管理、实用场地与设备、学生互助和社会实践等等。实施这种策略,最重要的是要考虑学生个人的实际需要,有效地利用这些教学资源,让每个学生都积极投入学习,通过自主努力,分别去达到各自的、有区别的目标,也就相当于使图中的水平虚线分别下移到紧贴全部阴影部分的上沿,那时的效率最为理想。可是,实施这种理想状态的策略需要创造特别优越的学习条件,要有相当多的教师来指导学生,并对教师提出更高更难的要求;而且,适应这种策略的课程类型也有一定的限度;另外,对年龄小或者缺乏自控能力和学习动机的学生不宜采用这种策略。

方法型策略是以教学方法和技术为中心的策略。那是一个包含着各种各样方法、技术、程序和模式的领域,教学方法又是教育学的最古老、最基本的核心,底蕴深厚,流派林立。面对如此纷繁的领域,教学研究长期停留在"教无定法,各有各法"的水准上是不够的,应当逐步作出科学的分类,也就是通过试验性的比较和分析,揭示所有方法的共同要素和每一种方法各自具有的特点,从而建立起方法型策略的体系。

对教师进行教学法培训十分重要,这项工作同样必须建立在科学分类的基础上。因为任何层次的分类都反映了与此相关的哲学、教育学和心理学观念,它们是教学方法和技术能够获得恰当利用的基础。教师不应是只会操作各种工具的匠人,而应是能有分析地、审慎地选用教学方法和技术等工具的专家,他应熟悉工具的特性,也就是了解工具的可能用途和局限性。

科学分类的基础首先是对分法。例如,在概念、公式或原理的教学中,归纳法和演绎法是常见的一对。在学生学习过程中,接受式和发现式是相对的两端,另外还有全习法(学生一次反复学习全部教材)和分习法(学生分别学习教材的各部分,达到一定标准后归纳成整体)、集中学习法和分散学习法等对分。从教师、学生之间信息传递关系看,则可分为无交流传递和有交流传递两类。通常的课堂教学采用讲解的方式,以教师的说明和解释为主来达到教育目的,在这种方式中信息呈无交流传递，没有让学生的反应及时得到反馈，因此不能考察反应的强化作用和学生的理解程度。正因为如此，现在大都重视有交流传递，这种传递又可分为提问方式、程序学习方式、小组学习方式和讨论方式等多种。

研究和确立教学方法的分类体系是一项十分艰难的工作。在这方面的探索有法国的德雷维伦，他为了对教学方法进行严格的科学研究，使用了以两根轴线为框架的分类方法，由此获得五种不同的教学方法，如下图所示：①灵活而主动的方法；②系统而主动的方法；③灵活而强制的方法；④系统而强制的方法；⑤混合方法。

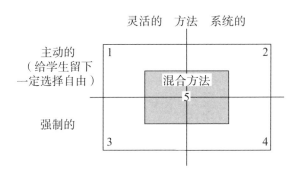

对教学实践严格的科学分析还有待进一步完善。但是，教学方法和技术科学的进步为教学策略提供了新的前景，这主要反映在由现代电子信息技术安排教学活动的条件下，教学情境空前丰富，个别化学习出现新的机遇，使所有学生能够获得近乎完善的知识并非幻想——当前开展的许许多多教育工艺学的研究必将大大丰富教学策略的内容。

综合型策略与上述三种策略不同，它不是按教学过程的某个构成因素为中心，而是直接从教学的目标、任务出发，综合地展开的教学策略。

例如，在20世纪六七十年代，一些研究人员重新分析了教学的策略，将重点放在采用变量研究教学问题上。这方面的一些研究被说成是把教学行为与学习效果或成绩联系起来的研究。虽然有些研究仍保留着策略的一些特点，但它们一般更多地以经验为基础。其中盖奇曾从过程—成果的研究中总结出七种具体的教学策略，或者说是"教师七要"，他指出这七条要求可以概括为充分提高8岁学生阅读和算术成绩的方法：①教师要制订一整套规则，使学生不需征求教师意见就知道做什么，以满足自己的要求；②教师要在教室中经常走动，在解答学生所提问题的同时检查他们的课堂作业，让学生知道教师在关注他们的课堂表现，同时注意学生的学习要求；③让学生独立完成的作业要有趣、有意义，其难易程度掌握在每个三年级学生都能独立完成作业的标准上；④教师要尽量减少发号施令和把学生集中在一起进行教诲这一类的做法，他可以把每日的课程表写在黑板上，使学生知道应去哪里，干什么等；⑤提问学生时，教师要先叫学生的名字，然后提出问题，并使所有学生回答问题的次数相同；⑥教师应该不断地促使学习落后的学生回答问题，他可以采用不同的提问方式帮助那些说"不知道"而不回答问题的学生和答错的学生，其中提供线索或问新的问题都是很好的办法；⑦在阅读小组教学中，教师要尽可能提供大量的简短的反馈，并使教学活动的节奏像"操练"一样快。

又如，坦尼森依据认知学习理论提出的教学策略直接围绕教学任务，既反映出教学目标，有很强的针对性，又规定了针对不同的学习目标要采取的教学措施，创设相应的学习条件，有较强的实用性。这种教学策略又可细分为讲解性策略、练习性策略、问题定向性策略、综合能动性策略等。以练习性策略为例，它主要反映智力技能的学习，要完成使学生学会正确运用知识的教学任务。实施这种策略要求在学生的活动与教师的检查督促之间建立经常联系，因而要采用如下措施：提供学生以前未曾遇到过的问题情境；详细说明要应用的基本知识；提供必要的建议和指导，促进学生的活动；注意问题的数量；进行错误分析，并作出总结。

目标与思维研究为教学策略的选择提供可能性

在改革教学方法、大面积提高教学质量取得初步成效之后，为了使教改的发展继续保持在一个较高的水平线上，青浦实验延续五六年时间，围绕教学目标、思维能力等领域的若干关键问题进行课题研究。这些研究是后来进一步开展的教学策略探讨的前提，它包括：《用"出声想"评价学生解题思维过程的探讨》[《教育科研情况交流》1985 年第 1 期、《上海教育（中学版）》1985 年第 1期]，《制定分水平的教学目标》[《上海教育（中学版）》1986 年第 10 期]，《面批鼓励在数学练习中的反馈效应实验》[《上海教育(中学版)》1986年第9期],《初中学生数学探究能力诊断实验报告》(《上海教育科研》1988年第2期),《数学思维过程分析的原理、方法及初步结论》(《中国教育学刊》1989年第4期),《数学教学目标的分类、制定和评价》(《课程·教材·教法》1989年第11期),《析取数学教学目标主成分的大样本实验》(《上海教育科研》1992年第1、2、3期)。

过程分析较之单一依据解题结果来了解学生学习的进步与问题,有着明显的优越性,由此可以发现如何针对学生的实际呈示教材及设计教学进程,从而提高教学效率。1984年青浦县数学教改实验小组进行的"出声想"实验,设计的初衷主要是作为检验教学方法改革主实验效果的评价手段,后来在这个基础上,发展成为诊断学生思维能力、研究其思维特征的活动过程分析法。

对思维能力的研究一般有两种倾向:一是比较推崇以标准化测验得分的数理统计结果进行评价,一是比较强调以学科材料进行思维过程的定性分析。青浦实验借鉴了国外的主要研究成果,形成了活动过程分析法。这种方法以分析学生自己探究问题时的数学思维过程为主旨,以探究过程中学习迁移量大小为思维能力衡量标准,将思维过程分析和结果评价恰当地结合起来,实际应用效果较为理想。

1987—1988年,青浦实验采用这一方法,组织70余名数学教师和研究人员,在县内抽样选取180名初中学生作为测试对象,进行了一项数学思维过程分析实验。这项实验比较周密地设计了探讨的问题(教材和非教材的)、探讨过程中的递进阶段、克服思维障碍的启示步骤及对思维的独立性、灵活性、简约性的量的分析和质的评定,使能力诊断的科学性在原有基础上前进了一步,为认识教学规律提供了有效手段。

两年实验获得的结论,对教学设计有着多方面的启示。

第一,探究问题需要有一定的知识固着点。学生学习时,原有的认知结构是影响学习新知识的一个最关键的因素。这里,原有认知结构中的知识固着点对探究问题成功与否起着重要作用。一般说来,所探究的问题与知识固着点存在着不同的"潜在距离"。对同一问题来说,知识固着点与所探究问题的潜在距离的大小,能影响探究活动的难易程度。一般说,距离越大,难度也越大。当所探究问题与知识固着点两者的潜在距离较大时,能力强的学生可以借助其认知结构的同化功能,使之与新知识建立联系,而大多数学生则需要教师帮助他们在新旧知识间架设一座"认知桥梁"。有经验的教师在指导学生尝试探究时,往往会先提供一些引导性的材料,这种策略的道理大概也在这里。

第二,知识、经验是能力发展的基础,但知识与能力之间确实存在着剪刀差。目前学校常采用知识测验的方法评定学生的学习成绩,这具有简单易行、大体正确的优点。但由于一般的测验无法揭示学生探究问题时各种不同的心理过程,对思维能力的评价并不提供完整的画面,因而由通常测验得出的学习成绩不能全面、准确地反映学生的思维能力水平。于是就有可能出现所谓"高分低能"等现象,也就是知识和能力之间的剪刀差。这种情况在实验测试中有着充分的反映,而且平时被认为成绩中等的学生在一些思维特性上的测试结果,都强于优等生,这表明中等生在能力提高方面具有很大的潜力。

第三,男女学生在思维能力的发展上存在着某些差异。生理上的性别差异并不影响人的智力高低,但社会环境的影响和对社会角色认知的不同,使男女学生智力发展的速度和程度呈现某些不平衡性,这已为许多心理测验和生活实践所证实。就思维能力总体看,男女学生有差异,但不甚明显。实验测试成绩表明,在思维活动的某些特性上,男女学生各有所长。男生在思维的简约性、对启示的感受性等方面略好,女生则在思维的独立性、稳定性等方面稍强,但其差别在统计上均无显著意义;男女学生思维能力在不同年龄阶段发展是不平衡的,依初中学段学生思维特性上的一些差异,女生思维能力发展较快的时期是初中一、二年级,男生思维能力发展较快的时期是初中二、三年级,这恰与女孩生理成熟比男孩早相一致。

第四,学生从直观形象思维到抽象逻辑思维的转折(即飞跃期),在初中二年级特别明显,但这种飞跃只有通过环境和训练才能成为现实。通常认为,学生思维的发展,在幼儿、小学、中学各个时期都有一个关键年龄阶段,而且初中阶段是学生身心各方面发生巨大变化的时期,其中初中二年级尤为明显。教学经验也表明,初中学生学习成绩的差距随着年龄升高而扩大,一般认为初中二年级是初中阶段学生学习成绩的分化期;而心理学家的研究又发现,"初中二年级是中学阶段思维发展的关键期",即思维中由具体形象成分为主向抽象逻辑成分为主的飞跃期。

这项实验进行了两次测试,第一次测试用的是教材材料,结果证实初中二年级确实是学生思维发展的飞跃期。第二次测试所探究的问题需要猜想、归纳等思维训练,这是当时教材体系中所缺乏的内容。结果表明,思维发展出现飞跃的可能性需要通过环境和训练才能成为现实,平时教学未予训练的项目,即使到了发展的飞跃期,也不会实现飞跃。

20世纪80年代初,随着教育评价理论的引入,国内对教学目标的研究勃然兴起。教学目标的分类是目标研究的基础课题。最初的尝试源于20世纪30年代泰勒的8年研究,然后由他早年的学生布卢姆等人的努力而得到发展。20世纪50年代布卢姆主编的《教育目标分类学·认知领域》奠定了现代教学目标分类理论的基础。该书按渐次具体的方式把认知目标分成知识、领会、应用、分析、综合、评价六种水平,每一层次又包括若干亚类。布卢姆对教学目标分类体系设定的范畴框架,尽管后来也迭遭疑议,如目标可操作性的限度问题、目标的"僵化"可能性、目标的顺序性问题等等,但这一体系通过教学实践显示出的理论价值已为大家所公认。布卢姆的分类学观点为制定代表不同心智功能水平的测题提供了理论依据。之后,也有不少人提出各种分类理论,如克莱斯沃尔的三种水平分类、布劳克的三维方向分类,但较著名的当推加涅对学习结果——实际上即教学目标的分类。加涅把认知目标分为言语信息、智慧技能、认知策略三个主要类别,他的理论是严格建立在心理学原则的基础上的,如把认知策略作为教学的目标则是对教学目标理论的一项重要贡献。布卢姆和加涅在分类的基点和依据上各不相同,但这两种分类理论并非截然对立、互不相容,也有人综合了他们的分类理论提出过新的分类体系。这表明分类可在摄取各家之长的基础上推陈出新。

青浦实验关于教学目标分类的研究,最初是从分析教学实践中存在的不同水平的教学方法入手的,并由此得到两点重要启示:第一,不同的教学方法,它们追求的目标是不一样的。目标存在着差异,结果就会迥然不同。因此,对它们的效果评价,理应采用不同的手段。在教改工作中,不能把教学目标、教学过程和方法以及教学评价的手段割裂开来,必须强调三者统一考虑。第二,教学方法存在着不同的等级水平,不同水平的教学方法,常常对应着不同层次的目标要求。

就青浦县当时的数学教学状况看，多数学校采用教师讲授、学生理解为主的方法。在教改实验中，实验学校根据现代化建设对基础教育的要求，试行了"尝试指导"等启发思维的方法，着重培养学生探究和创造的能力。此外，由于青浦县师资力量弱、生源差等情况，尚有一些学校的教学方法还停留在让学生机械记忆的阶段。

上述三种不同水平的教学，即机械记忆、讲授理解和指导探究，与现代学习理论有关著作把教与学分为三级水平（记忆水平、解释性理解水平和探究性理解水平）是相吻合的。

这三级水平是密切联系着的，它们之间不存在截然分开的鸿沟。例如，理解水平发展到较高的程度，往往就包含着探究的因素，探究又是一种反映性的理解。但在教学实践中，确实存在着以教师讲授为主的理解和在教师指导下学生自行获得知识的理解，把后者归入探究水平才是合适的。

这种区分，完全是从教学实际出发的，因此对实际教学工作者来说，可以提高分辨率；而且在三个等级中，后一等级常常是在前面等级的基础上发展起来的，它包含前面等级的要求。例如，理解水平的教学，就离不开学生的知识记忆基础，至于探究水平的教学，也必须以丰富的知识、准确的理解为出发点，才能有效地进行。还有，记忆和理解水平常以教师活动为主，而探究水平则强调学生主动性的充分发挥。通常认为，在儿童年龄比较小、生理心理发展程度较低的时期，教学一般侧重于前面的水平，随着儿童年龄和经验的增长，以及生理心理的进一步发展，则应逐步过渡到后面的水平，不能"凌节而施"，应当遵循规律，循序渐进。另外，还应当从实际出发，兼顾学生的原有基础和习惯，提出经过努力可以达到的目标，否则，一律予以高水平的要求，反而会事与愿违，使一大部分学生丧失信心。即使在同一级水平上，也要从实际出发，注意层次。比如探究水平的教学目标，就低年级而言，要求就应浅一些、简单一些，而到了较高年级，要求就可以逐步深一些、复杂一些。

当然，三级水平是不断递进的，这里还应强调不断创造条件，在原有基础上向更高一级的目标水平发展。

近年来不少成功的教改经验表明，在教学中对教和学的水平提出适当超前的目标要求，以促使其缩短向前发展的进程，似乎是有效的。例如，小学教学重视领会和实际应用的目标要求,甚至开展初步的探究活动,从中学低年级开始,有计划地安排以扩展和探索知识为目标的教学内容,均取得了一定的成绩。因此,教学过程的设计不仅应当尽量挖掘各个等级教学水平固有的潜力,而且必须有意识地促使教学等级水平的递进,从而更有效地提高教学效率。

关于目标体系的确定,至少应从下列三方面去考虑:第一,教与学的水平,即记忆水平、解释性理解水平和探究性理解水平等;第二,教与学的行为,按照通常的认识,它应包括让学生获得知识、应用知识和教学评价这三种;第三,为使目标更为具体实用,应当结合详细的教学内容加以阐明。由此建立的教学目标分类的三维结构模式,如下图所示。

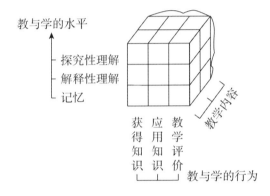

以此为框架,青浦实验曾致力于分析每一等级水平教学行为的特征,以寻求改革数学教学的策略取向,其要点如下。

记忆水平的教学——以教师给出结论为主,通过机械的记忆、模仿与简单套用,反复训练学生的记忆功能,有时还需采用各种教学工具和手段引起学生的注意,帮助学生记住。在获得知识方面,主要是记住事实,其中包括有关的名称、定义、符号、性质、公理、定理、公式、法则等。在应用知识方面,是标准情境中的简单套用,或是按照示例作依样的模仿。

解释性理解水平的教学——教师变换各种角度对知识和技能进行讲解,设计各种例题和变式,使学生领会知识的本质,或在理解的基础上对数学解题方法进行归类。例题的讲解则注重分析思路与讲清原理。在获得知识方面,要求学生掌握来龙去脉,能用自己的语言或换一种形式正确地表达知识的内容。在应用知识方面,是从一定范围的变式情境中区别出知识的本质属性与非本质属性,或把变式灵活转换为标准式,以便解决数学问题。

探究性理解水平的教学——教师有目的地在新问题情境中引起学生的认知冲突,促使学生积极介入,教师学生共同参与提出和解决问题,共同进行研究和评价。在获得知识方面,重视培养学生对新问题的敏感性,从实际问题中抽象出数学模型或作出归纳假设,探索新知识,并增强数学观念。在应用知识方面,是在相当开放的变式情境中重视对数学内容的扩展,通过推理获得通性通法,或是通过对数学问题的广泛延伸,使之同时具有对解决问题过程的合理性、完整性、简捷性的追求。

对数学教学来说,教学水平和用于训练与评价的题目的难度是有一定联系的。一般地说,用于较低水平的题目,学生比较熟悉,难度也较低,而等级水平较高的题目,则难度也相应地高一些。但这又不是绝对的,在同一级水平中,难度的差距有时也较大,有些探究水平的题目,从思维的层次来看是比较高的,但就解决该问题的难度来看并不一定很高。为了弄清这个问题,从1986年开始,青浦实验对采用变式训练方法开展数学习题教学作了专门的研究。

对于一个数学问题,可以把它分解为三个基本成分:初始状态——问题的条件(A);解决的过程——运用一定的知识和经验,变换问题的条件,向结论过渡(B);最终状态——问题的结论(C)。如果一道题的条件和结论都很明确,其解题过程也是学生所熟知的,那么它即是标准题。对标准题作一些改造和变化,使三个基本成分中缺少一个或两个,这些成分学生不明确或不知道,这样得到的题称为变式题。它们与不同的教学水平相对应,如下表所示,其中 x、y、z 是题的未知成分。

标准题、变式题与不同教学水平的对应关系

标准题	封闭性变式题	开放性变式题
记忆水平	解释性理解水平	探究性理解水平
A $\quad B$ $\quad C$	A $\quad y$ $\quad C$ A $\quad B$ $\quad z$ x $\quad B$ $\quad C$	A $\quad y$ $\quad z$ x $\quad B$ $\quad z$ x $\quad y$ $\quad C$

一道题到底属于哪一级,取决于教学的实际,也取决于学习该题的学生。

如果一道题,对一个班级来说,教师已讲解透彻,并且要求学生熟练掌握,那么它是标准题;对另一个班级来说,学生尚未接触过,需要自己摸索求解的过程,那么它就是变式题。同一道题在不同的学习阶段也不一样,例如"解方程 $x^2 - 4x = 1$"这道题,在学生学了求根公式之后,它就是封闭性变式题(ABz 型);但在此之前求解,需要自己探求方法,如通过配方:$(x-2)^2 - 4 = 1$,$(x-2)^2 = 5$,$x = 2 + \sqrt{5}$ 或 $x = 2 - \sqrt{5}$,求解的过程和结论事先很不明确,就是一道开放性变式题(Ayz 型)。

布卢姆在进行目标分类时曾经意识到这一现象带来的麻烦,他说,两个学生解同样的代数题,一名学生因为他以前已经学过这样的题,所以凭记忆就能解决它,而另一名学生以前未学过这种题目,必须应用一般原理推导结论。就是说,达到同一分类目标,对经验背景不同的学生来说往往并不意味着付出了同样的智慧努力。由于布卢姆的分类理论仅以教学结果的外显行为作依据,未与教学过程中的行为及其水平联系起来,因此无法解决这一矛盾。

对数学题作这样的划分,习题的教学功能可以得到比较充分的发挥,能促成教与学的水平的递进,使不同学习水平的学生都得到有效的训练,有利于发展学生的独立思考能力,培养他们的唯物辩证观点。此外,这种划分给人们提供了一条途径,中学数学课本的绝大多数基本题,都能通过适当改造,为不同的教学目标服务。教学实践表明,学生数学思维能力的提高,以及独立工作能力的形成,主要取决于有关变式问题的长期训练,而不是死读硬记。因此,按照循序渐进的原则,针对不同年级、不同学生的实际水平,根据教材要求逐步形成分年级的顺序要求,适当开展变式递进的训练,这样做对提高教学效率是十分有益的。

当然,习题训练必须依据教学目标,为了深入研究这两者的关系,青浦实验研究者从 1989 至 1990 年在全县进行了一项由 3 000 名初中同一年级学生作为被试的大样本实验。首先采用通常的各级数学教学目标开展测试,然后运用因素分析技术对测试数据作主成分分析。

结果表明:认知领域的教学目标都是由更基本的内隐因素所决定的,这些基本因素构成一个层级模型,依次的三级主成分分别以记忆、理解和评判为主要标志。分析结果呈现,知识、计算、领会、应用、分析、综合六个测验变量在记忆、理解两个因素上的负荷量两两非常接近,这种情况表明,知识与计算、领会与应用、分析与综合可以合并为同一级目标。这样,布卢姆等人提出的目标分类可以简化。这一结果与教学方法的三种水平和数学题的三种类型相对应。因素分析实验还提供了"在各个能力层级上的因子得分"这一新的评分思路,用以刻画学生的数学能力。这项实验运用因子得分甄别了学生与三种教学水平相对应的能力倾向类型,并据此绘制了 3 000 名被试学生能力倾向的地域分布图。由此可以比较细致地获知全县学生在地理、文化背景方面的能力倾向上的差异,以便为因地、因人制定教学策略示明方向。

由经验筛选的策略体系

根据目前的认识水平,对教学策略的研究还不可能从理论演绎出全部方法,这就需要大力开发从经验(确切地说是实践)出发的研究。

教学经验是教师从事教学实践的结果,是教师对这一实践活动成败进止的体验。它对改进教学策略具有预示作用,又是理论研究的原材料。因此应当提倡从实践经验上升到教学策略的研究路线,或者要求研究者在寻找教学策略最优模式的实践与探索中形成自己的研究路线,完整地说,这类研究需要从经验到策略和从理论到策略两条路线的结合。

因为实践形态的经验往往是处方性的,它针对实际问题提出措施,目的在于揭示掌握知识技能的尽可能优越的方法或技术,但它代替不了理论的准确性。教学策略则不同,它不是就事论事地开出处方,而是必须兼顾处方性和科学性两方面的要求,因而需要有能够概括学习规律的有关原理作支撑。大量的实际教学经验只有经历理性化的过程才可能上升至具有普遍意义的原理层面,从而指导教学策略的改进。

青浦实验起初研究的是大面积提高教学质量的具体经验。但是,它没有停留于从工作总结的角度去简单地描述各种事实和措施,而是执着地追求如何使来自实践的教学经验理性化。20 世纪 70 年代后期以来,关于经验向理性认识升华的研究主要包括:教学经验的调查和筛选,以初步形成适用于大范围的经验系统——让学生在迫切要求之下学习,组织好课堂教学的层次(序列),在采用讲授法的同时辅之以"尝试指导"的方法,及时获取教学效果的信息,随时调节教学(称"效果回授");对这个经验系统开展实验研究和传播推广,使之在实验和实践中不断得到检验、修正、发展、完善;从学习的认知过程等侧面对经验作进一步的深入探讨,包括前述的关于目标与思维的各项研究。

这个理性化过程的启动是从筛选有效的教学经验开始的。筛选的过程,简要说第一步是从大量原型经验中析取纯粹的经验,也就是将经验的本质内容从经验背景中剥离出来,然后提取其中最能体现一般教学规律的、具有普遍推广应用价值的成分;第二步是在纯粹化的基础上构建有序的经验系统,这个系统决不是多种方法或措施的简单镶嵌,而是具有内部一致性的结构,它可以整体地而不是单个地作用于教学活动的始终。由筛选得到的经验系统,应该说已为此后建立具有完备性和简约性的原理与策略的框架打下了初步基础。后来,研究进入实验和传播阶段,这个经验系统经受了科学实证和实践的考验,结果应该说是在大范围内证实了它的现实有效性。最后,借助有关教学理论和认知科学的学习与研究,逐步将这个经验系统提炼升华,使之更具合理性。

随着上述经验系统的形成、检验和深化的分阶段研究陆续完成,便可以综合这些研究成果,在四条有效教学措施组成的经验系统的基础上,构建让所有学生有效学习的教学基本原理——这就是青浦实验提出的情意原理、序进原理、活动原理、反馈原理。于是,教学策略的研究可以将这一原理体系作为逻辑基础,并且与对学习主体认知活动过程的分析结合起来,使策略的建立同时具备认知科学的依据。

认知的全过程主要包含认知动因的激起、认知内容的组织、认知方法的安排和认知结果的处理四大要素,简要的表述就是"动因·内容·方法·结果"。

青浦实验关于大面积提高教学质量的经验系统恰巧也着眼于这四个方面,具体地说,"让学生在迫切要求之下学习"是指动因;"组织好课堂教学的层次(序列)"是指内容;"在采用讲授法的同时辅之以'尝试指导'的方法"是指方法;"及时获取教学效果的信息,随时调节教学"是指结果。经验的归纳总结和认知过程要素如此一致,使青浦实验更加有把握地提出基于上述四个基本原理的教学策略体系。

情意原理与激起认知动因的策略——学习主体的中枢活动包含着互为前

提、互相促进的认知结构和情意状态两个方面,激发学生的动机、兴趣和追求的意向,加强教师与学生的感情交流,是促进认知发展的支柱和动力。

人的中枢心理活动有两类:认知的活动,如感觉、知觉、记忆、思维等,意向的活动,如需要、兴趣、情感、意志等。前者是人脑对客观对象及它们之间关系的反映,后者是由个体及社会要求引起的主体对客观事物的追求或倾向关系在人脑中的反映。因此,教师对学生只有双管齐下,即既调动学生的气质、能力、性格等个性心理特征中的积极因素,又引导学生形成良好的个性意识倾向,并由此出发将认知活动与情意活动统一起来,才能真正形成学习的理想模式。

现在存在的问题是,还有不少学生来校学习是受父母之命、应考试之需,这种学习处于高压、厌烦等不良刺激支配之下,事倍而功半。事实上,学生的学习有"假学"与"真学"之别,真正的学习需要学生全部心理活动的参与。

为了使学生的学习热情保持在最佳状态,教师需要多方面改进自己的策略。首先,组织和指导学生的学习活动,使他们真正参与到教学过程中来。变灌输式为启发式,是教学策略的一个进步。强调学生主动投入、参与,这是在启发式基础上又前进一步的教学状态。它需要发掘多种可能:如以具体形象或问题情境作为教学的出发点,让学生面对适度的困难,根据结果调整学习等。其次,以实际行动关心全体学生的成长,使他们"亲其师,信其道"。良好的师生关系对实现理想的学习模式有着不容忽视的影响。

事实上学生对教学情境的体验,不只靠知识和经验,常常还戴着情绪的滤色镜,因此教师的人格力量如崇高的精神、坚强的毅力、娴熟的技艺等对学生的感染,其作用大大超过空洞的说教。所有优秀教师最突出的共同点就是热爱学生,了解学生。这在众多名师留给后来者的箴言中不难发现:有的教师以"热爱、尊重、信任学生"为教育信条,主张"学生能做的教师不做";有的教师以"了解学生"作为一生经验的核心篇;苏联著名教育家马卡连柯成功的"诀窍"则是"尽可能多地要求学生,尽可能多地尊重学生",也就是不断地向学生提出合适的期望目标。

今天,教学方法的研究随着信息社会的到来正在不断进步,如上所述,从启发式发展到强调学生参与,但是学生能否参与的关键是教学方法的情感化。

情感化(教师用情感来激发学生,促使学生主动投入)和技术化(人们预料新的信息技术将为学校教育手段甚至整个教育体系带来实质性的影响和变化），现正成为教学方法现代化的主要动向。

青浦实验从起步开始便十分注意寻找能够激发学生学习动机、学习兴趣的各种影响因素，总结了让学生在迫切要求下学习和调整师生关系等经验，并于1986年进行过以数学练习处理方式作为研究对象的情意与认知叠加效应实验，探索情意因素对认知发展的促进作用。

激起认知动因的策略，除了发挥上述存在于学习环境或学习活动中的外在的刺激因素之外，更需要发掘存在于学习主体的具有持久影响的内在因素。这些因素主要有：由生物学平衡原则制约的生理需要；情感范围的需要，如表现为对特定学科的重视和喜爱；社会需要，也就是力图在各方面提高或保持自己重要性地位的愿望的成就需要，还有谋求与某个榜样一致的需求、自己能在教师和同学心目中发挥一定作用的需求以及避免惩罚的需求；代表探索愿望的认知需要，也就是好奇的行为倾向。这些持久存在的个人因素是在家庭、学校、社会的影响下形成的，并随着时间推移不断变化，同时又不断强化。

需求和兴趣都是对学习过程产生重要影响的情意因素，应该把传授学习的需求和兴趣作为教师的责任。没有需求和兴趣的学习只能是机械学习；有了需求和兴趣，学生才有可能克服困难通往愉悦，当然这种愉悦是深刻的。如果在教学中进一步考虑到这些因素，无疑是有利于学生学习的。

序进原理与组织认知内容的策略——来自环境的知识和经验可以相应地转化为学生的认知结构、情意状态和行为结构，教师根据不同对象的发展水平，有步骤地提高所呈示的知识和经验的结构化程度，组织好从简单到复杂的有序累积过程，是提高教学效率的基础。

内容组织这个问题大而言之涉及课程、教材。当前，课程、教材尚待进一步改革与完善。一套教材总是少数人编、多数人用，人多见解多，因此"挨人指责"是普遍现象；而且教材编写"没有尽头"，改了还可再改，三年一小改、十年一大改似乎成了一条定律。小而言之则是教师制订的教学方案。现在课堂教学中叙述式地照本宣科，轻视概念和知识体系的生成而搞"题海战术"的现象还屡见不鲜。

当然，对现代越来越丰富的学科内容，可以按照不同的学习阶段和学生类型,作出具有过程意义的有序划分,划分出来的每个断面又可精简为一个简单明了的知识结构(其实通常的结构化也就是有序化),使其一个包含一个,形成有内在联系的"套箱"。从整体上看,所有的学习内容就形成了适应学生发展特点的一个个结构的序列,以此呈示给学生。这种方法有很多优越性,问题在于这种有序划分的依据或标准怎样确定。

实际上,学生头脑里的知识体系是由课程、教材、教学方案的结构和序列转化而来的,因此必须追求最便于学生理解和应用的呈示方式。实际教学中经常出现的不当处置有两类:一类是确定的序列梯度太大,于是结构化的知识因为过于精练或严谨反而成了学习的障碍;另一类是序列梯度太小,每次学习都有过细的"知识准备",按部就班,无法激发学生的学习激情。

这就需要探明各个阶段知识内容的最佳结构以及这些结构之间呈现合适梯度的最佳序列,因为只有确立合适的梯度,才能产生理想的教学效率。

对于这个问题,青浦实验曾专门作过优秀教师与一般教师的比较研究,发现两者一个重要的差别在于教学内容的组织。

优秀教师对教材各部分之间内在的逻辑关系把握得好,善于运用能够揭示教学内容本质特征的典型材料,从学生的实际情况出发重新组织教材,注重以旧引新,让已经学过的知识进入新的情境中应用,尽量使新知识与学生头脑里已有的适当知识、经验建立合理的、实质的联系;在课堂教学的安排上注意结构和节奏,由浅入深、由易到难、先简后繁、先单一后综合,把教学重点放在关键性的问题上。他们在训练方面讲究知识的连贯与迁移、易错易混问题的有计划复现与纠正,采用分步设置障碍(变式递进)等办法,使一题多变、前后呼应,着力螺旋式的巩固提高。总之,根据教材和学生的特点使课堂教学呈现出精当的层次序列,这正是优秀教师成功的诀窍。

这些经验为改进课堂教学提供了重要的策略启示。其实,一节课只是一个微型的结构序列,对提高教学效率来说,重要的是整个教材的结构问题。

为了塑造学生良好的认知结构,必须优化教材的内容及其结构。

知识结构化至少具有这样几项功能:首先,它以概念和原理作支撑,因此重点突出,体系简约,易于领会;其次,结构化的知识是记忆的支柱,可以抗拒遗忘;最后,结构化的知识便于联想,具有迁移应用的活力。

在这里,概念是知识结构化的关键所在。概念有一个从具象到表象再到抽象的等级排列,具体概念是抽象概念和概念一般化的基础。概念的拥有量和抽象水平以及使用概念的灵活性是考察一个人认知行为的基本因素。从这个意义上说,数学课堂教学是典型的形成概念排列的思维活动,因此,加强概念教学,无论对学生掌握知识,还是发展能力,都是至关重要的。

在这方面,青浦实验总结的下列做法可供参考。一是通过提取经验,或者通过让学生体验一些熟知的实例,再经过抽象,引进概念。这是因为,较常遇到的对象,若要使之概念化则其进程就显得快些,而且概念一旦形成,也容易保持和巩固。二是正确而充分地提供概念所包括的典型变式,适当罗列一些容易错误的似是而非的对象。这对掌握概念的本质属性、确定一个概念的外延特别有效。三是抓住每个概念的来龙去脉,引导学生从不同的途径以不同的方式把知识纳入一定的系统。这不仅便于发挥知识的结构功能,有益于进一步获得、保持和应用知识,而且对培养学生的抽象概括能力也有特殊意义。四是精心设计练习,让学生在练习中学会概念的应用,加深对整个概念系统的理解。

当然,结构化一定要适合学生的年龄特征和不同发展阶段的特点,否则,过于严谨刻板,反而会成为学习的障碍。对教学实践来说,讨论不同阶段结构之间的关系也许比单纯注重结构更有意义。这是因为,学者们在论述知识的结构功能时,往往会选取一种理想状态,而实际教学并非与此一致。就以数学为例,结构化程度很高的公理体系的教材早已在学校实验中宣告失败。对数学家合适的结构对学校里的学生不一定合适;适于某一年龄段学习者的好的结构,对另一年龄段的学习者来说不一定同样好。而且,知识结构总是应该适应每个人的思维与才能的不同而有所变化。因此,重要的是必须考虑不同年龄层次、不同学习对象的知识结构问题,其关键在于如何确立各个知识结构的最佳序列。

对于这个问题,历来有不同看法。

布鲁纳从知识的形成过程着眼,认为这个序列至少有三层阶梯:行为把握,依靠运用手足去把握对象;图像把握,以印象的方式去把握对象;符号把握,以语言形式或数量形式去把握对象,它是知识形成的高级阶段。强调知识的发生过程是重要的,但发现式在课堂教学中难以完全实施。

奥苏伯尔则从学生内部心理过程的角度着眼,提出了设计教学内容、安排教学序列的同化理论——学习是否有意义，取决于新知识与学生已有知识之间是否建立了联系，学生认知结构中新旧知识的相互作用导致新知识被同化，从而不但使新知识获得了意义，而且旧知识也因此得到修正而获得了新的意义，这种同化理论符合心理过程，具体而可操作，对课堂教学更具指导意义，但过于注重细节有"嚼烂了喂学生"之嫌，对培养学生像科学家那样从事发现过程，即会为创造性的培养带来阻碍。

青浦实验在分析学生数学思维过程的研究中，曾考察了新问题与学生已有知识、经验固着点间的关系，得出了它们之间"潜在距离"的概念。例如，探究由两圆半径及圆心距的数量关系判断两圆的位置关系，初一、初二、初三年级学生所具知识与新问题的距离差别较大。实际上，根据教材的逻辑性，各年级学生有关这方面的知识总是逐步积累的，因此问题与固着点的潜在距离必然会逐年缩小。实验表明，知识固着点与新问题的潜在距离越远，一般说来探究的难度就越大。由此可见，知识、经验是学习和探究新问题的基础，离开了一定的知识、经验的丰富度去强调发展能力，去构建过分简约的结构，必然会在实际教学工作中造成失误；相反，无限制地缩短距离，不分主次和难易，一律把知识嚼得稀烂然后喂给学生，则是另一种形式的错误。

新问题与知识固着点间的潜在距离可长可短，短距联结符合分化渐进的原理，长距联结更多地需要学生的创造智慧。优秀教师的成功经验，恰巧是在这两者之中把握好"适度"二字，他们始终把能有力推动学习前进的适度序列，视为课堂教学的生命线。

在这里，辨明一门学科各知识点间的固着关系及其潜在距离，然后以此为尺度，构建适合不同特点学生的、具有合适梯度的结构序列，对教学策略的改进也许是件前景堪羡的工作。但是，在教学中知识呈示的最佳序列问题比知识内部的结构问题更为复杂，对此需要作多维度的思索。

从教学行为看，不同的行为有不同的目的，因此知识呈示的最佳序列也应有不同的指向。如把教学行为的维度分为学生获得知识、应用知识和教学评价三类，则获得行为着重知识的系统与完整，应用行为着重方法、技能的熟练与灵活，评价行为着重判断的准确与全面。从教学内容方面考虑，应抓住知识固着点及潜在距离控制知识发展的顺序。从教与学的水平着眼，可以按照思维程度的深浅顺序,把它分为记忆水平、解释性理解水平和探究性理解水平等级别,据此确定知识的呈示。

综合上述思考,青浦实验提出了关于教学目标分类的三维模式:教学行为×教与学的水平×教学内容。以这个三维的目标框架为依据,可以比较具体、比较全面地把知识呈示的序列表述清楚,它有助于最终解决如何最佳呈示的问题。

活动原理与安排认知方法的策略——学生外周的行为结构与中枢的心理结构之间有着直接的互化关系,教师精心组织各类行为活动与认知活动,并使之合理结合,学生充分发挥活动的自主性,是促成行为结构与心理结构迅速互化的有效途径。

如果说内容组织追求的是学习材料的理想呈示,那么方法安排寻求的则是教学过程的最佳模式。教学过程随着教学目标的不同有其不同的最佳状态,青浦实验认为可以根据前面论述的三维目标分类模式,按不同教学水平、不同教学行为和不同教学内容各自的特点,寻求最佳的教学过程。现在的问题是不少教师的教学还不甚得法,他们将学生当作被动灌输的容器,对知识训练的要求还停留于模仿,搞题型覆盖,加重学生负担。

针对教学中的常见偏颇,在安排认知方法方面,现在应该特别重视学生的主动活动。

首先,最有效的学习方法应是让学生在体验和创造的过程中学习。

中国古代教育家推崇的教学过程是"道而弗牵,强而弗抑,开而弗达",以此达到教学的最高境界。学科教学的诸多改革曾总结出尝试法、探究法、发现法等成果,它们的基本模式是:引出问题—形成猜想—演绎结论—知识应用。这一模式与科学认识形成和发展的一般途径大致相符,对教学过程来说具有重要的认识论意义。实践证明,"道而弗牵,强而弗抑,开而弗达",让学生参与探索的教学策略,可以充分发挥学生的学习潜能,有利于培养他们确立科学的态度和方法。

这一策略现在不仅在学科课程中被广泛采用,而且正在向另一类新型的课程形态即活动课延伸,并构成其更为鲜明的特征。这主要是:

自主性——表现在教学过程中学生主动参与,亲自实践,始终处于动态的

活动之中,并居主体地位,此外还表现在学生可以根据自己的爱好和兴趣选择活动,进行自我设计、自我组织和自我评价;

综合性——不仅是学习和运用某一门学科知识,还是在实践活动中通过综合运用各科知识,完成规定的任务,达到预期的活动目标,并受到一定的教育或多方面的锻炼;

评价的过程性——活动课对教学过程的关注超过了对教学结果的关注,它不仅仅是对作为直接结果的产品的评价,更是对全过程的外显行为、内隐心理的全面估量。

其次,实现最佳教学过程的关键是接受式与活动式互相补充、合理结合。

任何教学方法,都有其所长,也都有其所短,不能简单地肯定一种,否定一种,正确的态度应当是对具体问题进行具体分析。大量的事实表明,赫尔巴特的接受式教学与杜威的活动式教学,这两个现代教学的主要流派在明显接近——真理也许就在这两个极端的中间。

目前不少教育理论家提出,教学研究中极其重要的是:一要确定形成认识能力与掌握知识之间的正确比例;二要灵活地运用包括儿童中心主义所主张的适当的教学方法和方式,促进教学过程积极化。以学科课程为主,辅之以活动课程,让学得与习得相互补充,可以改变以往那种封闭的、割裂的、学生被动接受的教学模式,达到"学而时习之,不亦说乎"的境界,从而不断提高学生学习活动的自主性,使他们感到在学校有了学习的"自由发展区"。这样,学生的各种能力和个性特长才有可能健康地发展。

根据目前的条件,在学校里构建一个从教师系统传授知识到学生基本自主地活动的"套筒式"的课程体系是比较可取的。在这个体系中,教师的角色从知识的传授者逐步过渡到教学活动的指导者,进而成为学生自主活动的促进者;学生从提高自主性过渡到初步自主,再到基本自主。教师不再主要是传授知识,而是帮助学生去吸取、探究、组织和管理知识,有区别地引导学生而非按统一模式塑造学生。这样才能促进知识与能力的结合、认知与情感的结合、有意与无意的结合。这是因为自主活动存在着一种有效的内在激励机制,一旦学生充分理解所学知识的相互联系和关系,理解它的科学意义和社会意义,学生的学习兴趣和探索精神便会油然而生;一旦学生从中获得成功感,学习活动的难度、深度和期望达到的水平就会逐渐提高。这恰恰可以帮助克服旧教学机械地传授知识所带来的种种弊端。

反馈原理与利用认知结果的策略——学生的心理和行为向预期目标的发展都需要依赖反馈调节,教师根据对学生学习结果的了解及时地、有针对性地调节教学,学生自我评价的参与,可以大大改善教学的进程,有效的反馈机制是目标达成的必要保障。

现实教学中常见的一类问题是,学生知识遗忘率高,教师教学针对性差,以致造成教学目标的达成度低。解决这些问题,应注意对学生学习结果的了解和正确利用——教学目标达成的最佳控制必须依赖于反馈策略。

学生的学习是个动态的活动过程,它必须通过教师和学生之间的信息传递和信息反馈,才能实现控制与调节,从而达到预期的目标。

青浦实验曾经以最简单的线性反馈模式为对象,探明它的控制过程以及对解决现实问题的意义,由此得出一个重要的结论:教学过程中的信息反馈,可使整个教学机构的特性对教学效应器特性的依赖关系减弱。明确地说,如果原来教学效应器的特性差,例如学生基础悬殊、教师水平低一些,因而教学效率不高的话,那么恰当运用信息反馈方法作调整,就可以弥补这些方面的不足。这对于一般或相对后进地区迅速改变教学现状大有用武之地。

近年来各地都有一些所谓的差生,他们一旦问题累积甚至学习脱节,要补救过来就并非易事。但如能运用反馈手段,及时加强个别指导,激励他们的自信心,情况就会大不一样。实际上,反馈作为适应技巧,可以调控学生的学习行为和调适教师的施教行为,以使教学相长;作为运行机制,则有助于掌握各个教学过程始末的因果联系,以致采取针对性诊治措施。

1980年前后,青浦实验在探讨教学个别化的具体措施时,通过调查发现了有关练习处理的经验,即教师利用每个学生每天的练习本所提供的信息,随时调节课堂教学和开展个别指导。这种做法在当时奇迹般地显示了效果,它对于全县教学质量的迅速回升起了重要作用。这个经验概括为策略就是"及时了解教学效果,随时调节教学"。主要的做法有:对学生作业(包括考查)情况及时了解,轮流面批指导;每天的课内小练习与"阶段考查"相结合;针对各自存在的问题,"给学生以第二次教学的机会"。此外还有改错纠误,注重错误背后的内容,即纵向深入到概念系统的内部,横向扩大到一类问题的关联。在这方面,教学控制论与布卢姆的掌握学习理论能提供很好的启示。

青浦实验对反馈效应研究得出的又一个重要结论是,改善控制机制是高效学习的现实途径。如同教学目标存在着划一与行为化倾向一样,简单反馈也很有可能会低估教学过程的复杂性与掩盖教学活动的深刻性,因此必须深入认识简单反馈的弊端及其防范,其中尤其应当研究反馈与引导学生创造性活动相辅相成的作用。

青浦实验在 20 世纪 80 年代前期专门就反馈与尝试活动的各自作用进行了研究,实验证明:反馈手段是大幅度提高学习成绩的主要原因,活动手段对于提高学生的能力十分有效,它们不能相互代替,更不能偏废。只重视反馈,甚至把考题作为目标而片面强调反馈,虽然考试成绩会有所提高,但对发展智力和培养能力并无多大裨益,甚至还可能影响学习成绩的进一步提高;相反,只重视尝试活动,不注意及时反馈,尝试的效果同样不会好,而且基本知识和基本技能的掌握也会受影响。对最佳的教学过程来说,反馈和活动两者缺一不可。

此外,反馈迟延的时间间隔也是个值得研究的问题,青浦实验通过比较研究发现了利用学生练习按日反馈调节的许多优越性,比如信息传递最迅捷,有利于把问题解决于萌芽状态,利用练习作业不会像考试那样增加学生的精神负担。当然,每日每课教学的细节性反馈调节如能与阶段教学结果的反馈调节结合起来,那么效果会更好。

至于反馈强化的方式,通常是使学生尽量领悟进步的程度,达到内部强化;而外部的奖赏或处罚,当然应以鼓励积极性为主。两种强化对每个学生来说都有个最佳平衡的问题,但从总体上看,外部处罚越强,内部的向学习结果的学习就越弱——尤其是对失败进行处罚,常不利于学生取得避免失败的矫正信息。

还有,学生自我评价的参与十分重要,青浦实验在开展析取数学教学目标内隐主成分研究时,获得了如下重要的结果:除了记忆和理解之外,还有一个第三层级的主成分——评判。对学生能力的培养来说,评判目前还是一个尚未被重视但必须给予充分重视的基本能力。在反馈调节的过程中,学生自我评价的介入,不仅可以提高学生的评判能力,增加教学的活力,还可以减轻单纯由教师实施反馈控制而给其增加的沉重负担。

最后，有效学习必须始终与学生的学习经验、精神状态相连接——教学的适切性（包括个别化）对策似乎比因材施教有更广泛的操作内涵。例如，挫折（失败）和成功都是学生学习的可能结果，唯有以信心为柱石，这两类结果才能成为值得开发的学习经验。教师对学生的信任维系着学生的自信，只有信任每一个学生才能促进这种精神状态的积极化。第44届国际教育大会（1994年）通过的《教育综合行动纲领》把"减少学生失败"作为一个优先事项，提出"教育应该适应学生的个人潜能"，"培养自尊心和增强学习成功的意志"，其中所含适切性要求不但属于教学策略的范畴，而且已是"实现更高程度的社会融合的基本必须条件"（赵中建：《教育的使命——面向二十一世纪的教育宣言和行动纲领》，教育科学出版社1996年版）。

为了达到教学的适切性，反馈信息要注重差异，行为调节必须有意识地加以区别，也就是采取分化性的措施。这里不必过多地罗列诸多措施条目，因为那也许是相当烦琐的广谱排列，而且无法穷尽，重要的是必须强调所有这些方法的根本目的：通过及时、恰当的调节，使所有学生经常处于学习的最佳状态，从而有效地提高学习效率。

小　　结

教学策略是技巧的总和。在教学目标确定之后，将目标直接转化为行为，采取这一思考路线可以从理论演绎中去寻找技巧，于是围绕教学过程的基本因素分别构成各类教学策略。

内容型策略有强调知识结构和追求发生过程两个类别，也就是结构化策略、问题化策略。结构化策略还可细分为直线式、分支平行式、螺旋式和综合式等多种方式。

形式型策略有集体教学、小组教学和个别学习三种类别。由于以学校、教师为中心的班级授课制仍为教学的基本组织形式，因此改良集体教学的研究十分活跃，如实施小班制、按程度分班、班内分小组、转变差生等；此外，还有理想状态的以学生为中心的教学策略。

方法型策略是以教学方法和技术为中心的策略。应当致力于科学的分类，确立教学方法的分类体系,而现代电子信息技术则为教学策略提供了新的前景。

综合型策略是以上三种类型的综合,一般更多地以教学经验为基础。

如果在目标确定后,从教学实践出发寻找达到目标的可能途径,那么这一以经验为基础的思考路线同样存在各种实现技巧。

青浦实验总结的四方面策略概括起来就是:学习热情保持在最佳状态的策略、学习内容理想呈示的策略、实现最佳教学过程的策略和教学目标达成的最佳控制的策略。

对提高教学效率来说,与改进教学策略相应,教学的组织形式、先进教学技术的运用均需作出必要的变更并逐步完善。

基于目前现状,在为提高教学效率而改进教学策略时,应特别注意下列几点:一是充分突出策略的处方性,针对什么问题开什么药方;二是切实加强策略在实践中的现实有效性,使之不是空想而是经得住实际考验的有效方案;三是逐步提高其合理性,特别要注意从认知科学方面取得依据。

对一线教师来说,对自己在实践中取得的经验不能只满足于具体的教学技能、技巧的原始积累,而应向策略体系迈进。著名教育家刘佛年先生说过:教师们创造的经验可谓汗牛充栋,但凡是未能作出理性概括的,随着时间的推移,常常会如过眼的云烟而不能站住。我们应该记取这个深刻的教诲。经验的繁衍要有理论作支点,缺乏理性思考,第一线的实践经验只能是一株不育的花木。"教学有法,教无定法",后一个"法"是指具体方法,前一个"法"才是教学策略。教师应该关注自己从后者向前者的跃迁。

4. 实践、研究、培训三位一体

——教师在职教育模式

综　　述

无论在哪一层次上说，教育改革都是一场旷日持久的硬仗。在这里，改进作战武器——教学方法及相关理论等，提高武器使用人员水平——教师的质量，是教改取胜的两个必要前提。

教育改革的目的是更好地承担起教育在社会发展和个人发展中起的基础性作用，这意味着对教师期待更高、要求更严。"在传授人类积累的关于自身和自然的知识方面以及在开发人类创造力方面，教师将始终是主要的责任者，始终起主导作用"，因此"无论怎样强调教学质量亦即教师质量的重要性都不会过分"（由雅克·德洛尔任主席的国际 21 世纪教育委员会向联合国教科文组织提交的报告：《教育——财富蕴藏其中》，教育科学出版社 1996 年版）。

今天，教师的培养与培训，以及这些方面存在的问题越来越受到重视。国际 21 世纪教育委员会的报告明确指出，要提高教育质量，首先必须改善教师的招聘、培训、社会地位和工作条件。国际 21 世纪教育委员会认为，教师培训需要重新加以审查，以期在未来教师身上培养特有的人文和智力品质，以便沿着正确的方向促成新的教学方法（由雅克·德洛尔任主席的国际 21 世纪教育委员会向联合国教科文组织提交的报告：《教育——财富蕴藏其中》，教育科学出版社 1996 年版）。

1996 年，青浦县的代表出席了在我国昆明举行的面向 21 世纪中小学教育国际研讨会，他们从各国代表的报告中强烈地感受到会议的一个突出动向——

教师和学校管理人员必须为教育面临的挑战做好充分准备,这是一种有战略眼光的深思熟虑。例如,来自美国哥伦比亚大学师范学院的一份报告指出:美国教育改革最先从教学方法、课程教材开始,但很快就意识到重要的还在于教师队伍,因此改革又转到师资培养。目前他们对师资培养的批评主要集中在:①缺乏明确的目标和标准;②缺乏专业知识基础,包括论题和教育学知识;③缺乏对道德和伦理方面的关注;④无力打破学校中那个已经习以为常的、狭隘地制定出来的教学实践的循环。英国根据1994年颁布的教育法案成立了英国师资培训署,专门负责教师的入门训练、就业以及在职进修的政策研究和实施,一年投入约4亿英镑。1995年夏天,英国教育大臣要求对这项工作进行根本性检查,得出强烈的共识——如果要让学生从教师的培训中最大程度地获益,那么就要对教师进修采取更富有战略性的方法。

当前,全面推进素质教育是我国中小学面临的紧迫任务。实施素质教育,关键在于教师,根本是提高教师的素质。在一定意义上说,学生的素质取决于教师的素质,没有高素质的教师就培养不出高素质的学生。因为"教师只有在具有所需的知识和技能、个人素质、职业前景和工作动力的情况下,才能满足人们对他们的期望"(由雅克·德洛尔任主席的国际21世纪教育委员会向联合国教科文组织提交的报告:《教育——财富蕴藏其中》,教育科学出版社1996年版)。因此,建设一支高素质的教师队伍,是关系到教育改革成败的重要问题。

这个问题在青浦实验一开始就严峻地摆在全县面前,当时中小学教师队伍的突出矛盾是数量不足、结构不合理,尤其是整体文化水准低并且相当数量的教师职前未受到过合格的专业培训。最初的调查显示,全县中学数学教师中约有1/5的人需要帮助掌握教材,有3/5甚至更多的人缺乏教学方法方面的基本训练。即使经过后来的调整和补充,至1980年全县2 100余名小学教师的学历达标率才到37.48%,1 500余名中学教师的学历达标率只有30.39%,师资队伍的基本情况依然是极少量的有经验教师面对着大量的困难教师,总体质量仍是很低的。

因此,把提高教学质量的基点放在提高教师质量上,或者说将学生和教师质量的提高都列为全县教育改革的期望成果,一直是青浦实验孜孜以求的最终目标。

当然，青浦作为一个经济状况相对欠发达的农村地区，靠那时的条件是很难吸引大量高素质的人才前来任教的，教师队伍建设的立足点只能放在通过在职培训提高现有教师的质量上。还是遵循"在游泳中学会游泳"的思路，让广大教师在教改实践中学会教学。

有鉴于此，青浦实验从 20 世纪 80 年代初即通过备课辅导、专题讲座等形式，着重抓当时最迫切的教师业务水平的提高；20 世纪 90 年代起，随着教师职务培训的实施和教改成果课程化的实行，在思想政治、职业道德、教育理论、专业知识和教学技艺等方面全面培训教师的工作机制逐步建立，而且在全县教改过程中形成了实践、研究、培训"三位一体"的教师在职教育模式，基本运行过程如下：

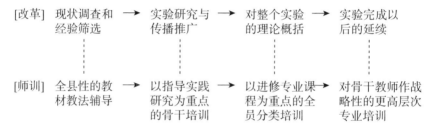

经过 20 年的不懈努力，青浦实验不仅在追求教育教学的实践成功与理论建树方面，取得了世人瞩目的成就，而且在教师队伍建设方面，也硕果累累。在人才培养上，产生了顾泠沅这样的专家型教师以及一支有各自特色的中青年骨干力量。至 1997 年底，幼儿园与小学现有教师的学历合格率达 91.2%，初中达 93.1%，高中达 88.5%；拥有高级职称的教师占总数的 6.3%，拥有中级职称的教师占总数的 35.6%；中小学共有 5 名特级教师。

在课程建设上，"青浦县教学改革的实践与认识"在 20 世纪 90 年代初就被市教育局定为教师职务培训的特色课程，由《教学实验论》改编的《教学实验简明教程》也在"九五"时期被评为市优秀培训课程教材，并已列入面向全市的重点课程用书。

教师的教育（培养）常被界定为改进教师的专业知识、技能或态度所采取的一系列过程。本书这一部分主要称之为教师在职教育，而在有些场合也会使用教师继续教育、教师（在职）培训甚至教师专业发展等不同用语，但它们的内涵基本一致，即以提高教师的专业地位和工作成就为目的。

教师专业发展的认识与实践

教学效率不够高、师生关系出现变异、教学方法问题多,对学校教育现实不断产生的诸多不满几乎都可以归因于教师的质量问题。诚如皮亚杰所说:"有关教育和教学的问题中,没有一个问题不总是和师资培养的问题有联系的,如果得不到足够数量合格的教师,任何最使人钦佩的教育改革必定在实践中失败。"

教师培养,以往靠师范院校一次性职前教育的方式已受到广泛的质疑。这首先是因为教师是知识的传播者,而知识在不断地发展,尤其是在现代社会,教师不继续学习就无法跟上日新月异的时代步伐。其次,教师是教育方法、技术的执行者,理论和方法也在急速地发展,现代教育技术将给教育带来实质性的变化,迫使教师必须尽快地去适应与掌握它。此外,教师又是教育思想的实践者,现今教育改革风起云涌,每项改革都有一定的教育思想作指导,然而,越是有重大价值的改革措施,能够实践它的教师往往就越少,原因主要是措施越好对教师质量的要求就越高。

当前,改进教师质量的一个重大政策创新是支持教师的专业发展,它已成为世界各国教育面向 21 世纪的关键举措。教师专业发展的方向当然应该随着学生培养目标的进步而作出变更,但依据教师的职能和作用,任何变更离不开如下三点基本要求:第一,教师要为学生今后的生存和发展准备知识工具;第二,教师要会做要求学生做的一切与教学有关的工作;第三,教师要成为教育改革的永恒动力。

从强调培养教师特有的素质来看,提出这些要求是很有必要的。

首先,学生今后生存和发展的需要涉及生活、职业与继续接受教育,教师要在这三方面为学生做的准备,不只是现成的书本知识,还应包括能力、观念和态度等。即便在知识方面,过去推崇的"要给学生一杯水,教师得有一桶水"的要求,也早已跟不上时代步伐了。"知识爆炸"和信息渠道多样化,动摇了教师作为学生唯一知识来源的传统地位。现在对教师素质的要求,除了拥有充裕的学科知识量和总的知识储备量之外,更强调要具备据以获得知识的策略性知识。

这样教师为学生准备的就不单是现成教科书上的知识,而且还有如何根据需要去获取知识的工具,根据需要去处理各种信息的方法。这种知识准备,实际上是一种素质蕴蓄,如果教师的素质不尽如人意,那么就难以积淀出期望的学生素质。知识的奠基尚且如此,而学生整个个性或人格的塑造更不容易,更有赖于教师去激发、引导。在这方面,真正能起教育影响作用的还是教师固有的素质。

其次,身教重于言教这个教育原则或教育经验过去一直被困于德育领域,其实它应该是现代教育对教师的普适性要求。主张"教师要会做要求学生做的一切",并不意味着他在所有方面一定要比学生做得好。新师生关系是建立在教师应是学生学习促进者的前提上的,"促进"的意义是激励、辅导,也是"要求学生做"时的示范。这里所指的"做一切",就学生而言是动手、动口、动脑;在教师方面,要示范就必然应在素质上高一个层次。如语文学科,对学生提出培养听、说、读、写能力,教师则应具备从具体的听、读到迅速获取信息,从一般的说、写到有效发送信息的能力。现今的语文教学多为社会诟病,原因种种,教师在上述方面的素质不理想,看来也是个因素。又如数学学科,现在强调培养学生的问题解决能力,而教师则应有能"数学地"看问题的能力,不能数学地去看问题,解决问题便无从谈起。在培养学生自主性、主动性等现代素质方面,没有教师"做一切"的示范,更谈何容易。

最后,如同一个人不能两次跨越同一条河流一样,教师的教学实践永远不会重复。面对实践中不断出现的新情况,只有坚持变革才能适应。因此,明确提出教师要成为教改的永恒动力是对教师素质的革命性要求。教师在这方面的追求和表现,不管怎样总会直接或间接地影响学生,尤其是在弘扬改革精神的今天,这种影响对培养学生改革、创新等现代素质具有不可或缺的作用。

教师专业发展的理论阐释与学校实际总是保持着一定的提前量,教师培训的目的就是使处在教学实践第一线的教师尽快缩短差距,步上各自专业发展的阶梯。

就青浦实验而言,改革启动之时,大多数教师的教育背景与职业准备显著不足。于是,从20世纪70年代末、80年代初起,"培训"成为青浦全县教师专业发展的代名词,近二十年的培训历程大体有三个阶段。

最初是以开展改革试验为主要特征的阶段,当时教师的业务培训以全县集中的教材教法辅导为中心内容,专业知识的培训则是针对未达规定学历的中小学教师实施不同层次的学历补偿教育。这个阶段的培训,有效地解决了大量教师不会上课和不能上课的问题,使广大教师及时做好了参与改革的准备。

20 世纪 80 年代中期起,培训转入以传播教改经验为主要特征的阶段,由学科教学改革开创的青浦实验面临向纵深发展的需要,而教改成果的推广也迫切要求教师提高教育理论水平和增强教育、教学研究能力。对各类教师进行分层次的重点培训,便成为教师专业发展的导向。通过培训,全县初步形成了一支具有较强事业心和一定理论与科研基础的教育、教学骨干力量,以及与之相应的学校管理干部队伍。

20 世纪 90 年代以来,培训进入以提高教师素质为主要特征的阶段,岗位职务进修在教师专业发展中占了主导地位,全县教师培训纳入了法制化、规范化的轨道。1990 年,青浦县率先开展新教师入职培训试点,1991 年起,又开始对学校行政干部和初、中、高各级职称教师进行规定课时、以提高职业素质为主要目的的培训。

面对教师继续教育的挑战,进修院校必须适时应变

对高素质教师的期望,除了把握师范院校新生的招选外,更需要依赖有组织、有系统的教师继续教育。教师继续教育的观念,其实是终身教育思想的体现。对教师来说,它是一种与自己的职业生命有共同外延并已扩展到专业各方面的连续性教育,包括职前的师范教育和在职培训。

当然,一般的继续教育与职前教育是大不相同的。

首先,职前的学校教育是在一个特殊的环境、借助于特殊的教学媒介来进行的,与社会现实生活相比,比较理想化。对继续教育来说,由于受教育者已进入了社会,担负了工作,他必然受到社会和工作背景的强烈影响。这种教育是受教育者社会生活的一部分,它必须与受教育者的工作结合起来。终身教育的学习系统决不可经院式地封闭于培训单位,应该从每个教师的实际出发,扩大到他们工作、生活的各个角落,唯其如此,它才有存在价值。

其次,继续教育的需求具有连续性与成长性的特点,它从每个个体的原有基础出发,随着工作、学习的进行而发展,全面健康地成长,是人的一生终身连贯地累积起来的,它不是一时一事的短期要求,既不会达到某个层次而止步不前,也不会提出脱离实际的奢望。继续教育的这个鲜明特点同受教育对象的学习内驱力有着深刻的关系。

再次,继续教育的对象已不再是在校的青少年学生,它必须更多地考虑成人学习的心理特点,因此无论在教学管理,还是在教学内容、方法等方面都应具有成人化的特点。例如,成人有了自己较多的经验,表现为对学习材料有很强的选择性,因此成人学习如能带着问题"双向选择",效果会大不一样。

由此看来,教师在职培训的内容、形式与管理都应予以相应的改变,依据继续教育的要求从单纯的学院式教育过渡到学校领导的社会终身教育。在这个任务面前,教师进修院校作为承担教师继续教育的机构,实际上兼具了教育教学指导、教育研究和教师培训等多种职能,但它又不是一个行政机构,在某种意义上必须凭借权威性而工作。

当前,师范教育和教师继续教育发展的一个趋势是从单纯培养能够按学校课程大纲完成教学任务的教师转为培养能够满足学生不同学习需要和兴趣的教师。面对这个转变,教师进修院校必须乘势而上,积极采取如下措施。

第一,与基层学校保持亲密的联系,深切了解每门科目、各类教师对知识应用的实际情况,详尽地占有教育教学经验、教育研究成果等各种情报,在此基础上作出并执行对基层学校各类教师来说是有区别的、能结合工作进修的规划。

第二,将自身的经验与学术研究较多地针对基层学校的实际问题,例如,如何改进教学策略,提高课堂教学效率等,都是当前学校教学中十分突出的问题。要提高研究的科学性,研究所得的成果要尽快提供给所有可能的实际使用者。

第三,把提高本单位教师的实践能力和学术水平作为当务之急,要求教师不断更新知识,提高师德修养和教育理论水平,深入基层学校实际解决具体问题。诚如英国的一本教育白皮书所指出的,提高教师训练者素质的一个办法是使教师训练者充分地以新近的、具体而有关的学校教学经验装备自己。

第四,对学历课程与职务培训课程予以区别研究然后作出联结,以便在教师培训与教学研究之间架起桥梁。教师进修院校为了加强对各种任务的灵活应变能力和综合承受能力,应该十分重视各业务机构之间的横向沟通,强调工作中的协作精神;注意与师范及其他有关高等院校的合作;把专职教师与兼职教师联合起来,把教师进修院校内的活动与基层学校的活动结合起来,以便通过多方协作增加培训活力,提高在职教师的素质。

教师进修院校作出上述适时应变,旨在努力建成开放型、权威性、多功能的继续教育体系。这个体系在建立过程中,还需要解决下列几个问题。

第一,在职教师继续教育目的。应该指出有双重目的,一是促进教师的专业成长,二是为基层学校的整体发展作出合乎学校目标的贡献。如果忽视甚至舍去后者,只强调前者,那么有时会给教育事业全局带来损害。

第二,培训的时间与地点。在职教师工作繁忙,但继续教育同样非常重要,两者若安排不当,工作与学习之间的矛盾便会十分突出。比较妥善的解决办法是平时与假期分别安排、集中与分散相互结合。平时的培训除了适量的课程进修与集体活动外,主要以基层学校为基地,可以通过合同制的带教、有计划的教研、有组织的自学或远程教育、有确定课题的科研等形式进行,这需要在基层学校内部逐步建立教育与培训教师的机制。假期或脱产的培训,则可以是较大规模的以课程进修为主的相对集中的教育与培训。

第三,培训的内容。教师进修院校首先应把坚定正确的政治方向、坚持四项基本原则放在首位,重视对教师思想政治及职业道德的教育(突出教师人格力量的重要性)。其次是使培训内容充分体现素质教育的思想和中小学课程教材改革的精神,重视受训教师教育观念的更新。再次还要强调基础理论课程的必要性,其中除了通常规定的课程外,应注意引入直接研究教育活动的四大类学科构成的课程,即从生理、心理、社会文化三个层面研究教育活动条件的学科(教育生理学、教育心理学、课堂社会心理学或小组社会心理学、交流科学等),教学理论和课程理论(教学论、课程论),教育方法和教育技术科学(教育方法学、教育技术学),评估科学(教育评价)。同时,教师进修院校也要十分重视应用课程,也就是说,要重视那些可以和工作发生关系,或便于教师尝试及观察成效,或对学校工作有比较明显推动作用的培训内容。例如这样一些课题,"诊断学生学业成绩与能力的方法""在目前条件下如何进行效果优良的教学""辅导学业困难学生的方法""如何组织学生活动及训练学生骨干"等,这类培训内容无疑会受到基层学校及广大教师的欢迎。只有符合教师职业需求的在职教育，才能产生学习的内驱力和长期坚持的可能性。在这里，优秀教改经验的课程化，为人们提供了推广成果更为广泛、现实的具体途径。

三位一体、全面培训、全心服务
——教师进修院校工作定位

在培训实践中如何更好地解决在职教师继续教育面临的上述问题，反映了所有培训机构对自己工作定位的认知，它特别关系到地方教师进修院校的生存和发展。对此，教师进修院校必须坚持为中小学教师服务的办学方向，并依其确定工作定位。在实践中积极探索办学规律，形成办学思想，是坚持正确的办学方向和工作定位的根本保证。

青浦实验历经二十年，始终把推动教改进步的大本营放在县教师进修学校。青浦县教师进修学校在它多年的实践和探索中，牢牢地把握了以学生发展为本、以教师（受训学员）发展为本的办学指导思想。1994年，在纪念建校40周年时，学校总结了在工作定位上的以下三个主要认识。

第一，三位一体的宗旨。

教师进修院校的办学应坚持教育实践、教育研究、教师培训三者紧密结合、协调发展的工作宗旨。综观青浦县教师进修学校发展的全部历程，可以清楚地看到：教师进修院校生命力的强弱取决于它与基层学校的关系，什么时候进修院校的工作与基层学校的教育和改革实践结合得紧密，什么时候进修院校就进步、就发展；反之，则会停滞不前。

比如，青浦县教师进修学校从事的教育研究，就是随着全县教改实践的不断深入而得到发展的。首先，教育实践不断地向研究部门提出一个个问题和需要，研究人员将这些问题和需要概括为课题进行研究，研究的成果或转化为教学常规，或通过扩大试验范围和择点深化等途径予以推广，这就增强了教育实践的活力，大面积提高了全县的教育质量；然后，又在新的实践起点上提出新的科研项目，如此形成教育研究与教改实践的互动关系，促使经验与理论、研究与实践的良性循环、螺旋上升，从而推动研究的层次不断提高。"实践引发教研，教研带出课题,课题促进科研,科研指导教改",正是青浦全县教育研究工作取得成功的一条重要经验。

在这里,努力提高进修院校教师的科研素质十分重要。青浦的做法主要有:

一、引导全校教师对农村教育面临的挑战要有一定的危机感。教育的危机感可以衍生为教改的紧迫感和责任感,并由此培育出十分强烈的问题意识。危机感只有通过特定实践中生发出的问题意识才可能使面临的现实成为一个个研究课题,才可能把课题要求化为脚踏实地的教改行动。

二、强调教研、科研工作要重视累积效应,制订中长期研究计划要有预见性、系统性和战略眼光。比如先后实施的几个课题,不仅在研究内容上应当努力积累、逐步深化,而且先行课题对后续课题还应具有"模型意义"(群体能力的配置,一种研究方法的试验,文字表现力的提高等)。又如同时进行的几个课题,也应当力求构成一种相辅相成的关系。

三、要求研究者认真学习教育理论和教育科研方法。从学习有关理论的基本内容开始,到了解其历史发展的线索、国内外近期的学术动向,最后,将对理论的运用落实到解决当前教改的现实问题上,如减轻学生过重的课业负担、发展学生智力及全面提高教育质量,以便把研究课题放在一个深广的背景中去考察,提高课题研究的理论制高点。

四、号召研究者发扬艰苦奋斗、无私奉献、顽强拼搏、开拓创新的精神,树立踏实、严谨、团结、进取的工作作风,在教改实践中学习掌握科学的工作方法,如调查研究、筛选经验、教学实验和成果推广等方法,逐步使现有研究向科学水平更高的研究、向整体规划指导下的分别研究、向有共同范式约束下的集体研究发展。

教育研究与教育实践的交互作用,必然需要教师培训工作的介入。基层学校的广大教师是中学、小学和幼儿园教育教学的直接操作者,也是教育改革的具体实践者。教育改革的试验作为一项研究任务不仅要充分发挥教育研究人员的改革积极性,还要有具备相当教育实践经验的教师直接参加,而且只有两者密切配合才能实现试验计划预期的成效。更为重要的是,教改研究的成果要在大范围内推广,那就需要使更多的教师具有理解、支持这项改革的态度和正确运用研究成果的能力。这一切均与教师素质的提高密切相关。因此,作为教师培训机构的进修院校,必须十分重视教师素质的提高对教育改革的决定性作用。在计划和实施教育改革的过程中,采取各种有效措施使师资培养与教育改革本身的目标和进程尽可能达到共轭和同步,是青浦县二十年来教育改革取得成功的主要经验之一。

第二,全面培训的观念。

教师进修院校的办学应重视思想政治、师德修养教育,确立又红又专、全方位培训教师和干部的工作观念。

思想政治教育、职业道德修养是教师培训的题中应有之义,作为承担培训任务的教师进修院校更应重视本校教师自身的思想政治表现、工作精神、工作实绩乃至日常言行对基层学校教师的影响和辐射功能。为此,青浦县教师进修学校十分注意发挥党组织的政治核心作用和党员教师在学校各项工作中的模范作用,积极组织与引导全体教职工学习党的路线方针政策和先进人物的优秀事迹,并通过参与社会倡导的有益活动,促进教师在学习与活动中汲取社会主义现代化建设中的先进思想,自觉投身推动青浦教育事业向前发展的教改和培训实践。

在面向全县的教师、干部培训工作中,还充分注意依托青浦实验本身带来的教育意义和激励功能。

20 世纪 80 年代以来,县教师进修学校和基层学校众多教师在教育教学的实践和研究中取得了大量优秀成果。这些成果和创造者的工作业绩所体现的献身改革、热爱教育事业的精神,增强了全县教师、干部的凝聚力,激发了广大教师为农村教育事业发展奋发图强、积极进取的工作态度,反映了重视思想政治教育给培训工作带来的实效,同时成了以后培训的生动教材。

长期以来,专业知识、教育技能和职业态度一直被列为教师进修的三大主要目标。但是这些年来的工作实践已经表明,尽管三大目标的要求仍然没有改变,但在次序上正发生着重要的变更,那就是原先的排列被倒过来了:态度第一、技能第二、知识第三。青浦实验较早察觉到这种变更的需要,因此县教师进修学校在确定培训计划时,坚持把思想政治及职业道德教育放在首位,再就是使进修内容充分体现上海市中小学课程教材改革的精神,紧密结合本县教育改革的实际,同时在课程设置上既重视基础理论课程,也重视应用课程。实践表明,这样的进修安排有利于引导教师走又红又专的道路,有利于克服以往理论与实际脱节的倾向,受到基层学校及广大教师的欢迎;而且,态度、技能、知识的目标序列比较符合现代教师的职业需求,在职进修只有确立这样的目标序列,才会产生学习的内驱力和长期坚持的可能性。

第三,全心服务的态度。

教师进修院校的办学应崇尚全心全意为基层学校教育、教学和师资队伍建设服务的工作态度。从某种意义上说,教师进修院校是指导一个地区教育实践与提高教师素质的工作母机,因此全心全意为基层学校和教师服务是它的天职。

长期以来,青浦县教师进修学校组织教师通过深入基层、深入课堂,致力于研究并改善各科教学与诸育实施的途径和方法,在教学、教研及其指导上形成了一整套基本经验,有些方面上升到了理论概括的层次。

在多年的共同实践中,进修学校还带出了一支在全县颇有影响的兼职教师队伍,这些教师在基层学校工作,同时又参与进修学校的教研、科研和教师培训工作。这样,进修学校的专职教师与在第一线工作的兼职教师联合起来,进修学校的活动与基层学校的活动紧密结合,构成了县、乡、校三级教研、科研与教师进修网络,使进修学校的工作牢牢地扎根于基层。

还有在为基层服务的过程中,进修学校要求教师认真抓住教育、教学常规建设这个根本,帮助各校根据自身条件逐步予以完善和具体化,并协助县教育行政部门通过综合调研或单科(项)视导总结各校的落实情况。采取诸如上述的工作举措,必须坚持全心全意为基层服务的态度,才能得到全县教师、干部的认同,才能做到上下一致、团结协作,把力量集中在实现全县教育质量大面积、大幅度的提高上。

一分耕耘,一分收获。近些年来,全县各级学校在德智体诸育方面都有了可喜的进步,学生的行为规范实现程度不断提高,违法犯罪率低,达到市郊优秀标准,学生体育运动成绩和义务教育阶段的学习成绩都保持在市郊中上水平,而且学生的特长受到重视和培养,并在各级各类评比活动中表现突出。

在师资队伍建设方面,进修学校为解决本县面临的部分学科教师紧缺、大部分教师素质急需提高、在职进修工学矛盾突出等问题,尽力采取各种有效措施,把困难留给自己,将方便带给基层学校及广大教师。

例如开展暑期培训,缓解由于培训面广量大而给教师带来的工学矛盾。从1990年开始县教师进修学校就采取了平时分散与暑假集中相结合的办班办法。平时尽量控制全县范围的活动,强调培训重点下移,以基层学校为教育基地。在暑假,动员进修学校全部师资力量,利用一段集中时间,开展较大规模的各类教师培训。这项办法持续多年,参加培训的学员绝大部分能适应。又如送教下乡,为解决小学教师学历达标问题,在地处边远或培训量较大的几个乡镇设立教学点,派出教师上门授课,以便农村学校教师就近进修。

在教改过程中寻求教师培训的活力

教师培训的根本目的,在于改进教师教育教学行为,使之适应教育变革的要求,而以往的培训模式基本着眼于知识的传递,偏重学科问题,在促进教师行为转变上却显得很无力。

追求成本效益是成人继续教育的一条重要原则,尤其是教师在职培训更应关注,因为一旦教师在他的教育教学工作中得不到应有的回报,学校和教师都不会在继续教育方面有真正的投入。提高培训效益的前提在于增强培训活力,青浦实验倡导三位一体的教师在职教育模式,意在冲击传统的培训模式,增强教师培训的活力。

教育改革是当前教育实践的主旋律,教育改革本身又是一个不断探索研究的过程,教育改革的主体则是教师。从教师在职教育的角度说,三位一体的意义即指教师培训的活力存在于教育改革,也就是教师培训应该在教改过程中寻求活力。

青浦实验总结了在教改过程中开展教师培训的若干认识,得出如下主要观点。

专业理论学习与实践研究活动两翼并举——学以致用。

众多研究达成的一个共识是,专业理论与实际经验之间,还是一个未曾跨越的缺口。理论的贫困是实践故步自封的产物,它们之间缺乏活跃的往返,出色的实践也难以产生。

对作为实践者的教师来说,专业知识的陈旧与教育理论的贫乏,往往无法使自己的实际经验有长足的进步;反过来,实践的相对保守,又很难接受新的专业理论,两者似乎互为因果,形成负性循环。

为了打破这个负性循环,对在职教师的继续教育来说,必须确立专业理论学习与实践研究活动作为重要两翼同时并举的观点,通过学以致用增强培训活力。

然而要真正做到两翼并举并不容易,教师在改革实践中或忽略理论思辨,或在进修专业理论时把实践中存在的、迫切需要解决的问题搁置一边,这些情形屡见不鲜。

在青浦数学教改实验过程中,研究者逐步领悟到这一问题将严重困扰教师素质的提高,于是力图在两者之间架起桥梁。青浦实验的每一改革阶段,都在着意避免只抓住其中一个而放松了另一个。

例如,早在 20 世纪 70 年代末进行调查研究时,就组织了骨干教师先行的读理论书籍的活动;在 20 世纪 90 年代初开展以专业课程为重点的全员培训时,仍坚持把实践讨论、技能训练与教育科研列入培训项目。又如关于教师的实践研究活动,培训要求提出应努力做到从经验描述提高到理论假说水平,从自然观察深入到实证思辨水平,从追求成果表述扩大到传播物化水平。再如在教师的理论进修方面,从侧重课程培训转向课程培训和活动培训相结合,即不但强调基础理论课程与应用课程的必要性,而且重视将教改成果编制成活动教材。

分类型、分层次和协作沟通——健全功能。

教改实验的全过程需要正确处理点与面的关系,相应的教师培训的对象也有个骨干与一般的关系问题。

青浦实验中以点带面、点面结合的做法使全县的教改能扎根基层、步步深入;师训中骨干教师先行一步,然后带动一般教师,而一般教师的进步又推动骨干培训再上台阶。这样,骨干与一般两者相互促进,增强了教师培训的活力,使培训过程也显示出现代管理学中的"二八"规律——80%的工作成就是由 20%的骨干带头才得以达成的。

除了骨干与一般两种类型，教师培训还应区分不同的层次，如新老教师、有经验教师与缺乏经验的教师、担任职务的教师与未有职务的教师等等。教师培训要有活力，一定要区别类型、分出层次，即能够在不同类型的不同层次上确定培训的内容与方式，那就要教师进修院校健全培训功能，以满足不同类型、不同层次培训对象的需求。

在新的形势下，教师进修院校对在职教师来说，至少应具备以下三大功能：一是合格上岗的进修功能，即帮助未达规定学历的在职教师接受学历补偿教育，为缺乏实际经验的新教师提供缩短适应期的职初指导与培训；二是有效履职的进修功能，即为不同职级的教师提供更新知识、提高教育教学效率的教研指导与职务培训，使他们的思想与业务水平达到新时期教育改革与发展所需的、能胜任各自职级岗位并有效履行职责的要求；三是担任行政职务或成为工作骨干的进修功能，即为教师担负教育行政职务或作为工作骨干，在其责任范围内进行研究、创造或变革提供适合的指导与专门培训。

根据上述基本功能的界说，应构建以教师岗位职务培训为主体、下属多种类型相互贯通的完整体系。在现阶段，这个体系包括以下类型。

第一，合格学历的补偿教育，对象是部分未达到国家规定学历的中小学、幼儿园教师。通过教师进修院校校内办班、送往高等师范院校进修以及组织这部分教师参加自学考试等途径，使他们获得合格学历或专业合格证书。

第二，新教师职初培训，主要对象是刚进入教育工作岗位的教师。通过专门集训和所在学校资深教师的带教指导，让他们对学校工作的各个方面进行接触和了解，与此相应拟定并实现个人成长的计划。

第三，胜任岗位职责的职务培训，主要对象是已掌握一定专业技能并有一定教育教学经验的各职级教师。他们需要更新和补充知识，通过进修若干专门课程、掌握与运用最新教育资料与现代教育技术、总结与改进教学方法、开展课题研究等途径来达到目的。

第四，实现专业发展更高目标的骨干教师培训，此类对象首先是胜任所任职务并还有潜力的教师。他们已在担负或准备担负重要的教育教学、管理、科研等任务，需要扩充知识领域和增加能力锻炼，通过进修高一层次学历或程度更高的专业课程、带教或指导其他各类教师、参加各种层次的学术研讨活动、组织或直接承担较高水平的教育科学研究项目等途径来达到目的。此类培训的实施可以与教育行政部门对骨干教师和干部队伍的组建、使用与管理紧密结合。

这四类培训联成一个整体，把职前学历教育与职后继续教育、学历补偿教育与岗位职务培训等多种功能紧紧联系在一起，形成能与教育改革相配套的——以教育改革与发展带动教师培训，以教师培训促进教育改革与发展——完整的教师继续教育体系。

此外，教师培训还要符合成人在职学习特点。

提高教师培训的效益有着多种途径，而根据成年人在职学习的心理特点开展培训，是在现有条件下最能（或许也相对最难）把握得住的成功因素。如从不同类型教师的实际出发，调适培训需求目标，在这方面，可以将课程进修与总结个人经验、个人成才结合起来，满足受训教师的成就需要；也可以借鉴教学相长的原理，鼓励学员上讲台现身说法，激活他们的交往需要。又如针对成人学习比较强调追求实效，在培训过程中就应提倡"用中学""自学为主"，将学习和应用统一起来。

教师素质促进工程
——进修院校跨世纪发展主题

随着教师教育一体化改革逐步露出端倪，区县教师进修院校越来越面临生存的挑战。在教师的继续教育中曾经发挥了不可替代作用的区县进修院校，需要尽快明确自身定位，这不单是为了在新的教师教育体系中占得一席之地，更重要的是为了继续发扬及优化自己具有的、独特的教师培养功能。挑战就是机遇，必须尽快构建教师进修院校跨世纪发展的基本设想。结合青浦县的实际，从研究的角度看，教师进修院校需要从如下几方面进行思考。

首先，对学校发展背景与意义的认识。

就青浦来说，20世纪80年代，以数学学科为先导、以教学方法为突破口的教改实验取得初步成果，县教师进修学校对此作出了历史性贡献。20世纪90年代以来，推进实施素质教育成为基础教育的迫切任务。实施素质教育，抓好教师的培训工作是重要环节。

在大面积提高教学质量的目标基本实现之后,大面积提高教师质量成了青浦县教育发展面临的重大课题。在师资短缺的矛盾基本解决之后,提高全县教师质量,除了继续改善与优化学历、学科、年龄、性别等结构外,主要是提高教师的素质。

青浦县的教育事业过去之所以取得过可喜成绩,一个重要原因是有一批富有奉献精神、专业水平高的骨干教师。然而,20世纪的最后十年,正值这些骨干教师持续性的退休高峰。当前青浦县教师整体质量不容乐观,骨干队伍青黄不接已有明显反映。教育要面向全体学生,教师劳动又具有个体性。只有进入课堂的每一位教师都是高素质教师,面向全体学生才能真正实现。这样,推进实施素质教育的基点必然要放在大面积提高教师质量、提高每一位教师的素质上。

改革教育是一场持久战,改进教学方法和提高教师素质是两个必须解决的关键问题。两者紧密相关,是一篇文章的上下两个部分。对青浦县的教改来说,文章的上篇可以说写得不错——实践成功与理论建树交相辉映,现在面临的挑战是一气呵成写好文章的下篇——促进教师素质的提高,这也是每所教师进修院校跨世纪发展的主题。

其次,观念与目标的澄清。

需要确立的总的观念:帮助教师实现向研究者的角色转变应该是各级培训机构对每个教师的进步与发展的一种承诺,特别要加强对年轻骨干教师的科研关怀;培训的重点必须由偏重学科的知识扩充、技能强化向全面促进教师职业素质的提高转移,在大面积提高教师质量的基础上,建设教育人才高地,这应成为教师进修院校一切工作的生命线。

需要确立的总的目标:构建一个由进入(新教师上岗)到离去(老教师退休)、满足不同需要的在职教师教育体系,使教师进修院校永远和本地区每位教师的职业发展联结在一起。

在这个框架下的其他观念与目标主要有:借鉴以往教师培训的经验,增强创新意识,确立质量和效益目标;采取行动研究思路,课题研究与改进培训工作融为一体,保证研究成果及时物化;培训的根本点是开发教师的潜能和创造力;

信息技术的进步使教师不再被看作知识的仓库,学校课程改革要求教师适应"综合课程";培训课程将以"买方市场"为导向——基于学校工作和教师个人发展需要设计教育内容;各类培训都要面向基层,实施"学校为中心"的在职教师教育(教师校本在职培训模式);以培训活动参与度和成果展示共同作为评估教师培训效果的基本依据;通过实证研究,总结出教师职业成长过程的规律性认识,为教师发展和制订培训计划提供参考;以同质群体认同为基本依据,以行为特征为主要标识,制订各级骨干教师认知要素,为教育行政部门研究人事政策提供决策咨询;及时总结若干成功的专题经验,形成特色课程或理论专著,提高培训内容的"鲜活性"。

再次,研究思路的选择。

将"教师素质促进工程"作为教师进修院校"九五"时期及其后教师继续教育课程建设的主课题,发动全校教师参与,并运用头脑风暴法制订研究计划。这项课题可以尝试借鉴科学共同体的研究模式,采用任务申请("招标")而非职务指派(无当然承担者)、自由组合而非组室分割的实施方式,以发起式小组承接研究任务,学校根据研究需要加大支持力度与政策导向。

在这个思路框架下还可从下列几方面进一步开展探索。

第一,课程体系的试验,从以下三个方向进行。课程形式多元化——必修(公共必修,近期如邓小平理论;专业必修,如新教师必修班主任实务)与选修(菜单式课程,要有较大的可选择性)相结合;工具性课程与修养性课程相结合。课程门类多样化——学科类课程(专业学科、教育学科等)、方法技术类课程(教育研究方法、现代教育技术等)、修养类课程(思想政治修养、品德修养、文化修养等)、综合类课程(对学校、家庭、社会所面临的最紧迫问题的研究与探讨)。课程结构的开放性和自适应性——可以不断将新的课程纳入上述基本框架,可以根据不同需求及时调整课程内容的组合。

第二,要充分认识新课程的开发。当代教师继续教育的目标已经超越学科知识、教育理论和教学能力的范围,扩展到作为教师的所有方面。因此开发新的课程,一方面应特别注意让教师参与培训课程及其内容的确定。将中小学教师非常关心和感兴趣的问题,以及从教育教学中提炼出来的、专题性强且有应用价值的经验,纳入课程开发的对象。另一方面应探索个案式课程形态。现有培训课程总是按正规的学校教育情境制订的,不可能与每个教师面临的工作情境完全合拍,课程供给与教师个人需求不很贴切的矛盾难以避免。为了缩小供需双方差距,参照个人自我指导的教师发展模式,以某个专题为中心,配合若干特需内容,组成适合教师个人要求的个案式课程(如师生交往、教学风格)。这一设计是将培训内容梳理成模块,然后根据培训对象的差异性进行组合,旨在突出培训内容的处方性和临床性,尽可能体现按需培训。这样设计,对于克服以往培训课程目标划一、对所有受训者“一视同仁”等不足,是个尝试。这种课程,比较适应较高层次骨干教师的培训。为提高培训效率,要开展实施方法的研究。

第三,运作策略。一是探索“工作室”式培训机制。在教师进修院校校内现有组织机构不变的前提下,适当拆除各个部室之间的“围墙”,建立精干、高效的工作班子,承担具有开创性的工作任务。这个班子内的人员关系不再是聘请与受聘任教某些课程的劳务交往,而是共同参与整个教师培训工作。这个形式在青浦实际上已有初步探索(如新教师培训指导小组),而且也可以发展为进修院校年轻教师的培育渠道。二是提倡课程建设与课题研究相须互发。新课程开发要建立在课题研究基础上,课程建设中需要解决的问题,列入研究课题;课题研究的成果及时物化为课程,课题研究要在开发新课程的过程中,扩充信息资源。三是实现教师进修院校和基层学校双向互动。对进修院校来说,要求供给适合需要的课程,开展以基层学校为基地的小组培训,发挥承担骨干责任的教师的作用,进行现场示范、临床指导。作为试验,上述“工作室”启动时可对外公布工作方向,接受基层学校的选择,并据以确定每个成员的联系点。对基层学校来说,要求以教学的自我改善为主题,将实践—反思模式引入教师培训,在解决学校教育教学中存在问题的同时,提高教师质量,形成骨干力量和共享的价值基础,由此总结滚动、累积生成的课题和课程,再向其他学校辐射。双向互动运行机制的基点是,存在于优秀教师头脑中的经验(隐性知识)通过特别的课程转化为显性知识,并在实践中发展出新的隐含经验类知识,由此不断地实现知识创新。

第四,在评估上突出两点。一是重视教师个人的自我评估,特别是在教师群体中所做的口头报告,似乎比书面材料更能得到同事的认同。二是从分析能显现教师内在素质的特征行为出发,研究如何认定优秀教师。

让教师队伍在教改过程中主动锻炼更具意义

——骨干教师研究

从青浦县教育事业的发展来看,青浦实验的实际与理论的成果固然价值巨大,但最根本的还是教师队伍由此得到的锻炼。

教育改革不仅指向学生,即改变学生在学习和其他方面不适应社会发展需要的各种状况,还指向教师,即转变教育态度、更新教学观念和改革教学方法。从这个意义上说,教改是一把变革现实的双刃剑,让教师队伍在教改过程中主动经受锻炼,对造就一支骨干力量更具意义。

青浦实验在开始不久就明确提出"回到教育本身的规律去",用这个口号引导广大教师投身教改,并在实践过程中探索规律、运用规律。经受了"十年生聚、十年教训"的锻炼,全县教师队伍中涌现了以顾泠沅数学教改实验小组为代表的骨干群体,其所垂范的"艰苦创业、自觉奉献、锐意改革、不断进取"的职业精神,成为骨干教师的圭臬。

当前,教育面临跨世纪发展的挑战与机遇,在加强教师队伍整体建设的过程中,骨干教师,特别是青年骨干教师的培养,显得更加重要。县教育行政部门制定的"九五"计划规划了"十、百、六百"骨干培养目标,即造就 10 名左右市级优秀教师,100 名左右 40 岁上下的高级职称教师,600 名左右校级青年教学骨干。这成了全县师资建设的一项标志性工程,对广大教师尤其是中青年教师的成长与成才无疑产生极大的激励效应。但是教师缘何能称骨干,又缘何能当骨干,则是两个需要先予澄清的问题。

第一个问题先从"骨干"一词的语义分析看。

《现代汉语词典》对骨干的解释是"比喻在总体中起主要作用的人或事物",这是依实际效果界定的;《教育大辞典》列有"骨干教师"条目,具体要求是"业务能力和学术水平较高,在教育、教学和科研工作中起核心作用",这是依自身条件和实际功能两方面界定的。

但在现实生活中,骨干角色的认知还存在着一定的模糊性。一所学校内,谁是骨干,谁不是骨干,不是每个教师都能被界定清楚。

"八五"末期,为配合嗣后开始的骨干培养工程,"教师缘何能称骨干"作为一项专题进行研究(上海青浦县教科室教师管理研究课题组:《学校教学骨干形成的研究》,载于《上海教育科研》1996年第11期)。这项课题把教师对骨干的认知作为研究起点,这不仅是因为只有得到同行群众的认同,骨干教师的指称才有现实意义;更有价值的是通过审视当前教师队伍中骨干力量的现状及有关问题,可寻究制约学校骨干教师形成的主客观因素,继而发现在骨干教师培养方面的倾向性问题。

　　这项研究没有罗列一些显示骨干标准的德才特质,让教师对这些特质的取舍与权重发表意见;也没有在教师群体中选择若干代表人物,让其余教师按既定的骨干标准对他们进行评价。这是因为,与其以先验的抽象规定要求人们判别周围的教师是否骨干,不如从人们在实践中已形成的观念出发,研究骨干教师的特质。从研究的角度看,一个正常运转的工作群体中总有一部分人表现堪赞。一个教师是否称得上所在群体的骨干,一是取决于他对完成工作任务所能起到的作用,如果这个教师是完成教育、教学任务所不可缺少甚至无法替代的依靠对象,那么毫无疑问他就是骨干教师;二是看他的个人素质,如果这个教师具备较高的业务能力与学识水平,那么他的骨干作用更显著。对于这两点,应该说同一群体中的人看得比较真切。课题所谓研究学校骨干形成,即是指研究人们通过现实感受与思考,形成了怎样的骨干教师概念,而认识的趋同,又可告诉人们一些什么。

　　这项研究的思路是由具体到抽象,首先在问卷调查时请答卷者按要求提名,数量不限。其次答卷者对被提名教师的学识水平、业务能力、教学效果、工作态度四项个人基本因素进行评价,由于提名无预设额度,因而答卷者对评价一般不感到为难。最后,将被提名次数达到"绝对多数"(即超过答卷者总数3/4)的教师,列为被认定的骨干教师。这是因为,提名不预设额度,能促使答卷者对所有教师进行充分考察,而未获提名者实际上已被否定。

　　这项调查在县内7所初中进行,以语文、数学、外语三门学科的教师为对象,计200名。由于问卷给回答者提名骨干提供了最大的自由度,其人数可从零到全部,因而用"提名率"这一指标刻画答卷者在数量上对教学骨干的认同是可行的。所谓提名率即指实际提名人数占教研组内部可被提名人数之比,它是答卷者对骨干标准理解的表征,甚或也体现了他在人际关系方面的认知与情感倾向。从提名率归类看,几近半数的答卷者对骨干认同持谨慎态度,而有 1/4 教师的提名未超出 20％(二成),似已与管理学中的"二八规律"取得共识。

这一结果表明,尽管采用无预设额度的提名方式,相当多答卷者心目中的骨干标准是够严格的。进一步的分析又表明,答卷者在骨干认同上之所以表现出较谨慎的态度,主要是因为人数不足全部中高级职称教师 1/3 的数学中高级男教师的意见在起作用。究其原因,可能与青浦县多年来的数学教改传统留给这部分教师的影响有关。也许是在数学教改氛围长期熏陶下养成的严谨作风,也许是对数学教学骨干的高度期望,促使了这部分教师在答卷时不肯轻易落笔。

根据调查结果,按骨干界定标准检核,得到入围对象 22 名,占总数的 11％。结合有关资料的分析,发现这支骨干队伍的基本特征如下:一、中高级(特别是中级)职称教师是主角,教龄 20 年以上的老教师居主导地位;二、就初中教师而言,高一层次学历在骨干形成上的优势不明显,虽然本科学历已占研究对象的 1/4,但被认同为骨干的却不到 1/4;三、教龄仍是骨干形成的显要因素,22 名骨干的平均教龄是 17.7 年,长期的耕耘无疑是教师深孚众望的基础;四、职称已不再成为识别骨干与否的主要标志,占研究对象总数的 40％的中级职称教师得到骨干认同的比率高达 64％,而占研究对象总数 5％的高级教师这一比率也不过是 9％;五、22 名骨干中有 5 名是教导主任,6 名任教研组长,这既说明不少骨干教师已走上了负责岗位,也说明委以适当的领导责任有利于发挥他们的骨干作用。

至于骨干形成的主观因素,22 名骨干的四项个人基本因素都获得相当高的评价,表明他们深孚众望。如再以四项因素中获得最高评价的因素为依据,对 22 名骨干进行分类,则工作态度便是骨干教师形成的主导因素,22 人中有一半主要以态度因素见长,六成多的人被认同都与工作态度特别好有关。这说明在一个群体内,良好的态度是人际交往不可或缺的。在认识和发挥骨干教师的作用时,不能忽视这一重要因素。

而骨干形成的客观因素,既与其所在教研组的规模大小有关,又和他在这个群体内的相对校龄相联系。

研究资料表明,在人数较少的群体内,骨干教师形成相对容易;在人数较多的群体内,要得到大家的承认就不是易事。特别是在一些师资力量较强的群体内,骨干教师如无过人之处则难以"出人头地"。从另一个角度看,人少的地方容易出骨干,但其作用范围毕竟有限;人多的地方难出确能服众的骨干,但一旦形成有威望的骨干,其作用将不易预估。因此适度规模的群体,对于骨干形成是个不容忽视的因素。

所谓校龄,指教师在一所学校任教的时间。时间只有成为人际关系的载体,才能对相互认识发生作用。因此,单个地考察每人的校龄并无多大意义,而比较个人的校龄在群体中的相对位置(相对校龄)才有研究价值。相对校龄的位序越在前者,表明这一群体里校龄比他长的人越少,也意味着他与众人交往的时间应该越多。22名骨干中17人的相对校龄(7所学校中有1所因建校时间不长,该校5名骨干未予计入)的位序,在中位数之前的有13名,其中2人还是组内校龄最长的,只有2人在中位数之后。这一结果表明,在同一群体里与人共事时间长的人,容易被认同为骨干,而使相对校龄处于恰好的位序,对于骨干形成是一个不应忽视的因素。

上述骨干教师基本特征与形成因素的初步分析,已有力证明,在教改过程中经受长期锻炼是教师成为骨干的基石。这项研究同时提出了对现有骨干状况的认识,认为骨干教师在数量上需要发展,在质量上需要提高。如按"十、百、六百"骨干培养工程的思路,以培养700余名各级骨干作为目标,则这一数量约占全县现任教师的15%左右。而由该研究提名结果得出的骨干教师占比为11%。这表明,从能否获得群众认同的角度看,堪称骨干的教师数量仍显不足。

这次调查又表明,外语教师中被认同为骨干的为数甚少,骨干队伍结构上的学科缺陷已经显露。因此,如何积极创造条件让一部分有发展潜能的年轻教师早日脱颖而出,应当作为教师在职教育研究中的前沿课题。

调查还表明,崇尚实干、苦干仍是现阶段学校骨干的主要特征,一位教师之所以能让周围同事对自己形成骨干的观念,靠的是工作态度。毫无疑问,良好的工作态度是实干、苦干的突出表现,在当前教师素质并未普遍达到理想高度的时候,仍然应当大力弘扬这种职业道德。但如果再深入一步,那就应该认识到,对于质量层次较低的教育活动,可通过埋头苦干获得教育质量,而质量发展到较高层次特别是达到一流教育时,教育质量的获得往往要靠巧干,即教育科学指导。而这次调查中,人们对 22 名骨干工作态度的评价等第最高;对学识水平的评价等第最低。这个结果有力地证明了,提高现有骨干的学识水平具有现实的紧迫性。因此,在培训教师时要保证让骨干教师能真正在学识方面有所受惠。对骨干教师和有志于锻炼成为骨干的教师来说,则必须努力增加个人基本因素中学识、科研等方面的含金量。

这项研究还根据调查资料就骨干教师的培养提出看法,首先,从学校来说,培养骨干的目的在于工作需要,对骨干意义求实性的追求需要有一定的激励机制作保障。

职称和职务是人才激励机制中的两项重要因素,在骨干培养中理应充分运用这两项激励因素。

但调查结果显示,中级职称教师与高级职称教师在获得骨干认同上的提名之比已达 8∶9,相差无几,职称作为骨干与否的识别标志已趋式微。对于这种名实难以相称的事实,人们的思路不妨从消极地指责职评工作的弊端,转到积极地帮助已取得高级职称的教师进一步循名责实以致名副其实上来。同时,积极探索职评过程如何更科学地听取群众意见,以及及时采取有效举措,帮助已在实地起着骨干作用的教师实至名归。

至于职务,对骨干教师来说,也是一项激励因素,22 名骨干中 60% 的人已具教研组长以上职务便是一个实证。问题是职务数额有限,一个教研组的组长只不过一二人,要充分发挥职务的激励功能,看来在教师群体的组合方式上尚需新的思路。

其次,从骨干形成所需群体环境来说,其人员来源与组合形式是两个值得关注的问题。

在这次调查中,老教师获得骨干提名的比例特别高,这自然与他们较高的个人素质分不开。但有的教研组师生同堂,昔日的学生在提名中对自己曾经授业的教师有所偏爱,这种情况尚能理解。需要深思的是,师生一脉相承、同操一业虽然有利于融洽人际关系,但可能无益于年轻者早日成为骨干,而且还可能造成几代人师承同一种教学传统,难以推动革新的局面。由此看来,在新教师分配时应充分考虑运用人才杂交优势,避免各校自身繁殖所带来的弊端,使同一学校的人员来源尽量不同,为学校教学骨干的形成提供适宜的群体环境。

至于群体的组合形式,也与骨干形成有关,小型组易于形成骨干。常见的教师工作实体组合形式,不外教研组、年级组两种,前者基于教学需要,后者基于教育需要,都着眼于工作,只是以教研组为教师工作实体的目前已不多见。但年级组这种组合形式也存在问题,一是不少学校的年级规模都很大,几十个教师难以形成实际意义上的工作群体;事实上,一个年级组内教师之间人际交往频率往往相差很大。二是不少学校常偏重毕业年级的师资配备,以致这个年级组因强手林立而难以形成实孚众望的骨干,而其他年级组则可能因相反的原因而出现骨干真空。

关于教研组、年级组这两种组合方式作为教师工作实体谁优谁劣,这里不予置评。只是这两种实体的组长数额极为有限,难以充分运用职务对骨干教师的激励功能。因此不妨设想,与其将教师群体组合方式的选择囿于事本位,不如以人本位为组合原则(每个教师都有着成为骨干的向往),打破学科与年级界限,以能起骨干作用的教师为核心,组成人员有限的工作实体。工作实体的组合应最大限度地有利于这个群体内人的发展,从而也会有利于工作的开展,因为教师工作基本上是个体的独立劳动。主张组合原则从事本位到人本位,体现了对教师在学校工作中的主体地位的尊重。现在课程改革的开展改变了以往学科课程一统天下的格局,课程的综合性趋向已对单一学科的教研组形式提出挑战,而活动课程的设置也并非不可突破年级限制。这样看来,以确立教师在工作中主体地位为宗旨,探索有利于骨干形成的群体环境,已是教师队伍建设的新课题了。

第二个问题关乎教师的职业精神。

20 世纪 80 年代中期,中央和地方一些报刊在介绍青浦经验时,专门强调了青浦实验的研究群体——数学教改实验小组为教改倾注心血的创业精神[陈亦冰:《耕耘者的风貌——记上海青浦县顾泠沅教改实验小组》,载于《中国教育报》1986年 6 月 17 日;本刊记者:《他们用心血浇灌鲜花——顾泠沅数学教改实验小组事迹介绍》,载于《上海教育(中学版)》1986 年第 6 期;刘军:《教改九年 枯木逢春——记青浦县顾泠沅数学教改实验小组》,载于《人民日报》1986 年 9 月 10 日]。

20 世纪 90 年代中期,顾泠沅应邀介绍青浦经验,在谈到成功要素时,多次提到美国一位人才培养专家的看法：人才成功的要素很多，但不管哪一行有两个条件是必要的，第一是机遇，第二是疯狂地干。现在面临世纪之交，建设一流教育的重任需要青年来担当，这便是个很好的机遇，如加上"疯狂"地干的精神，就一定能成功，能达到目标。

顾泠沅还结合个人经验总结出几点体会。

首先，教师应把履行职责的每个过程、每一环节都当作提高自身水平的台阶，下决心在学校和课堂里摔打、锤炼。例如，教师天天得上课，每一课的课后反思就是很好的学习，看看成功在哪里，不足在哪里，作些比较，作些总结。再如参加听课评课，这个过程便可促使自己开动脑筋认真学习；有时发个言，做个讲座、报告，每一次总得要有点创意。还有教学研究、教育科研、计划的制订、工作的总结、出席各种研讨会等等都可以作为上台阶的学习。

其次，教师主要从事学校教学工作，但如能参加教育基本理论的进修，那将会给教学插上飞跃的翅膀，这对跨世纪的青年教师来说，尤为重要。

再次，开展教学实践研究是培养骨干教师的一条有效途径。20 世纪 60 年代后期有些发达国家培训教师主要还是靠学院式的课程学习，后面逐步认识到这很不够，而在教学实践研究中通过教师与专家合作或独立的研究，从中获得必要的理论知识和研究技能，这对教师业务水准的提高能起相当明显的作用。

最后，作为一个骨干教师很重要的一点是做学问先要做人，师德高尚最重要。一个人可能理论水平很高，或在教育改革中作出某些贡献，但如果人家对你的人品有些看法，即便你有真知灼见，在传播中也会受到影响。因此，一定要又红又专，为人师表。很好的人品再加上很高水平的业务，这才称得上是真正的骨干教师。现在青年教师的培养尤其重要，目前看来似乎"缺了一档人"。要将一般教师培养为骨干教师，选苗和培训同等重要，要有好的选苗机制，培训则采用提前"压担子""独当一面"等办法。将培训与鼓励教师成才联系在一起，就有可能营造长江后浪推前浪、江山代有才人出的局面（顾泠沅：《抓住机遇　争当骨干——寄语青年教师》，载于《江西教育》1996 年第 10 期）。

小　结

在建设社会主义大厦的宏伟工程中，中小学教师是奠基者，中小学学生是未来的建设者,奠基者的素质直接决定着未来建设者的质量。因此,抓好中小学师资队伍建设,是一项实现 21 世纪宏伟蓝图的奠基工程。

中国有句老话,"水之积也不深,则其负大舟也无力;师之蕴也不足,则其育长才也无望",这句话确切地表述了教师质量的重要性。

近年来美国的一项权威性研究也表明,美国的教育发展战略,先是着眼改革教学方法,后来认为学校课程更为重要,不久又从课程转到师资,最后同样落脚于教师培养。

对于在职教师的培养,青浦实验认为实践出效率、研究获成果和教师素质得到提高三者具有相得益彰的关系,它们应当相容于教改实验的整个过程之中。这里,教改实验的尝试或优秀经验的推广,如能与教师的继续受训相配合,使教师彻底了解正确的教育思想和方法,迅速更新知识,提高思想道德和文化业务水平,那么改革尝试或推广经验获得成功的机会就会大大增加。

基于这些认识,青浦实验倡导了实践、研究、培训三位一体的模式,并且在教改过程的不同阶段都尽量注意到教师培训的需要和可能。为了概述这个教育模式的实际运作,现将教改实验和教师培训两者的进程对照如下:

教改实验   教师培训

1. 教学现状调查

把整个数学教改实验建立在全县大规模科学调查的基础上,主要做了:

（1）基础教育关键期调查;

（2）师生双方教学现状调查;

（3）十年动乱后班级学习特点的调查;

（4）教学经验调查。

2. 筛选教学经验

将有经验教师组织起来探索在数学教学实践中筛选经验的研究方法,最终得出体现一定教学规律、有普遍

存在问题

全县约有 1/5 的数学教师需要帮助掌握教材,有 3/5 甚至更多的教师缺乏教学方法方面的基本训练——数量极少的有经验教师面对着大量有困难的教师。

全县性的教材教法辅导,逐步形成骨干队伍

（1）组织有经验教师定期为全县教师分年级、按章节作有关教材和教

推广价值且具有内部一致性结构的经验系统：

（1）让学生在迫切要求之下学习；

（2）组织好课堂教学的层次（序列）；

（3）在采用讲授法的同时辅之以"尝试指导"的方法；

（4）及时获取教学效果的信息，随时调节教学（简称"效果回授"）。

3. 教法改革实验

运用严格的实验方法，深入研究筛选所得的若干教学措施的作用及其交互影响，具体实施如下：

（1）主实验——运用"尝试指导""效果回授"等心理效应改革数学教学的实验；

（2）辅助实验Ⅰ——"尝试指导"和"效果回授"两因子对比实验；

（3）辅助实验Ⅱ——利用主观判据对课堂教学进行评价的初步实验；

（4）辅助实验Ⅲ——用"出声想"方法评价学生解题思维过程的实验。

4. 实验深入与传播推广

进一步的实验与研究主要有：

（1）学习行为与知识经验、情意

学方法的讲座、辅导并进行效果检查；

（2）举办有经验教师读书报告会、教研组长培训与考核等活动，边学理论边筛选经验，逐步形成创造新经验的骨干队伍。

存在问题

基层学校教研力量薄弱，但最有效的教材教法研究、辅导必须以基层教研组为主要基地。

教学实践与研究作为师训重点，工作重心向基层教研组转移

（1）以教研作为师训重点，工作方式由全县集中操作逐步过渡到按地区、按基层教研组进行，然后通过抓点、组织巡回讲座及定期检查督促等方法促进基层教研活动的开展；

（2）点上以骨干教师为核心，通过教改实验继续提高其教学实践与理论修养水平；

（3）全县尤其是点上取得的成绩，通过教学观摩、成果展示等途径为全面推广做准备。

问题和需要

实验研究结论不是改革的最终结果，真正的归宿在于传播，传播需要广大教师的领会与再创造。

推广成果中分层次培训，形成各类教师的梯队结构

（1）继续以教研作为师训重点，

状态的关系实验——数学练习中的反馈效应实验、数学思维过程分析的实验；

（2）数学问题教学的变式训练研究；

（3）析取数学教学目标主成分的大样本实验；

（4）在实验基础上概括出课堂教学的五个环节，即问题出发—指导尝试—变式训练—归纳结论—及时反馈。

数学学科内全面推广分三个层次：

（1）制订和实施新的、体现实验成果的教学常规；

（2）举办推广指导班，扩大教改积极分子队伍；

（3）实验性学校成为教改深入研究和推广示范的基地。

跨学科推广：

向各学科迁移，德智体各育并进，强调经验的选择、内化和再创造。

5. 理论概括

在提高教学效率方面：

（1）建立注重学生自主性的"活动中介"的学习模式；

（2）构建让所有学生有效学习的教学基本原理体系——情意原理、序进原理、活动原理、反馈原理；

但该阶段常以分层次推广成果的形式进行，全体教师开始注重学习教育理论，并以此指导总结大面积提高教学质量的具体经验；

（2）骨干教师开始参加各种层次的学术研讨活动，进修教育专业高一层次课程，直接承担或组织实施较高水平的教育科学研究项目。

出现需要

随着大范围深入的实验和推广，各层次教师都出现继续受训的迫切需要。

以专业课程为重点的全体教师参加的分类培训

（1）将数学教改成果编制成教师培训课程的教材，使教改经验课程化，使推广能更为广泛、现实；

（2）开始对全县教师进行系统的、以专业课程为重点的培训，分为四

（3）导出能显著提高课堂教学效率的一种教学结构。

在方法学意义上提高实践性教育研究的水平：

（1）将科学发现的模式导入研究流程；

（2）以实践筛选法为核心构建研究方法体系；

（3）运用现代传播理论研究教学经验与教改成果的推广；

（4）提出必须以科研共同体作为实验主体。

6. 实验的延续

学科教改实验向教育整体改革方向发展。

种类型：合格学历培训、职初训练、知识更新和专业发展更高目标的培训。

需要和可能

数学骨干教师的更高层次的培训有了需要和可能。

对骨干教师作战略性的更高层次的专业培训

（1）继续将理论概括的成果编制成培训教材，开设"教学实验论"等理论与实践相结合的课程；

（2）举办青年骨干教师培训班、学科高级教师及后备高级教师培训班。课程设置分为教育理论、研究实践两大类，强调使专业培训与本县优秀教师队伍的组建、发展、管理及使用相结合。

5. 经验筛选为核心、多元互补

——实践性教育研究的方法学取向

综　　述

学校实践中一些好的教学方法，常常会带来令人欣喜的效果，这是因为这些方法符合教学的规律。在教改实践中，帮助教师掌握先进的教学方法固然重要，但那还只是"授人以鱼"；而更为重要的是"授之以渔"，让教师通过研究来取得有关教学的确证了的知识，然后自己作出相应的对策——这需要学习与掌握进行教育研究的方法。

实证与思辨是洞察教学底蕴的两大入口，青浦实验将这两类基本方法视为教师进行教育研究的基础，当作获取教改理论成果的途径。

教育理论与研究方法紧密相连，理论来源于实践，而从教育实践中抽象出教育理论，必定要有教育研究作中介。研究方法的运用，直接关系到教育理论的水平。从这个角度说，研究方法对教育理论的产生或修正起着重要作用。

在教育研究过程中，人们不但关注研究结论的真理性，还刻意追求获取真理的方法的正确性。而理论产生的效果要在实践中得以体现，一般都需要相当长的一段时间。在这种情况下，人们难以只凭结论去及时评价教育研究成果，但如果能审视一项研究所采用的方法，考察其结论是不是通过大多数人认可的途径得出的，也许就能对它们作出较有把握的判断。青浦实验之所以能为教育理论宝库献上自己的一份礼物，主要是因为它在教改实践中探索、创造了一套比较适合教师运用的教育研究方法。

教育研究的进展常常以方法的更新为前奏。在方法领域，青浦实验为繁荣实践性教育研究曾作过多次尝试,其所倡导的教学经验的实践筛选方法(经验筛选法)得到了教育界的认同,已被编入"上海市中小幼教师继续教育丛书"(本书编写组:《教育科学研究方法基础》,上海教育出版社 1991 年版)。

这一方法的提出,是基于对教学经验的认识。

第一,经验是人在实践过程中与环境相互作用的产物,是人们在生产、生活以及其他各种社会活动中,通过自己的感觉器官接触自然、接触社会所获得的感性认识。尽管经验还未能达到认识的理性阶段,但它在一定程度上能指导人们正确地从事生产劳动、学习与生活。经验虽然不是理性认识,但它却是理性认识的基础,这是因为进行理性思维,提出科学假说,建立科学理论都离不开人的实践经验,而且实践经验又是检验科学理论的主要依据。

第二,教学经验是教学实践活动的结果,对改善日常教学具有指导作用。教师在教学实践中,接触不同的学生、教材,便会产生不同的实际感受,由种种成功的、失败的体验而形成教学经验。教师积累了丰富的教学经验,就容易把握教材的重点和学生学习上的难点,便于察觉学生学习中出现的细微反应并作出正确的判断,还能及时而恰当地调节自己的教学措施,使多数学生经常处于学习的最佳状态,从而有效地提高教学质量。

第三,教学经验对教学研究也具有十分重要的作用。首先,经验是教学研究的起点,教学研究离不开广大师生教学和学习的实际经验。无论是教师在备课、执教和分析课堂活动时所做的非正式研究,还是教学研究人员所做的定向观察或教学实验,都必须以师生实际的施教和学习经验为基础。这种经验是有关课程论、教学论和学习论研究的原材料。其次,关于教学的各种不同的观点,只有通过教学经验承载才能转化为学科教学思想。教学研究常常受到心理学、逻辑学和哲学认识论等的重大影响,例如不同的哲学流派可为教学研究呈示不同的思想渊源、理论前提和研究方法论。但不管怎样,这些观点都要借助师生的实际经验才能转化为学科教学的思想。最后,研究的归宿在于应用,产生社会效益。教学研究与经验紧密联系,可以扩大研究的社会效益。教学研究与经验联系得越是紧密,其研究成果被采纳的可能性就越大。因此,经验在教学研究中的作用和地位是不容忽视的。

通过对成功的或失败的教学经验的总结,可以从中汲取营养,认识支配它们的规律。尤其是当代先进的教学经验,具有新颖性、高效性、典型性、现实性、可接受性、发展性等特点,对它们的总结和研究,对于探索教学规律、发展教学理论、提高教学质量更有特别重要的意义。

对教学经验进行直接、准确的描述,是总结经验的前提。但是人们常常发现,即使是十分天才的描述也会有这样或那样的不足之处。因此研究经验,不能只停留在描述阶段,应探索更有效的方法,以提高研究的水平。早在 20 世纪70 年代末,青浦实验就开始注重对各种有效教学措施的搜集和整理,注重吸收国内外数学教学的先进经验,并着手开展经验筛选法的研究,力图在教育研究的方法学上能有所创新。长期的探索积淀出一个感受,研究经验的方法有时要比经验本身更有价值。

一般地说,方法总是作为过程而展开的。对一项具有相当时空规模的教育改革研究来说,它的方法体系也是随着实践过程的不断进展而逐步形成的。如果要对历时 20 年、广及全县基础教育的青浦实验的方法学趋向作一个总结,那么不难发现其表现出的不断追求——经验实证与理论思辨的互相沟通,定量研究与定性研究的不断融合,科学方法与人文方法的并驾齐驱,并且形成了以经验筛选为核心、多元互补这一方法体系。

从信息加工的观点看,青浦实验的过程与方法可以归结为:调查——获取信息,包括对象、途径和内容;筛选——加工信息(提炼教学经验的有效成分),包括对行动研究法的改造,确立新的程序、步骤和具体过程;实验——进一步加工信息(验证由有效经验演绎的假设),包括一个主实验和几个辅助实验;推广——使用信息,包括对传播与接受理论的学习运用,逐步扩大推广度,人员培训,以及开展思维领域的研究和对所有研究成果的理论概括。这个归结大致上可以勾勒出一项实践性教育研究——以教学实践为基础的综合研究的基本架构。

改进研究方法也要有观念的转变与更新相伴随

科学方法的意义不只见之于技术层面,更体现在思维、认识的层面。因此教师从事教育研究,不能只局限于掌握一些具体研究方法的操作过程、追求方法的科学性,而应同时关注那些指导探索研究方法的教育思想。当然,教育研究的方法要为适合教师的需要作出变革,走出纯哲学思辨或纯自然科学方法的狭窄圈子,但研究方法的改进必然也需要教师的观念转变与更新相伴随。这包括对科研的意义、对研究方法和对教师角色变换的认知。

第一个基本观念——要把提高教育质量的立足点放在教育科学研究上。

青浦实验的已有成果雄辩地证明,哪怕原先是十分落后的地方,依靠了教育科研,还是可以使这个地方的基础教育质量取得大面积提高的。

青浦教育走出 20 世纪 70 年代当时的困境,主要不是靠硬件、靠投入,这都不是它的优势,青浦县的优势在于教育科研起了重要的先导作用。在研究教改深入发展的过程中,针对全县现状——少量先进典型与一个较大的落后面将并存较长一段时间,反复权衡利弊,选择了以点带面(不平均使用力气)、从学科改革发展到综合改革(宏观与微观相协调)的工作策略,这是青浦县实现教育整体优化的一条可行之路。

这样,教育科研坚持多年,"真理终于碰到了我们的鼻子尖",那就是找到了"活动—发展"的教学新思路,把重视和开展学生的各种主体学习活动作为对传统教育的一种改革,这条思路比较符合当前全面提高学生素质的要求。可以说教育科研不但使青浦教育摆脱了落后局面,而且为它的跨世纪发展提供了有力的支撑点。

第二个基本观念——要加强了解与把握当代教育科学研究方法的发展趋势,以此提升教改实践的方法。

从历史上看,对教育的研究最早是一些学者在探讨哲学或政治、伦理思想时开始涉及的,他们往往习惯于从纯历史、纯哲学的角度思考教育问题,因而教育及其研究方法在古代就难以成为独立的科学体系。

发展到近代,自然科学方法的引入使教育研究起了质的变化,尤其是以精密科学所采用的方法进行的心理实验为教育研究找到了突破口,导致了作为独立体系的教育科学的重大进展。然而这种进展本身也潜伏着矛盾,如果长期积累的丰富的教育经验和哲学思考受到冷落,而精密科学方法对人的心理的研究尚处于比较肤浅和简单化的程度,那么这种研究成果就难以真正为教育实践所应用。比较一下心理实验和教学经验的巨大差异,也许能省悟矛盾的实质。

从研究的方式看,前者是人为受控的实验,后者则在非受控的实践中靠长期积累而产生。从研究的价值目标看,前者有纯理性追求的倾向,注重过程的精密、结论的严谨与超前,至于实际需要是否迫切则无关紧要;后者具有综合的人文意义,涉及人的素质和真善美,十分注重实际的重要性,强调传播与可接受性,但不求精密,难以严格重复。从研究的因素构成看,实验希望指导其过程的理论因素简约化;经验则必须是诸多因素的整体化考虑,甚至包括大量非科学因素的影响。

这种矛盾使得在心理实验室发展起来的理论对课堂里的教师和学生鲜有实际价值,基础理论与实际应用仍然有一个未曾跨越的缺口。

当代教育科学研究方法的发展正在力图克服这一难以跨越的现象,它的一个趋势是综合化与多元化,即多学科交叉融合地开展研究,在研究过程中采用多种方法甚至包括方法的数学化倾向。

20 世纪四五十年代,由于出现原子能、电子计算机和空间技术,人类社会进入了信息或智力时代,开始了影响几乎遍及各个领域的新技术革命。随着新技术革命所带来的生产规模的日益扩大和社会经济的迅猛发展,全部科学也出现了相应的巨大变化。几个世纪以来所形成的由各门分科科学组成结构单一的科学体系,正在经历着不断的分化和综合:原先的一门科学出现了众多的分支,两门或两门以上的科学相互交错形成了所谓的边缘科学,运用多门科学知识研究某一领域现象的综合科学纷纷崛起,不以特定的物质形态和运动形式为研究对象的横断科学,如控制论、信息论和系统论,耗散结构理论、协同论和突变论等,也相继应运而生。这一变化促使人们开始追求在更为复杂的背景下对研究对象运用多学科的方法作综合的、整体的思考。

教育现象本身是一个复杂的统一体,过去的分门别类或单因素的研究是受社会生产力发展水平及人类认识能力的局限而产生的。随着各种研究的积累以及当代社会发展的综合化,要求教育科学研究必须采用多学科的方法,否则就识别不了教育事实,也无法对教育现象作整体研究。

例如关于课程改革的研究,就必须考虑来自三方面而且并不总是协调一致的要求:开设课程所必需的合理结构与程序、学生的心理发展水平、课程大纲与社会需求的统一。于是,这项研究不仅要求课程研究人员参加,还要求自然科学界和社会科学界的学者、社会用人部门的相关人员、中小学教师等参加;不仅要从课程论的角度去分析,还要从心理学的角度、各门学科发展的角度、未来学的角度等去探讨。

至于研究方法的选择,人们关注的是各种方法(定量的与定性的、科学的与人文的)的特性——每种方法都有自己的优点与局限,为使教育研究更加可靠和有效,不能满足于用某一种方法进行独立的研究,而应运用多种方法。在研究过程中,采用多种方法,既可以使各种方法之间互补长短,也可以使用不同方法得出的结果之间互相比较、校核,从而提高研究的科学性。

在方法的多元化中,数学化倾向不容忽视。数学一般被认为是研究事物数量与空间形式的性质、变化、变换及关系的精确科学。由于对象的普遍性,规律的广泛适应性,它成了现代科学研究的重要工具。马克思认为:"一种科学只有在成功地运用数学时,才算达到了真正完善的地步。"如果说这一论断已被 19 世纪以来自然科学的发展证实,那么当代社会科学,包括教育科学,它们的发展也已经并将进一步证明这一论断是正确的。

但是教育现象是物质运动的十分复杂的高级形式,因此原先用于物理、化学过程研究,后来又广泛应用于其他自然科学和某些社会科学研究的以微分方程为主要形式的数学模型,很快暴露出它的弱点,因为它无法解决具有随机性、综合性(多样性)和非数值特征的教育现象所产生的一切问题。而如下的一些数学分支学科——概率论、数理统计学、模型论、运筹学、数理逻辑、集合论、模糊集合理论以及计算机和人工智能,还有以控制论、信息论为代表的横断科学的数学描述等,却显示了作用。它们可以为科学研究提供某种清晰、准确的符号化语言和辩证思维的表达方式,提供正确计算和定量分析的方法,并能作出科学的新发现和科学预测。

当然,数学方法不是万能的,它不可避免地存在着局限性。运用数学方法得到的结果还需要经过实践的验证。事实上,近代科学研究中的新发现、新成果常常是数学方法和其他研究方法相结合的产物。

当代教育科学研究方法发展的又一个重大趋势是研究方法的实践化——教改实验成为应用研究的主流。

如果说教育研究方法的第一个重大发展趋势直接受到新技术革命的推动,

那么第二个重大趋势则是新技术革命给教育造成困惑的产物。这是由于面临新技术革命的挑战,现代教育所形成的规模、体系和水平已经不能满足飞跃发展的现代科学技术和以智力劳动为基础的现代生产的需要。国际教育发展委员会曾于20世纪70年代初对23个国家进行实地考察,发现当代教育的特征呈现出堪称对立的奇特现象:一面是社会要求"教育先行",教育在全世界的发展正倾向先于经济的发展,要求教育培养未来人才,它将在历史上第一次为一个尚未存在的社会培养新人;一面是"社会拒绝使用学校的毕业生",制度化教育所产生的成果已不受青睐,这在历史上还是第一次(联合国教科文组织国际教育发展委员会:《学会生存——教育世界的今天和明天》,教育科学出版社1996年版)。

于是,负有新的历史使命的学校教育实验(或试验)在当代进入了一个蓬勃展开的时期。一般地说,科学实验是由一定的规划和结构组织起来的过程,它是按如下步骤展开的:一、首先认识到问题的存在;二、找出这个问题的非本质成分并加以剔除;三、搜集与这个问题有关的全部信息,其中十分重要的是数据;四、根据这些信息作出某种初步的概括,尽可能简明地加以说明,也就是建立假说;五、基于假说对自己打算进行的实验的可能结果作出推测;六、进行实验,检验假说成立与否;七、如果实验获得预期的结果,那么原定假说便得到强有力的事实依据,并可能成为带有本质属性的规律。

科学实验既可十分精密,也可比较粗略,如为了研制电灯泡,爱迪生尝试了不同的灯丝材料以决定可以用哪种,便是在做实验。教改实验当然不会这么简单,这些实验最大的特点是与迎接新技术革命、迎接国际竞争的教育改革运动相联系。过去的教育实验往往与一种理论或一个学派的发展有较多的直接联系,而当代的教育实验却与国家的教育方针政策、与教育部门的决策有依存关系。

由于国家、社会的极大关注,广泛开展的具有如下特征的教育实验确已成为当代教育科学研究方法实践化的最重要的标志。

首先,教改实验强调课程、教材、教法的整体改革。为使教育迎接时代生活的挑战,教改实验的指导思想是教学内容的现代化,先是在数学和自然科学学科方面增加体现最新科学成就的材料,将其知识结构化,有选择地下放到基础性教材里;而后是人文——社会学科内容的改革,同时还逐步注重课程教材的人文化、综合化和多元化。而内容的改革又不能不涉及方法的改革,这些都需要通过教育实验和实践试验加以检验。

其次,加强与心理实验的结合是现代教育实验的又一特征。这是由于社会要求教育对人的培养不单纯在于知识积累和技能训练,而且要求能力的发展,进而还要求对个性心理品质,包括合乎社会化要求的思想道德素质的提高。教育实验所设计的任何教育影响,总是要通过学生的头脑,引起他的某种心理活动和行为反应才能产生效果,因此重视学生能力培养和个性发展研究的教改实验势必会有心理实验的成分。

再次,从方法的角度看,现代教育实验一方面要求有尽可能的控制,要求所获得的事实材料和数据尽可能客观化、精确化;另一方面则要求进一步重视理论思辨的作用,建立假说时须要有充分的科学论证,实验过程中要凭真实的客观材料检测假说。教改实验优劣的分野要看是否有好的设计,即上述一般实验过程中的前五步,这需要正确的教育观念作指导,它是整个实验的灵魂。从根本上说,实验设计就是确定、排列变量在实验中的结构,它应先于实验,并注意排除干扰、提高效度。

事实上,面对社会进步的挑战,为满足人的发展需要,教育改革无疑已成为时代的潮流。以适应教育改革发展为主旨的实践研究,主要是 20 世纪 50 年代以来在各国此起彼伏的教改实验,也无疑已成为应用研究的主流。这种实践方法的提升,有赖于将一些关键措施整合成有利的结构,现有过程大体是:计划(对各种建议和观念予以注意,根据现有条件形成改革决定)——实施(将各种方法、方案、规划与制度试验性地运用于工作)——制度化(新的工作范型或制度在应用过程中逐步形成并纳入正轨)。这个过程缺乏规范的反思程序,因此有待改进,我国教育研究工作者已有多种创造(如"不断总结,不断修订,不断提高""实践筛选"等),类似于国外先后兴起的"行动研究""反思性教育实践"。

教改实践如何选择合适的研究方法,或者改善和发展已有的一些方法,是提高研究效率的关键问题。青浦实验是在 20 世纪 70 年代后期青浦特定的历史背景下开展起来的,初始阶段支撑其方法体系的是作为哲学指导思想的实践论的基本认识方法;然后,才有一般教育科学研究方法的运用以及新方法的探索。不难看出，以调查获取信息、以筛选形成假说、以实验验证规律、以传播推广经验这一过程，表明青浦实验是一项从研究人员到研究内容及研究成果都带有明显实践倾向的教育科学研究。

第三个基本观念——"教师即研究者"。

随着社会经济、文化的发展，使教育工作成为以研究为基础的职业已是时代的要求。面对教育发展的需要，教师应该成为具有目的性的实践者，成为对改革有自觉性的研究者。教师从事研究的目的可以是而且应该包含在理论上有所追求，但理论建树说到底还是为指导实践，因而教师的研究更应有强烈的实践取向——这是一种立足于自觉变革教育现状、旨在解决教育实际问题的应用性研究。

20世纪70年代以来，教育理论与教育实践的关系、专业研究者与教师的关系一直争论不息。最先受到批评的是，专家学者从知识发现者的角度，期望获得纯客观的、超出个别具体现象之上的一般知识，因此与常态的学校生活、实际的课堂教学保持一定的距离，他们与教师的关系是居高临下、单向指示式的；教师则以本人个别经验作为工作的依据，对理论研究缺乏热情、望而却步，他们还因自己被当作别人判断的执行者而感到沮丧，甚至不愿为研究者充当资料库，提供论证数据，验证他们提出的结论。

由于过多地脱离现实背景和缺少当事人的积极参与，传统的教育研究越来越在实践中碰壁。原先推崇的研究者作为局外人的纯客观研究，现在必须转向寻求研究者与教师的角色互换，即研究的主体应有局内人的共同参与。局内人的参与，使研究者能体察到局外人原本无法知晓的教学现象的细微变化，深入到局外人一时无法进入的实际问题的直观领域，从而更能把握研究对象的实质。

实际上，无论是理论研究还是教育政策，要想真正地让实践中的教师们走上某种轨道，单靠外在发号施令是不起作用的，而需要教师对自己的课堂情况和过程的深透理解和把握，这种理解和把握的源泉则是研究，也就是要求教师也是研究的"局内人"。

当年青浦数学教改的参与者，在立志向教育科研要质量时，无疑就开始了从"教书匠"角色中挣脱出来、实现向"科研型"教师的转变，即从局外人转向局内人。这种逐步自觉的转变使一些普通教师——他们原先因不谙教育科研而被戏称为"草莽英雄"——在学会研究的过程中成为现实的研究者,而青浦县数学教改实验小组的一些教师便是其中的典型代表。

提出教师成为研究者,有助于促进提高教师素质。其一,教师从事研究可以更进一步地掌握教育规律,了解教育发展的新趋势,提高对教育理论的认识。教师一旦以研究者的角色置身于教育情境,以研究者的眼光审视已有的教育理论和教育实际问题,则他对已有的理论会更愿意思考,对于新的问题也会更敏感、更有创见,甚至会产生个人理论。其二,教师从事研究又可以校正自己头脑中的一些陈旧的教育观念。一方面,研究的结果常常是教师急需解决的一些实际问题的改变,这个结果就会冲击教师的某些原有观念;另一方面,陈旧的观念不破除,教师就不会从根本上去改革自己的教学方法,改善或改变教学行为就会成为一句空话。其三,教师从事研究还可以形成自己对教育活动的自觉意识。教育实践活动的不断变化,必然会带来教师经验的不断重构。过去的经验以及理论很难解释当前教育领域中所发生的一切,不易指导现在的教育活动。如果教师不把现实中产生的新问题作为研究对象,经常深刻反省自身行为与设想的差距,则其本身就会失去思想和发展的活力。

教师怎样成为研究者,青浦实验对此提供了一条可行之路,那就是建立在教育科学范式约束下,由教学第一线教师、专业研究者和决策者共同参与的科研共同体,以此作为教改实验的主体,并在教改实践中充分发挥这一共同体特有的认识功能和传播功能。

教改实验尤其是整体改革实验,使学校尤其是课堂中的教师和学生取代了实验室中的被试而成为研究的主要对象。与此相应,研究的主体也在转变,由个人行为转变为集团行为,局外人和局内人共同组成实验研究的主体。这个主体的认识作用取决于主体本身的性质,如以主体结构中的智力因素来说,应包括已有的经验、知识和思维方式等成分,它作为知识背景、思维模式,在认识中起着十分重要的作用。

人类的认识过程,实际上就是通过社会实践,主体凭借原有的认知结构将客体的信息同化,并通过重建自己的认知结构而实现对外界的顺应。认知结构的陈旧、僵化自然会妨碍认识客观性的实现,而它的合理、完善则为人们正确认识事物提供了可靠的基础,因为这样的认知结构实际上是客观关系的内化形式。

用这样的观点看问题,在青浦县的教改实验研究中,研究主体的正确建立就显得十分重要,它的素质水平是否相称,层次结构是否合理,它的组织水平以及总体性质是否有利于深入了解和把握实验客体,直接关系到研究所期待的事实规律的发现和研究成果的传播物化,关系到整个实验的成功与否。为此,青浦实验建立了由研究者和实践者共同参与的科研共同体。

由于这一科研共同体是多方人员的联合,就必然会牵涉到复杂的人际关系。通常的做法是通过协商确定局内人和局外人的平等协作关系,并建立起一个由大家认可并自觉遵守的"道德框架"。但仅仅用道德框架来约束是十分不够的,尤其是对周期较长的实验来说,更多的是需要采用范式约束的办法。这里所谓的范式,主要是指具体的范例,包括观念、信仰、基础理论以及解决问题的办法等等。它必须同时具备两个特点:一是能吸引多方人员以此为依据进行研究,二是能不断提出一些有待深入又可解决的问题。

很明显,范式是一种认知结构。实践者与研究者之间,如果仅是受道德的约束而不是拥有共同的认知结构,那么他们各自对研究的参与,就有可能成为种种游离于共同目标之外的不良干扰,就无法以共同的基础理论与解决问题的方法进行研究。范式同时又是一种文化结构。因为科研共同体的共有信念始终是范式中多种认知成分的凝聚要素,也是共同体中多方人员的凝聚要素,而道德约束只能协调关系,不能产生集团的凝聚力。范式体现了认知结构与文化结构的统一,这种统一往往是科研共同体通过长期的共同实践形成的。

就青浦实验而论,由于把教学、研究、决策等方面人员构成的科研共同体作为实验的主体,强调各方面的取长补短和通力合作,这个主体始终遵循逐步发展起来的共同范式,因而对教育现象的认识功能不断有所增强。又由于范式的社会文化结构侧面具有很强的传播功能,这种功能不仅能在共同体内部实现认识成果的共享,而且能有效地向外辐射,利于摆脱教育实验在推广成果时因教师主观因素不备而屡遭失败的困境,从而具有社会化意义。

如果要为上述理论出示实例印证,那么青浦县数学教改实验小组便是一个典型。首先,这个群体从形成开始就一直注意确立共同的观念、信息,如起初是

"大面积提高教学质量"，然后又是"让所有学生有效学习"。其次，这个群体以独特的运作机制保持了它对众多学科教学骨干、教学研究人员、科研人员的吸引力，而且在一个长时期内历久不衰。究其原因，群体人员组成中内涵清晰性与外延模糊性的动态统一是根本点。也就是说，在青浦实验二十年历程中，一两个骨干在数学教改实验小组内发挥核心作用这一点始终没有变，其余的凡积极参与数学教改者即自然地被视作那个群体的一员，如果有谁疏远了当时的改革实践，其身份当趋模糊，但后来他又重新投入，则身份也随之清晰起来。研究主体如此弹性界定，既可包容一切有志教改实验的教师，使其经受"研究者"的锻炼，又避免了人为地将教师分成这一部分、那一部分，激发了所有教师的改革积极性。再次，这个群体能随着教改大局的发展不断地向自己提出新的目标，构建教育研究高地。从教学方法改革到教师培训，从教学经验总结到教学原理探讨，从调查、实验等研究方法的运用到筛选法的建立，从现有成果的理论概括到它的传播推广，其间连贯着一个个被提出和被解决的问题，青浦实验过程正是这样演绎着教师即研究者的现实价值。

对行动研究的借鉴与改造
——经验筛选法

"行动研究"作为一个专门术语最早出现在 20 世纪三四十年代的社会活动领域，始见于"二战"时期的美国，20 世纪 70 年代欧美澳日教育界兴起研究与运用的热潮，近年来我国教育研究工作者和中小学教师也予以很大关注。

"行动"主要是指实际工作者的实践活动，"研究"主要是指受过专门训练的科学工作者的探索活动，在西方社会科学界，它们属于两种不同性质的活动。长期以来，"行动"和"研究"处于分离状态：专业研究人员从应当如何出发而不是从实际出发，凭假设搞研究，其研究结果或因不符合实际而难以推广实施，或因与实际情况出现差距而满足不了社会的需要；实际工作者光凭热情，与专业人员之间的知识沟壑得不到有效填补，因而未能进行卓有成效的行动。

但是社会现实需要两者融为一体，尤其是战后科学技术的飞速发展不断对教育提出新的要求，而学校无法满足这种需要，此时行动研究作为一种新的研究思路和研究方法进入教育科研领域,面对教育改革的共同任务更需要研究者和实践者的密切合作、共同参与。

事实上,早在 20 世纪 40 年代,行动研究的创始者之一美国社会心理学家勒温就强调,为了认识和改进社会实践,专家和实际工作者必须针对实际问题而进行合作研究。他在当时的一些著作中比较系统地阐述了这一新方法,对研究方法在不断改进教学行为、有利于解决实际问题的方向上作了开创性的尝试。这种方法旨在判明现场面临的问题实质,引出用以改善事态的行动。它是由实际工作人员和研究者协作进行的一种研究活动,其研究结果及时为现场人员所理解、掌握和实施。这种研究是以"科学地发现事实"为基础,以解决问题为目标的"诊断性研究",它不同于研究者从局外假借现场、旨在树立普遍法则所进行的研究。从这一意义上也可以说它是一种实践研究法。

行动研究是一个螺旋式加深的发展过程,每一个螺旋发展圈又都包括几个相互联系、相互依赖的环节:计划、行动、考察和反思。在后来的发展中,不同的理论背景使行动研究出现了许多模式,每一种模式由于其理论假设的不同,关注的问题也不一样,甚至在具体实施步骤上也有一些差别。但在基本的操作过程方面,各种形式的行动研究基本上遵循了勒温确立的一些基本思想,如:研究的起点应是对问题的界定与分析;研究的要点应该包含对计划及其实施情况的评价,并在评价基础上作出改进;在总体上,行动研究的进程是个螺旋循环的过程。

行动研究影响美国教育实践是 20 世纪 50 年代开始的,经哥伦比亚大学师范学院前院长考瑞等人的倡导,运用范围日益扩大。虽然 60 年代中期由于其他教育研究模式的冲击,行动研究的地位一度发生动摇,但至 70 年代,行动研究再次兴盛起来。此后,随着教育理论与教育实践的关系、研究者与教师的关系的探讨,行动研究的内涵更为明确充实,人们渐渐意识到这种方法的独到之处。例如,行动研究不囿于某一学科某一学派的知识,能主动采纳各种有利于解决问题、提高行为质量的经验、知识、方法、技术和理论,特别重视实际工作者对具体问题的认识、感受和经验。更为紧要的是,由于实际工作者有行动的目的与责任,能够深入实践活动,体察其背景以及有关现象的种种变化,能够通过实践检验理论、方案、计划的有效性和现实性,因此对解决实际问题来说,他们具有局外人难以替代的认识作用。至今,行动研究已由日益备受关注而成为教育领域一项声势浩大的国际性运动。

但是，由于行动研究是针对教育实际情境而进行的研究，强调研究结果在同一情境中应用，研究的样本受到限制，并且往往因为缺乏控制使得研究效度不高，影响推广，因而它只可能适用于中小规模的实践研究，不可能解决所有教育问题。尽管后来研究者们对行动研究法的操作程序作了不少改进，例如允许基本设想的"游移变更"，可依据逐步深入的认识和实际情况，随时修改总体计划，甚至修正研究课题；从强调观察行动的结果，延伸到重视监督行动的过程；还有强调操作程序各环节间的及时反馈与调节、行动的开放性等，但这种方法本身固有的弱点未能克服。

关键的问题是：行动研究法或改进以后的方法，仍然只具备行为改善和发现事实的机制，不具备确立假说和验证假说的机制。仅仅行为并不构成理性经验，为使一组行为包括在理性经验之中，行为必须同对伴随它的结果的认识建立本质的联系。这就要求研究者和实践者之间的关系是处于前述范式约束下的结合，而不是无恰当规范的简单联合。显而易见，不具备假说确立机制的行动研究法对理论支持的力度是明显不够的。

青浦实验是一项大范围的教改研究，它既不是某种理论的简单验证，又不是某种流派的实际示范，它既需要首先着力解决教学实践中的现实问题，又需要不断积累解决问题的经验，以加强对问题的认识，进而达到对事物因果关系的清晰了解。因此，在研究方法的思考上，青浦实验努力使自己的研究从经验描述提高到理论假说水平；从自然观察进入到实证思辨水平；从追求成果表述扩大到传播物化水平。也就是说，在采用各种研究方法的同时，努力构建具有自己特点的方法体系。其中最主要的是，引入行动研究，并把它改造成为教学经验的实践筛选方法。

所谓经验筛选法，是指在实际教学过程中，由第一线教师与研究人员结成一体，在大量零星的原型经验（或称为描述经验）的基础上，通过符合一定程序的行动和思辨，提炼出有效的经验系统：辨明某些教学措施在教学过程中产生的效果，从而使原型经验变为受原始操作背景制约少、体现一定教学规律、有普遍推广价值的比较纯粹的经验；合理组合多种纯粹经验，使之成为具有内在一致性结构（不是简单镶嵌）的、能整体（不是单个）地作用于整个教学活动的有序状态。

经验筛选法的一般程序为:第一,明确问题,总结有助于解决问题的各种教学经验,了解与它们有关的知识、方法、理论以及相关的研究成果,然后综合经验与成果并结合施教对象的现状和要求拟定计划,包括总体计划和每一个具体步骤的方案;第二,按预定计划在课堂中实施这些经验(理论成果将体现在某些经验中);第三,组织有经验的教师对教学现场施教情况进行系统的考察和评价;第四,根据考评结果对原有经验逐步调节——淘汰、发展或优化组合。然后,再计划、再实施、再考评、再调节,多次往复,直至筛选出有效的经验系统。

上述研究程序构成一个螺旋上升的回路,大体可用如下框图表示。

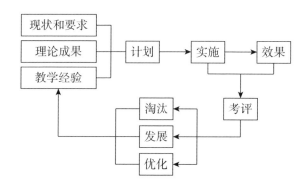

显然,经验筛选法的基本环节与行动研究等同或类似。

"计划"表明筛选必须是一个有控制的过程。它是工作蓝图,指导筛选过程按一定步骤在各个层次上有次序地展开。计划可以纵列式地在一个地方对一个个教学经验进行排队筛选,以求简易明了;也可以横向式地使经验筛选在不同场所同时进行,以求参照和比较;还可以制订网络结构式的运筹方案,以求合理和高效。计划应突出它的目标导向作用,根据预定的目标,既有时间标准,也有符合客观要求的质量评估标准。计划还应事先估计各种风险以及预设可资采取的策略,具备足够的灵活性。

"实施"是对计划的执行。实施过程既相同于通常的教学过程,即要根据教学目的、遵循认知规律组织教学,同时又有区别,实施过程更多的是一项规范操作,即根据筛选计划对某些教学经验主动而充分地进行试验,力求减少或控制种种无关因素的干扰,使得一定的经验系统与教学效果之间显现出相对稳定的联系。有时,这种操作还可能随主观认识或客观环境变化而相应地有所调整与改变,这种情况下,更应通过多次重复,才能确认联系。

"考评"是对实施过程的系统考察和实施结果的有效性进行评价,它是经验筛选的关键。

教学经验中包含着大量的因果关系,筛选经验应当大体辨明措施和效果间的逻辑联系。这就需要尽可能准确地对某些措施引起的变化作有效性评价,力求找出在实践中显著有效的措施,进而建立完整的经验系统。

寻找事件变化的因果关系,只有通过严格控制变量的实验才能圆满地做到,这在实际的教学工作中会有许多困难。学校教学受到实际环境中众多因素的影响和制约,而且许多因素又不可能事先确定和预测,更不可能全部控制。为此,经验筛选采用现场取样的办法,利用现成的教学班进行试验,必要时用平行班作对照。这样做虽然严密性有所降低,但换取了研究的现实可行性,可以保证筛选在最接近学校教学的实际环境中进行。

降低了严密性,但仍要在逻辑上确保一定的可信度,这就迫切需要有力的考评手段为因果推理建立支撑点。例如,筛选方法一般未事先严格地配置实验组和控制组,为了提供可资比较的依据,以便作为试验前后相互对比的参照,就必须对试验前后的教学情况作仔细的考评。又如,筛选方法不能像实验那样严密地控制实验变量和其他各种无关变量,但它可以有意识地在筛选回路中引入任何可能起重要作用的因素来协助分析,以弥补不能控制无关变量的不足。

上述做法都对考评的系统性提出了很高的要求。所谓系统性,就是要考察整个教学集体的活动,研究各种因素的实际影响。因为教学经验并不是孤立活动的结果,而是学校教学工作的有机组成部分,是复杂因素群交互作用的产物。不仅如此,还应当考察教学的完整过程,把各种因素置于这一过程的时间序列中去评价,以了解措施和效果之间是否有实质的关联。

考评应运用指标检测、过程分析、假设演绎等多种手段进行,避免采用单纯根据输入输出函数变化进行评价的"黑箱"方法,同时充分发挥评价活动中人的主观能动性,以初步了解措施与效果之间的因果联系。

指标检测采用的指标有客观、主观两类。客观指标常用的有知识考试成绩、智力测验得分、体质测定数据等等,由于影响这类指标的偶然因素很多,因此指标值具有随机波动的特点,运用数理统计的方法,可从大量个体组成的总体中找出规律。主观指标包括课堂气氛活跃程度、学生的思维状态、学生知识或技能的掌握度等等。主观指标一般常用表示类别的词语来描述,这种类别判断具有明显的模糊性,模糊数学是处理这类资料的有效工具。主观指标在评价中应占有一定地位。

过程分析是将教学的全部过程予以记录,然后抽取其中含有实质性的内容进行细致的比较分析。因为教学是一个变化着的过程,所以只凭几个反映结果的指标来描述变量的变化情况,难免会失去很多关于客观过程的资料,从而在一定程度上降低了研究的价值。因此,在重视指标检测的同时,还必须做好对动态过程的客观记载和分析。对此,青浦实验曾创设了一种课堂实录的样式,为过程分析提供了合适的依据。此外轶事性的描述和追忆也能起到必要的补充作用。现在,随着教育技术的进步,声像等各种动态资料更能为过程分析提供助力。

假设演绎是对指标检测和过程分析所提供的众多数据资料和经验事实进行分类、比较、辨别和推测,它是在归纳基础上的思辨。搜集数据资料不等于评价,离开了科学的思索,资料本身并没有多大价值。例如,数据表明甲教法比乙教法效果好,是否就证明应该抛弃乙教法而用甲教法来代替? 其实,对于教学方面的"效果好"有多种解释,不能用简单归因进行判断。

教学评价不只是指标检测和对过程的客观分析,还是对教学问题的一种艰苦的思索。在评价教学经验的时候,研究者头脑里应该有多种假设和清晰的演绎思路,从提出新的普遍性假设到由此演绎出多种教学措施,再到预想它们试验后的可能效果。筛选过程对经验的系统考评的内部机制可用下图表示。

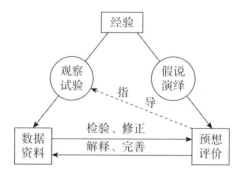

一方面是观察试验——主要由指标检测和过程分析得到数据资料,另一方

面是思考,从假设演绎得到预想评价,这两方面得到的结果相互检验和解释,不断修正,逐步完善,而且预想评价对观察试验还有不可忽视的指导作用。考评时应当提倡数据统计、数理分析和主观评价等手段的综合使用,当然这些方法一般不能相互代替,它们互见长短,有时可以互相引证,有时可以互补不足,应当根据需要扬长避短。对此,既要避免只凭经验判断或用空洞的原理到处乱套等做法,也要警惕"数据假象"。

"调节"是在重新认识经验的基础上对它们作出针对性处理,使之逐步纯粹化、有序化。

其一是淘汰——根据有效性评价对各种教学措施进行弃取,即在众多的教学经验中,有些对本地区明显无效或不适用,应予舍弃;有些有效性不甚清楚,应继续实施和考评;有些对解决实际问题有显著效果,则应重点研究,使之臻于完善。

例如按学生程度分好差班这条措施,当时不少学校都在实行,但实施后的负面影响很大,分在差班的好多学生都因标签效应而丧失了学习进取心,又因为那样编班还需要一支整体素质高的教师队伍相匹配,这在当时根本不具备。因此这条措施在青浦县基本不适用,后来就被舍弃了。

又如关于针对学生上课注意力不集中的教学措施,最早是从研究新课导入着手的,通过对数表(以一张纸对折几十次后其厚度高于珠穆朗玛峰的惊人事实来引导学生运用对数解决高次幂的计算问题)等几个成功的数学课课例发现教师采用新颖而得当的方法导入课题,学生听课时注意力集中,效果很好。然后通过正弦定理(让学生尝试探究一些特殊角三角形的边角关系,从而使他对这节课开始时提出的、原有知识所不能解决的三角形边角关系一直有独自发现的强烈愿望)等课例,着重总结课堂教学过程中引发学生积极思维的有效措施,发现教师紧紧环绕一个具体问题,通过分阶段予以解决的办法可以使学生始终保持较强的学习迫切性,因此教学效果比较好。

诸如此类的经验还有,在新授课中教师根据教材特点,选择恰当内容编成问题,让学生产生解决问题的欲望,然后学习,比直接按教材讲课更容易激发学生的学习兴趣。此外,当他们对数学问题感到有趣味的时候,当他们能自行思考、自行概括结论并对自己的认识能力很有信心的时候,当他们理解教学内容并感到很有用的时候，都会产生积极思维的心理气氛。经过反复筛选，最后获得了"让学生在迫切要求之下学习"这条有效的教学措施，比较好地解决了当时学生听课注意力不集中的问题。

其二是发展——对实施与评价中肯定适用的经验继续提炼，进一步探求能包容它的新的教学措施。

例如，学生知识遗忘率高、同一班级学生分化突出是当时大面积提高教学质量面临的一个严重问题，问题的根源是班级划一的教学与各类学生之间基础、需求、素质的差异存在着矛盾，这就需要在班级授课制的条件下，研究解决矛盾的有效措施。当时一位农村数学教师提供了让学生使用一本练习本的经验，这种做法使教师当天即可了解学生对知识的掌握情况，有利于及时解决学生学习中出现的问题。这个经验曾在别的学校试验，收到了同样的效果。另一所乡校，学生基础差，师资水平也不高，学习这一经验后，结合本校的特点采用校内、校外两本练习本，一本在课堂上做，另一本供回家练习，还根据各单元教学应当达到的目标抓了单元练习，对不同类型的学生进行知识掌握情况的分析，发现问题随时补授。日久之后，知识巩固率显著上升，学生成绩提高很快，大量"差生"进步尤为明显。这类利用作业反馈了解学生学习状况并采取针对性补救措施的经验，采用一本练习本还是两本练习本，只是其表面现象，而教师"及时获取教学效果的信息，随时调节教学（即'效果回授'）"才是其本质。

当然，获取教学效果信息的途径并非只有通过作业反馈，师生面对面的交流也是大可挖掘的渠道，而计算机在教学中的广泛使用更可进一步开拓这方面的功能。

当初对这条经验还通过筛选回路比较了按学期调节、按单元调节、按日调节的效果特点，发现了利用平时练习按日调节的突出优越性，而这一做法过去从未予以充分重视。

控制论的研究表明，知识形成过程中的回授与关于结果的回授结合起来，可以大大改善整个机构的控制性能。而班级授课制有个很大的缺陷，就是从全班学生的平均化考虑，难以全面顾及优差两端学生的发展。现在国内外都在针对这一缺陷进行改革，采取了各种各样的差异化教学措施，如分组教学、加强个别辅导以及使用程序教学机器等，有的收到了一定的效果，有的则面临困难。

但其中差异化信息回授优于全班的平均回授，则是不言而喻的。班级教学要用一两周时间完成的教学任务，如果进行个别教学，常常几天时间就能完成，其主要原因大概是个别教学时师生间信息往返频繁，回授性能特别好。当然强调差异化回授不等于恢复到个别教学，而应当是班级授课制的进一步发展。青浦实验提出的效果回授，对于思考这个两难问题，也是一种尝试。

其三是优化——对肯定有效的教学措施进行优化组合，即对某些有效的教学措施，或在程度上进行优化，或试探不同的组合方式。

例如，停留于机械模仿、不会独立思考是当时不少学生存在的一个严重问题。造成这种情况的原因，主要是教师沿袭以往陈旧的教学方法，使学生处于学习的被动地位，无法发挥主观能动性，难以养成积极思维的习惯。解决这个问题比较有效的经验有讲练结合，教师注意让学生在课堂上动口动手动脑，在一定程度上发挥了学生的学习主动性。优化组合的思路是按照《学记》上"道而弗牵，强而弗抑，开而弗达"的要求，使一般的启发思考变为让学生自行"尝试"，也就是自己通过究其原因、试其易难来获取知识技能，发展认识能力，教师则根据"尝试"需要予以指导。通过多次实践，形成了"在采用讲授法的同时辅之以'尝试指导'的方法"这条有效的教学措施。

这里"尝试"虽然只是讲授的一种辅助手段，可是这条措施说起来容易做起来难，特别需要在尝试步子上把握好分寸。如果尝试步子太大，学生无从着手，那么将费时费力，无甚效果。但过小的步子又会把学生的思路框得死死的，不足以激发兴趣，效果也不好。步子大了不行，要缩小一点，步子小了不好，要放大一点，通过探索多种组合，可以使它稳定到合适的程度。

这里的调节原则是，尝试的步子一定要适合学生的实际，第一，要让学生面对适度的困难，诱发学生思索的兴趣，并使他们得到一定的锻炼，但不宜太难，否则会抑制多数学生的积极性；第二，开始时尝试的步子可以小一些，再现性因素多一些，随着年龄的增长和能力的提高可逐渐加大步子，不断地增加创造性因素。

经验筛选是在自然的教学情况下进行的，此时影响教学效果的因素非常多。为了弥补无关因素未加严格控制这个缺陷，通常应使同类筛选在不同的班级内重复几次，或者试验组与对照组互相调换。如果重复或调换后仍维持原来的评价,那么筛选结果就比较可信。例如"组织好课堂教学的层次(序列)"这条措施,最早是从一位老教师的教学经验总结中形成雏形的。针对一些数学课上教师照本宣科、机械灌输的做法,这位教师比较注意根据实际需要重新组织教材,特别重视新旧知识的联系和练习时的易难递进。他的经验在别的地方也经过试验,其有效性都得到了证实,因而最终才肯定了如上这条措施。

确立以经验筛选为核心的方法体系,增强实践性教育研究的应用活力

教育领域的研究,常被分成基础研究和应用研究两类。基础研究通常又称教育理论研究,它从理论出发,以概念结构和原理法则为目标,建立并验证假说,最后指向普遍性的结论,旨在获取或扩展知识,学术取向明显。应用研究有时也称教育实践研究,它从实际出发,持问题取向,旨在应用知识指导实践,力求研究结果有直接、即时的效果。这一分类恰巧对应了理论与实际脱节这个教育领域长期存在的问题。

造成问题的原因,从研究水平的角度看,一方面现在仍缺少概括程度较好、包容性较大的教育理论,另一方面已有的理论由于缺乏操作性而不能很好地解释与指导教育实践。解决这一问题的关键则在于使基础研究与应用研究并举与结合。大凡教育的改革,都是缘于实际的需要,因而教改研究的实践倾向分外强烈。教育改革的实践性研究,从方法学价值看,较好地解决了教育科学理论联系实际的问题。实践性研究带来的成果——教育质量的提高是明显的。然而一般的实践性研究似乎也有一种先天不足,即往往停留在经验事实的描述上,较难有规律性认识上的发现,以至于常常被认为理论价值不高。

有鉴于此,青浦实验在前期侧重于从实践中取得成功之后,即借助在实践中创造的研究方法开展了理论探讨。从一定意义上说,青浦实验是通过对行动研究法的改造,即让科学发现和反馈机制同时进入研究流程,从而创设了经验筛选法,并以此为核心确立多元互补的方法体系,以增强实践性教育研究的应用活力。

把筛选法作为这一体系的核心,是基于对调查、实验等方法的认识和权衡,也是基于历史条件的原因。

在教育科研领域,实验研究之所以为大多理论工作者所推崇,是因为实验方法能比较准确地探索出事物间的因果关系,以检验理论本身的真理性。但实验研究的假设或者来自某一教育理论,或者发掘于某些优秀教师长期教学经验的总结。可是,青浦县的教学改革是紧接着十年动乱的特殊时期而开始的,当时既缺乏必要的基础理论准备,又没有现成的优秀经验作镜鉴。于是历史促使它选择了这样一条道路——把教学改革实验建立在大规模调查研究的基础之上。

调查方法是对客观自发现象的考察和记录,不管是现状调查还是追溯研究,其对象都是已然的事实,这是研究者无法控制的,但它可以通过较短的时间简便易行地搜集到所需的各种资料。调查研究涉及自然情境中各种事件、分布与关系,具有相当广泛的应用范围。在青浦实验全过程中,调查方法因其应用的广泛性而经常被采用,它不仅为教改实验开辟了课题的来源,还在开展实验性研究时作为自然实验的辅助手段弥补其不足,而且在成果的推广阶段,它又以鉴定应用效果、进一步拓宽和深化研究成果而显示其作用。

然而,调查的方法也有其局限性。调查的结果常常受调查设计的质量、调查人员的技术水平等影响。调查的对象是人,因而还要受被调查者态度的影响。如果他对所提问题故意回避或作相反意向的回答,这就会降低调查结果的可信度,甚至使调查陷入误区。一项调查的价值在很大程度上取决于所选择的样本的代表性。局限于某一领域、某所学校等小范围的调查研究,能为有关的具体部门提供有一定价值的信息,但不可因此而以偏概全,因为小范围调查,其结果的代表性较低。

调查方法最大的局限性还在于调查的结果一般不能直接证明某种因果关系。教育中的大量问题,常会有许多错综复杂的因素交织在一起,除了依靠复杂的统计分析和科学的理性思辨之外,一般的调查方法对于人们认识哪种基本因素在起作用帮助甚少,而简单的分析还可能导致错误的结论。

青浦县数学教改的几个重要结论,最终都是通过实验才予以确认的。

实验方法是对人工诱发现象的主动观察,其对象是未然的事实,而且是在人为控制或创设的条件下变革研究对象,以验证事先提出的某种假设。教学实验是一种特殊形式的研究活动。这种活动既是研究教学问题、揭示教学规律的认识过程,具有研究性;同时也是传授知识技能、促进儿童发展的教育过程,具有教育性。教学实验又是一种教学的实践活动,教学实践的研究与一般实验室的研究不同,教学实验的对象主要是人,人具有主观能动性,在对实验结果下结论时必须考虑这个因素。教学实验的这种两重性规定了它与自然科学实验或心理实验的不同,即不能刻板地将研究对象从整体中人为地分割出来,撇开它们与整体的总联系(包括尽可能排除各种干扰因素)而孤立地加以研究。因为对复杂的教学系统来说,研究对象如若离开了与整体的总联系,全部观察将大为逊色,孤立的研究往往不能获得真正可靠的结果。

对教育科研来说,调查的方法能够获取问题的信息,但一般无法得出具有因果联系的假设;实验的方法最能揭示现象的本质,从而获取可靠知识用以指导实践,但分解、孤立的研究与实际有距离,而且它必须以理论假设为先导。显而易见,调查和实验之间尚缺一个如何从发现问题到形成假设的中间过程,经验的实践筛选方法可以用来填补这个空白。

经验筛选法只要求现场取样,不割断研究对象与教学整体的有机联系,以真实的课堂情景为场所,着重于对客观过程作系统观察,体现出研究的生态化,因此筛选方法能够将研究结论迅速地返回到实际中去应用。而且,与以数理统计为背景的调查、实验方法相比,筛选方法增加了思辨的成分,显然有更多的人文意义。此外,筛选方法使研究者能在动态中研究(动态中包括的变量错综复杂,甚至现有的实验方法也没有能力去完美地处理)。在筛选过程中最具意义的是由经验形成假说和各个纯粹经验的建构途径。

事实上,青浦实验在筛选经验时曾经遇到这样一个难题:优秀教师创新的方法总是与他个人独特的教学方式和技巧融为一体,很难一下子从中区分出本质的和非本质的成分。从这种原型经验中析取受个体背景制约较少的纯粹经验,单靠通常的调查法已经无济于事,当时采取的各种思考方法,实际上符合了科学发现的模式。

科学发现的模式指的是科学假说形成中尤其是假说的或然性评价中所采用的程序或推理方式。发现模式的探讨可以追溯到亚里士多德,近代以来在科学哲学上较有代表性的归纳模式、假说—演绎模式和逆推模式在对教学经验进行分析研究、判明教学现象间的因果关系时,是十分有效的。

归纳模式是指 19 世纪英国哲学家穆勒提出的五种归纳方法,即契合法、差异法、共变法、剩余法和契合差异法。他认为这五种方法既是科学发现的逻辑，也是科学证明的逻辑。据此，提出命题，要对一个个经验材料加以归纳；证实命题，要分解为一个个可观察的陈述，并运用归纳法来推断。

例如，差异法是对基本相同的两事物的比较，它们除了一个特殊因素外，其他方面的因素都一样，甲事物因具备特殊因素而显现某种效果，乙事物因不拥有特殊因素而无此效果，那么这个特殊因素就是显效的原因或部分原因和条件。青浦实验总结的"组织好课堂教学的层次（序列）"以及"变式训练"等经验，就是对各方面条件基本相同的两组学生实施两种不同的教法，然后比较其效果的差别而获得认识，采用的是差异法。

契合法与差异法的含义正好相反，如果具有共同现象的两事物均拥有某一共同因素，其他方面则各不相同，那么这个共同因素就可能是某共同现象的原因或条件。以课堂教学中信息交流的研究为例，由调查可知，凡是采用提问方式、自学指导方式、分组学习交流方式以及讨论方式上课的班级，教学的针对性都比较强。所有这些教学方式都与单纯讲解方式有着明显的区别，单纯讲解方式往往是教师的单边活动，而这里的几种方式都重视了师生之间的多边活动。因此可以认为，组织多边活动应该是课堂教学针对性强的原因或条件。青浦实验总结的"让学生在迫切要求之下学习"这一经验，就是从能使学生集中注意力进行学习的诸多课例中抽取共同点而获得的，采用的也是契合法。

契合法在实践研究中是一种很有用、很重要的科学归纳法，然而一般说来，它又不是一种很容易使用的方法。这是由于：很难确定不同事物中哪一个是唯一的共同因素，或很难确定哪一个是重要的共同因素，同一现象可以由完全不同的原因引起。应用此法需要借助有关的知识和经验来分析，否则容易把次要的共同因素当成主要的共同因素而误将其当作原因。为了克服上述困难，防止作出错误结论，一般可将契合法与差异法结合使用，此即契合差异法。如课堂信息研究一例中，加上单纯讲解方式作比较，就是在使用契合差异法了。

又如共变法是关于事物内部因素与其外显现象的比较，某事物中某一因素总是与一个特定现象相伴随而变化，这一内因就是产生特定现象的原因或条件。青浦实验总结的"尝试步子要合适""回授调节要及时"等经验，就是通过对这些措施在程度或时间上加以改变，从而考察相应效果的变化而确认的，采用的是共变法。

共变法常可与差异法结合使用,如上例中再安排一个不搞尝试或回授调节的学习过程作对比,两法结合可进一步辨明原因与现象的因果联系。共变法除可在质上归纳出这种因果联系外,更主要的是还可在量上归纳因果联系的程度,例如回授调节间隔的时间与所提高的效率之间就存在着一定的数量关系。

再如剩余法是具有某一现象的复杂事物的内部原因的比较,在逐个排除可能起作用的所有因素之后,剩下的一个因素就可能是产生该现象的原因。青浦实验在总结"师生情感交流"的经验时,关于认知方面的一些因素已无法解释,于是采用剩余法而获得情感因素也对教学有相当大作用的认识。当然,由于有时剩余因素比较多,应用剩余法容易遗漏可能的原因或条件,为了避免轻率地下结论,此时需要借助其他的发现模式。

在科学发现过程中,归纳模式强调通过逻辑思维对经验事实进行加工,然后过渡到因果联系。但是,事物变化的原因和结果有时是处于不同的可观察水平上的,对一些不能直接观察其原因的因果联系,可以通过假说—演绎模式来探索其潜在的本质联系。

这一模式的特点是强调假说在科学发现中的作用,它起源于对归纳的一种新解释,其创始人是惠威尔和杰文斯。惠威尔认为归纳是一个发现的过程,是一个用准确的新概念来正确综合事实的过程,而对事实的综合要通过科学家的创造性洞察来实现。因此,归纳就不仅仅是单纯收集事实,而且是要引入一种新的精神因素,用新的观点看待事实,在对事实进行综合之前就必须有一种假说。杰文斯进一步发展了惠威尔的思想,他认为要证明一个假说必须做到两点:第一,证明该假说与得到确证的定律没有矛盾;第二,证明这个假说的一些判断与观察的事实相一致。这两点都必须靠演绎论证来实现。因此,在杰文斯那里,假说—演绎模式的程序是:①发明新概念,并用它来综合事实而形成假说;②从经验中演绎出可检验的事实命题;③将这些命题与观察实验的结果相对照。

显然,假说—演绎模式考虑到了假说的形成问题。如果把经验事实对一般原理的确证理解为归纳的话,这一模式就包含着归纳的因素。但归纳模式将一般原理的形成看作通过归纳推理或探求因果方法获得的,而假说—演绎模式则认为从事实到理论需要创造性的直觉或想象,假说或理论是为了解释事实而发明的。

例如,采用剩余法可以得知师生情感交流可能是提高认知效率的因素,但运用假说——演绎模式能更好地予以总结。事实上,面对着师生情感方面的生动素材,研究者首先引入一种新的观点:认知效率的提高除了认知方面的因素能起重要作用之外,师生情感等一些非认知的因素同样也能起重要作用——这是一个来自想象、猜测或直觉的假说。其次再从经验中演绎:在师生情感融洽时,学生比较容易接受教师所指导的学习方法,而学生对教师的喜爱,也会强化他对教师所教学科的兴趣等。最后将这些可检命题与观察结果相对照,包括对差生转化的考察,对优秀学生成长的考察等,证实均十分相符,于是确认靠直觉获得的关于某些非认知因素在提高认知效率时能起重要作用的假说。因此,师生情感交流这条经验的提炼和确认,更多的应是依赖于假说——演绎的发现模式。

逆推模式是当代较为流行的发现模式,它是由皮尔斯、汉森等人创立的。逆推或溯因实质上是从有待解释的事实出发,通过分析各种背景知识和初始条件,一步步往回探索,从而发明或选定最佳的假说,使从最佳假说及背景知识和初始条件出发,能逻辑地推演出有关待解释事实的特称命题。

当然,假说的形成是十分复杂的,必须对科学研究的前提、方式和方法作理性的分析。归纳模式期望假说从现象的重复出现中产生,假说——演绎模式的说明是现象从某个未经说明的更高层次的假说中产生。实际上,关于最初假说怎样产生的问题,前者靠归纳的概括,后者靠直觉的洞察和猜测,也就是心理因素的说明,而逆推模式则不同,它是靠从现象到假说的回溯推理。逆推模式要求研究者在所设想的多路演进的逻辑推理过程中敏锐地抓住那种具有必然联系的逻辑链条,然后在实验或实践中检验并修正它。

这一模式较之归纳更为复杂,因为归纳模式把科学发现寄托在实例多次重复后所产生的归纳飞跃上,而逆推模式则包含更高的要求,即通过逆推而设想的最佳假说要与背景知识和其他前提条件构成一个整体。

逆推模式较之假说——演绎的最大优点是,它揭示了现象和因果说明中的理论渗透,发现的主动权牢牢地把握在研究者的手中,因此它能较充分地体现研究者的主体能动性。

青浦实验关于"把问题作为教学的出发点"的教学法改革试验可以说明如

何运用回溯推理。

在这一试验中,为了达到发展学生智力的目标,从引导学生自行概括结论的教改观测资料出发到形成"把问题作为教学出发点"的假说的推理过程,既不像归纳模式那样依靠某些实例的增加或概率的改变,也不像假说—演绎模式那样从解释性的陈述到被解释的对象,而是从被解释的对象的陈述出发,追溯到解释性的假说。起初,研究者在这样两个假说之间犹疑不定:对发展学生的智力来说,教师采用概括的方法优于推导的方法,或者将问题作为教学的出发点优于直接感知教材作为出发点。最后是认知心理学关于问题解决的知识使研究者坚定了对"将问题作为出发点"这一假说的信心。因为从问题出发可以造成一种"认知冲突",使学生在愤悱状态之下学习,此时他们注意力最集中,思维最积极;另外,与概念形成、推理等思维活动相比,问题解决显得更加普遍(概念形成和推理等都直接或间接地具有问题解决的形式),它突出地表明人类心理活动的智慧性和创造性。从问题出发较之于过去的单纯感知教材更有利于激发学生潜在的智能。这说明在溯因的过程中背景知识起着很大的作用。进而研究者又设计了另一类问题,引导学生自行推导而得到结论,同样也能起到自行概括所起的发展智力的作用。由此可见,教学时采用概括还是推导并不是实质问题。

总之,在溯因推理中要发现一个具有科学解释能力的假说,不仅要分析事实,还要充分利用背景知识,通过试错的比较而逐步接近这个假说,使得从它出发到被解释的事实的陈述之间能够架起一条演绎的逻辑通道。

关于筛选过程中假说的形成,可以借助上述科学发现的模式,而科学发现中的推理模式与其说是形式逻辑的,倒不如说是辩证逻辑的。马克思主义的辩证逻辑早已指出,在科学认识活动中,具体与抽象、分析与综合、归纳与演绎、逻辑与直觉、证实与证伪是辩证统一的。穆勒的归纳模式揭示了最基本的推理形式,而惠威尔与杰文斯的假说—演绎模式以及皮尔斯与汉森的逆推模式,则需要辩证逻辑的支撑,才能真正发现事物的本质。

可以说,成功地运用各种逻辑思维方法和创造性思维方式,是提高假说水平的关键,青浦实验以自己的经验筛选法对这一认识作了注脚。

经验的建构对青浦实验来说就是将各种纯粹的教学经验有效地组合,将有效的教学经验与新的经验背景互相融合,以构成适合本县实际的处于有序状态的经验系统。如果说经验纯粹化,即形成高水平的假说可以依据科学发现的模式,那么经验有序化则需要研究筛选过程的控制理论。

现代耗散结构理论认为,一个远离平衡态的开放系统,通过不断地与外界交换物质和能量,在外界条件的变化达到一定的阈值时,可从原有的混沌无序的状态,转变为一种时间上、空间上或功能上的有序状态,而从无序状态到有序状态的必要条件是不断反馈调节,使各项因素达到最佳水平。这种不断反馈调节在经验筛选法中就是淘汰、发展、优化以及多次重复。

事实上,青浦实验在筛选经验的过程中更多的是倚重于中国古代教学理论典籍中所蕴含的反馈思想,《学记》中说:"学然后知不足;教然后知困。知不足,然后能自反也;知困,然后能自强也。"这段话可用下图表示。

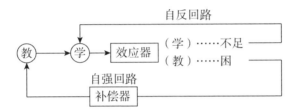

学→不足→自反,教→困→自强,这种反馈模式利用特定的回路促成"教学相长",可以说是经验筛选法的思想渊源。当然,发现模式和反馈模式对经验筛选来说各有作用,经验筛选法的要义是在采用反馈手段的行动研究中引进了科学发现的模式,这样可使行为改善与假说的建立、检验同步进行,其意如下图。

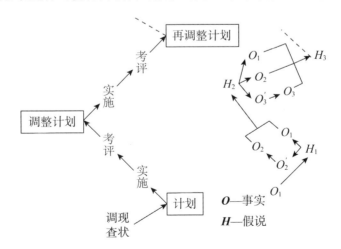

左边表示行动研究的一般程序；与之相应，右边则表示一个科学发现的过程。其中 O_1、O_2、O_3……分别代表某些事实；H_1 是第一次假说或称预设，H_2、H_3……分别代表经过若干次修正或补充后的假说。从 O 到 H 是个归纳过程，当然 H 也可以由直觉猜测或使用逆推法得到；从 H 到 O 或 O' 是个演绎出可检事实的过程，这里，O 是已经存在的事实，O' 是计划中即将出现的新事实，经过实施，O' 修正为新的已经出现的事实 O。

对科学研究来说，假说是发展科学理论的重要途径，教育科学假说的形成是一个漫长的过程，在研究的初期，人们往往很难一下子找到准确完整的科学假说，最初只是形成一些在内容和形式上都包含多种不足的初步推测，然后通过认识的不断深入，使其中的某些推测得到发展和完善，进而构成科学假说。那么，这样一个不断完善的过程是怎样实现的呢？

首先是基于理论或经验事实的某个预设 H_1，由它可以推论出可检事实 O_1、O_2'，然后经过实施，O_2' 修正为 O_2，于是预设 H_1 也相应地修正或补充为 H_2，这个过程不断进行，就像恩格斯所指出的："需要使用新的说明方式——最初仅仅以有限数量的事实和观察为基础。进一步的观察材料会使这些假说纯化，排除一些，修正一些，直到最后以纯粹的形态形成定律。"

在筛选教学经验的时候，图中左边和右边所示的两种过程是对应地同步进行的，科学发现的模式与实践反馈的控制理论融合在一个研究过程之中，形成两者取长补短、相得益彰的内在机制，从而产生了极其显著的实际效果。一方面，这个机制使科学发现的诸多模式能在动态的、辩证的过程中进行，从而可以摆脱这些模式自身的形式逻辑或心理主义的局限性。另一方面，关于教学行为的反馈调节，勒温的行动研究仅仅依据实施某种行为后产生的结果事实来调节行为，处于"黑箱"控制这一初级阶段，引进了发现的模式，可以变"黑箱"控制为"明箱"或"灰箱"控制。也就是说，随着科学假说的不断纯化，可以增加对象内部活动规律的透明度，使人们既了解结果又了解过程规律，从而使反馈控制更加有效，结论更为可靠。

作为科学的方法体系，必须充分运用每一方法的特长，使之互相补充、合理结合。就教育改革的实践性研究来说，青浦实验综合地采用了调查、筛选和实验三种方法。由于研究阶段的区别，各种方法在使用的侧重程度上有所不同，整个研究方法的总流程可用下图表示。

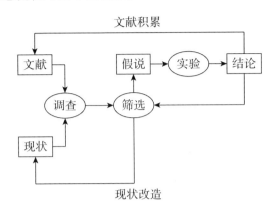

上图显示了青浦实验的网络状研究结构。从现状和文献的调查引出各种问题,获取大量的具体经验;由筛选经验而形成纯粹、有序的经验系统及与其相应的假说。这里,筛选是整个研究网络的核心。一方面,筛选所得的假说可通过自然实验或心理实验加以验证,以便揭示教育现象间的因果关系,所得结论归入科学水平的文献积累,这是一条旨在构建理性认识的研究主线;另一方面,无论是筛选所得的经验系统,还是实验得出的结论,都应与新的经验背景相融合,或经过进一步的筛选,以便在教改实践中得以传播,改造现状,这是一条旨在实际应用的研究主线。整个研究过程的总体思路可以这样概括:针对现状,从普遍性的问题出发,归结为专门性的课题,然后开展研究方法的探索并使之进入实施,最后将取得的科研成果传播、物化,创造新的现状……,如此周而复始,不断深化。

经验筛选法在青浦实验中的特殊作用,初步显示了它在方法学上的重要意义。第一,它提升了勒温提出的行动研究的价值,因而对行动研究法具有发展意义,使行为改善的过程同时也成为科学发现的过程。第二,它阐明了从经验到科学假说的发生机制,使教育科学的常规研究方法——调查方法和实验方法之间存在的空缺有了切实可行的填补方法。第三,它对教育实践活动具有实际指导意义,为群众性研究如何从原型经验提炼出纯粹、有序的经验系统提供了可行的道路。教育改革的实践性研究如能由此而增强应用活力,纵然只对方法学而言,也是很有意义的。

传播与接受理论导入推广过程，使教学经验的学习更自觉更理性

教改研究的目的，最终在于改变和改善现状。研究的成果，包括提炼的经验以及由此概括的理论，不只是为在研究者所处的小范围指导实践之用，而且要争取更大的社会效益——同时也是在大范围的实际教育环境中接受检验。因此，教学经验乃至教改研究理论成果的推广也是教育科研的题中应有之义。先进的教学理论、教学方法以及作为它们载体的教学经验如何向学校推广普及，这个问题应该进入实践性教育研究的方法体系。

青浦实验从教改启动之初起就比较注意有目的、有计划、有步骤地组织全县教师进行学习，采用多种方式将最新的研究成果及时贯通到教学第一线，这是它之所以能取得实效的一个重要原因。教学经验和教改成果的推广，可以看作一个传播—接受的过程，从创造者与组织者对它的积极传播，到广大教学实践者对它的认同接受，其间需要作一番深入研究。运用传播理论和接受理论指导这个过程，似能有助于实践者自觉而理性地接受传播经验和成果。

传播理论是 20 世纪 20 年代在美国形成和发展起来的，它研究的主要是信息如何由点到面的问题，40 年代开始对教育活动进行研究。接受理论现在在社会科学研究中还是一个亟待探索的新领域，它与传播学中的受众理论有关（后者甚至是它的渊源之一），研究主体对外来信息的反映、选择、整合、内化等问题。

从系统论的角度看，传播与接受可以看成同一活动过程的两个不同侧面，它们实质上是一个密不可分的综合系统。前一个侧面以主体对客体信息的传递为中心，参与这一过程的有传递者、传递信息、传递媒介、受传者和传递环境五个基本要素，活动的核心是传递者将信息迅速准确地传递给受传者（接受者）；后一个侧面则以主体对客体信息的接受为中心，参与这一过程的有接受客体、接受主体、接受媒介、接受环境四个基本要素，活动的核心是接受者对信息的择取、解释、理解、整合。这两个侧面中的一些构成要素是相互重合的，如所传递的信息与所接受的信息、受传者与接受主体、传递环境与接受环境都是一致的。

传播—接受的过程，是社会、自然和精神客体与认识主体之间相互作用的过程。传播活动和接受活动在一定意义上说，正是人类教育活动的两端。研究传播、接受的本质与特点、过程与条件，对于提高活动的效果与效率是很有必要的。探索教学经验和教改成果推广普及的方法，也离不开这些研究。

　　青浦实验在进入推广与发展阶段时，就理所当然地把经验的传播—接受作为探索和研究的主要对象，以此发展和深化对教改全过程的认识。

　　一般的社会传播，如新闻传播、技术革新成果推广等，都要通过信息流、感情流和影响流而起作用。新闻传播的真正影响力并不在于新闻媒介传递的信息流量，而在于它的信度和力度。既真实可信又有力量的信息，才能广泛深入地传播开去，启示人们作出决策性的选择。技术革新成果的推广，通过提供各种比较翔实的资料，以知识质量来引起人们的充分关注。推广者在传播某个技术革新项目的知识的同时，也涉及对它的可靠性的解释，竭力运用已获取的效益来证明技术革新成果中的知识信息是真实的、准确的，从而达到"劝服"受者的目的。推广的关键在于"劝服"，前提在于革新成果的新颖、可靠。只有这样，才能被受传对象接受，实现技术革新成果的转让。教改研究成果的传播如同其他的社会传播一样，也是"三流"综合发生作用的过程。它显然也会受到感情的影响，也需要"劝服"和作出有力的决定，但必须指出，这种传播确有其独特之处。它既不同于新闻传播所具有的共赏性，又不同于技术革新成果推广所具有的转让性。

　　教学理论的接受问题，通常要受到理论本身的科学性、价值性、相容性等因素的制约。如果一个教学理论经受了严格的检验并被判明具有很高的科学性，则该理论容易被接受。当然有些教学理论因客观条件所限不能立即在实践中得到检验，但只要这些理论提供了超出接受者已知范围的教学新知识，在普遍性或深刻性方面达到新的水平，并且表明自己的可检验性，那也能被人接受。如果一个教学理论能满足教学实践者的某种需要，那么该理论对他来说具有一定价值，因而容易被接受。当然人们对价值概念的理解存在着很大分歧，但只要这个理论具有科学性和先进性，有利于揭示和认识教学过程，有利于解决实际问题，那么它就是有价值的，因而也容易被人接受。如果一个教学理论拥有较大的相容性，即其自身内部具有逻辑简约性和一贯性，而且与以前的教学理论保持协调,则该理论容易被接受。

当然,任何教学理论都不可能脱离以前理论的土壤而存在,不可能离开对前者的批判继承而绝对新颖,但只要这个理论无论在基本概念、基本原理方面还是在逻辑结构方面及与以前理论的相容性方面都要比其他理论优越,那么它就容易被人接受。教改成果的接受,包括概括成果的理论和成果包含的纯粹经验甚至某些具体经验,当然也涉及它们的科学性、价值性和相容性。

教改成果一般都经过实践检验,它的真实性、真理性理应无须怀疑,但其在大范围内的推广却需依赖它的理论支持力度,同时还取决于接受者对它的认同。由于接受者在思想观念、理论水平、文化背景甚至社会地位和经济利益等方面的不同,必然会导致他们在价值取向上的不同。此外,作为成果体现的理论和经验,能否通过同化或顺应,与接受者的认知结构相容协调,也自然影响到成果的推广。

因此,就教学经验和教改成果的传播与接受的本质而言,它们主要是一个选择和内化的过程。青浦县数学教改经验取得了跨学段、跨学科、跨地域推广的成功,正说明了这一点。

首先,教学经验的传播—接受不宜采用强制手段,而应让接受者自愿选择。人们接受教学经验,必然是有选择的,这可称之为"选择性接受"。

一方面,"认知不协调"理论认为接受者总是回避同自己原有的认知要素(知识意见)对立的(不协调的)信息,而积极接触与之协调的信息。接受者一旦接触到不协调信息,要么弱化认知要素和信息的不协调关系(如重新寻找协调的信息),要么故意歪曲不协调的信息。这个理论说明,经验的传播,并非仅仅依靠传播媒介就能解决问题,因为它只是传播的外在条件,而传播的内部依据则是接受者固有的认知要素与传播信息之间的协调。因此,经验传播—接受过程中,绝不能责怪接受者持不同态度——这在一定条件下是必然的,因为认知不协调是常有的事。

另一方面,价值取向和情感要素也会影响人们接受教学经验。教学既是科学又是艺术,教学经验既包括人们对教学规律的认识,又蕴含了人们对教学活动的价值判断和情感依恋。教学经验的升华是一种教学艺术。科学的价值在于不断前进,艺术的生命在于不断创造,教学经验的发展是永无止境的。教学规律尚可"言传",但含有感情色彩的价值判断则常常要靠"意会"。"不可言传，只能意会"的内容给传播带来了一定的难度。可是一旦人们接受了某个教学经验并把它纳入自己的价值体系和情感领域之中，就会产生对掌握教学规律的执着追求。

因此，教学经验的传播—接受过程要十分重视传者和受者在各方面的"贴近"，既包括对规律的认识，也包括价值观和感情，同时还要努力提高经验的可接受性。正因为如此，传递经验必须坚持两点论，不能说满话，既要讲特点又要讲不足与局限性，只有看到不足才能有所提高，害怕批评等于毁灭进步；受传经验应当提倡致力于寻找共同的认知要素和情感要素，并尽可能取得一定程度的协调，强调各种风格、各个流派兼收并蓄，择善而从。

其次，接受教学经验不能照搬，而要内化。

教学经验来自试验和创造，可是一旦进入传播阶段，人们往往就希望把它搞成固定不变的模式。于是一条条意见、一项项规则接踵而来，最后甚至变成连细枝末节都考虑周全的操作工艺，结果，经验的外壳越来越坚硬。这虽能迎合一时的需求，避免外来的挑剔，但却违背了教学研究的初衷，扼杀了经验的生动性、丰富性和深刻性，以至于走向创造的反面。

任何一个教改成果中的生动实例，都不是可以原样照搬的。这是因为这个实例只能用来表明哪些教学原理可以运用，以及运用这些原理的方法；而它在应用中出现较好的效果，又是以当时当地的各种特定因素——原有基础、现有条件（包括心理与环境氛围等）为前提的。因此，对已经获得成功的教学实例，如法炮制不一定能同样获得成功。这种并不成功的现象，正好从反面说明受纳教学经验是一种艰苦的再创造过程。当然，为了显示成果的有效性，为了便于教学经验的传播，提供一些通用模式也未尝不可，如展示一些观摩教学、典型课例，介绍一些操作方法、具体措施等。

青浦实验在推广成果的过程中，始终注意并重视操作规程的设计，以此帮助全县教师能顺畅地将经验付诸教学实践。同时也再三强调，不同学校、不同学科、不同教师不应机械地模仿同一种做法，只停留在接受人家已有经验的水平上。否则邯郸学步，最后连自己原有的经验也会丢掉。每所学校、每门学科、每个教师都应当从自己的实际出发，把学习别人的经验与总结提炼本地区、本学科、本人的经验结合起来,最终能够扎根生长的必然是有地区特点、学科特点、本人特点的经验。

因此,对受传者来说,接受教学经验其实是上升到原则或原理高度的一种再创造——首先是接受者的大脑对外界发送的包含众多教学经验的信息进行反映,这些信息进入主体意识之中;接着需要他运用正确的教育思想、教学论知识去认识、鉴别各种经验成果,根据一定价值标准进行选择;然后他可以结合自己的经验、特长,对别人的东西作一番改造制作,使外来信息与主体接受"视界"(即所能达到的可能的理解范围)融合,实现再创造;最后在他自己的实践中检验修正这种再创造,使之内化为自己的东西。外在的教学经验只有通过这样一个过程,才能进入受传者内在的认知结构之中,成为指导实践的依据。

如果把教学经验的传播—接受当作一种信息活动过程,那么提高活动效率首先得研究活动的形式或形态。传播学关于传播形态的研究对开辟教学经验和教改成果传播—接受的途径颇有借鉴意义;而且在某种意义上,传播是一种特殊形式的接受,传播学的某些规律与接受学的规律是暗合的。

信息传播有人际传播、组织传播、大众传播等形态,青浦实验在成果推广阶段借助这三种形态协同进行。

第一,提倡教师之间,教师与教研、行政管理等有关人员个人之间面对面的人际传播。这种传播局限于少数人,这些人仅仅属于经常接触的人群范围,因此传播的覆盖面不大,获得信息的人不多。但人际传播以人的个体交往为媒介,自由运用口头语和态势语,可以达到声情并茂、心领神会的境界。这种传播的偶发机会多,方式不固定,传者、受者受情境影响较大。因为是同事、同行、熟人,又因为是少数人,所以传递信息的自由度较大,同时两者可以随时进行角色交换,相互交流,各抒己见,这样易于双向、多向沟通,反馈十分灵活和及时。所传递的经验信息只需受者理解就可以,不必讲究规范性和标准化,有时一举一动就可以表达出一个意思。在交往关系亲密的情况下,相互传递的信息可能极不正规,甚至可能有多余或含有"水分",即夸大了的信息。

第二,重视通过教育行政机构、教育研究机构(包括学校的教研组、科研组)以及学术团体(教育学会与学科分会等)有组织地传播。组织传播的面可以达到某个组织或团体所属人员的多数或大多数,获得信息的人要比人际传播多。这种传播的主要媒介既有以文件为主的文字载体，又有以会议为主的语言载体，如成果报告会、经验交流会、现场观摩会等，其形式往往是自上而下的，显得严肃认真。这种传播的机会有一定的限制，传播的内容和手段、时间和方式、对象和场合等都有较严格的规定，信息渠道由组织的结构所限定，传者和受者的角色取决于他在渠道上的位置，很少有双向、多向沟通的机会，因此反馈不够及时、不够灵活。用这种方式传递的信息，具有某种程度的规范性，组织系统内部共用的专用词语以及习惯用语在传播中频频出现，而过分一般化的表述用得较少。

第三，注意采用大众传播媒介的手段。这种传播无论在时间和空间上，甚至在传播的直观、形象等方面，都有着比前两种传播更大的受益面，但由于它是大众性质的传播，因此受者之中往往有大量不相干的人。大众传播的媒体在现代社会日益丰富，不仅有印刷媒体，还有电信媒体，它们对受者有很大的吸引力和导向力。传播过程经过精心安排，按规定时间进行，传者作为职业而固定化，没有角色交换，因此传播后的反馈是困难的。传递的经验信息，因其形式的公开，所以带来了较强的原则性或一般化，而且由于时间、篇幅等限制，往往因过分浓缩而削弱了它们的生动性和丰富性。

为了提高传授效果，经验传播必须充分利用这三种形态，并考虑到它们的特征，做到扬长避短，取得互补效应。

具体地说，在传播教学经验的前期准备阶段，应当充分利用人际传播和组织传播两种形态。目的在于，一是运用人际传播先在小范围内扩大试验，让人们深入地、充分地发表各种意见，并随时搜集反馈信息，调整原有经验，使之更适于传播；二是运用各种组织传播媒体形成学习氛围，激起组织系统内大多数人对教学经验的学习热情，扩大其影响，为正式传播奠定良好的基础。

经验在正式传播的过程中，则需三种形态的密切配合。例如大众传播媒介，开始时对教改经验本身的报道，可以激起人们的关注甚至兴趣，形成一定的社会影响；此后，对传播中相互学习、借鉴以及再创造和取得成就的报道，则可促进传播的持续和深入。但更重要的是，传播组织应在关键时刻适时地采取相应的举措，如开始时发出的通知、指令、文件，组织报告会，到以后的学习经验交流活动，相互观摩，选编有效传播的案例，表彰典型等，这一切可以产生强大的影响流并显示组织者的持久力。

当然,在传播的整个过程中,必然会出现许多问题,其中包括质询、怀疑和提出不同意见等。了解这类问题,并有针对性地交流切磋,此时人际传播是最有效的途径。特别是在传播深入之后,必须充分地将人际传播和组织传播结合起来,通过人际传播等渠道搜集对经验的不同意见,及时改进或作进一步解释,待到有了一定的积累,再通过组织传播,用研讨、介绍等合适的方式求得理解。因此,在教学经验的传播过程中,应当充分地利用人际传播的亲近性,对经验作反馈、修正、充实和深化;利用组织传播的权威性,使传播规范化、合法化、合理化;利用大众传播的公开性,使经验社会化,扩大其影响。

传播—接受过程从信息的输入输出角度分析,可用下图表示。

输出的信息通过相应的载体和渠道传递给受者,受者首先要完成"符号读解"过程,即了解、认识经验信息的基本要素,包括思想、观点、观念、目标,还有执行过程、完成的途径、方法、手段及成功的基础与条件等等,而后方能进入选择和改造的阶段,取人之长补己之短,将外来经验与自己的、本学科的、本单位的已有经验初步结合,以适应本单位、本学科和自身的基础和条件。完成了选择改造任务,此时受者又向传者转化,首先进入操作和内化的阶段,通过一定数量的实践,逐步使外来经验与自身经验有机地融合起来,并发展为新经验,然后将新经验"符号化",即将新经验用通用的语言、文字等方式表达出来,最后经过相应载体和渠道而输出信息。

如此周而复始,就是教学经验传播—接受的一般流程。其中,选择改造、操作内化,就是筛选的过程。在这里,输出信息与输入信息之间有时存在着不一致或反差现象。产生这种现象有两个可能,一个是被传播的经验,经过受者的读解和筛选之后深化或丰富了,于是经过多次传播,这个经验不断被赋予新的意义,这是人们所希望和渴求的。另一种可能是,被传播的经验,经过受者的回避或排斥之后,被曲解或误传,于是经过多次受传之后,也许面目全非,这是人们不希望和力求避免的。

经验的传播、成果的推广必须具备一定的条件,有条件就能传播,没有条件,则应创造条件,使之有利于传播和推广。从青浦实验的推广实践考察,这些条件至少应包括以下几个方面。

第一,经验和成果的内容本身,即传播源必须具有科学性、先进性和实践性,并且具备一定的精神感召力。缺少科学性,经验就不可能正确地反映教学的客观规律;缺少先进性,经验就不可能符合时代前进的方向,无法引起人们的关注;缺少实践性,经验本身就难以产生或难以在指导实践的过程中发挥实效,而有价值的经验和成果必然具有良好的实践性。上述三性与经验传播源的精神感召力有着非常密切的关系。经验的精神感召力往往是内在的,外力的推动常常无济于事。这种感召力,在成果推广的"劝服"阶段,尤其能显示其内在的力量。"桃李不言,下自成蹊。"只有具有"桃李"般的感召力,人们才可能不畏艰难,一步一个脚印地前进,最终获得教学经验再创造的硕果。当然,传播者的社会地位与个人威信,也是一种感召力。威信越高,令受者信服的效果就越明显,但过分强调这一点,又会带来消极后果。

第二,传者和受者都必须具备运用语言符号进行交流的能力。传播—接受是个互动过程,是传者、受者相互影响的一种活动,他们双方是否具备有效交流的能力,便成为经验传受的重要条件之一。因此,传者应具备一定的语言和文字的表达能力,对经验和成果的概括以及使之"符号化"的能力;受者应具备一定的听与读的能力,语言文字理解能力,对"符号读解"的作业能力等,所有这些对经验的传受都起着很大作用。此外传受还会受到传者、受者彼此间印象和感情等的影响,有时甚至还会受到各种社会陋习的干扰。因此,在经验传受过程中,传、受两者必须本着谦逊、友善的态度,坚持实事求是的原则和朴实、严谨的作风,只有这样,才有可能使经验得以顺利传受。

第三,受者的经验背景和原有倾向必须直接适于或经调整后适于所受传的经验和成果,这是受传对象应该具有的认知条件。经验和成果只有通过受者的选择和内化,才能获得传受的成功,而受者的经验背景和原有倾向对外来经验和成果的适应性,直接影响着对经验、成果的采纳或排斥。应当着重指出的是,传受要有实效,必须从每个教师认知要素的实际出发,区别对象、分清层次,然后在不同层次上确定不同对象受传的内容与水平。例如教与学的水平,从青浦县实际看,至少可以分为机械记忆、讲授理解和指导探究三类,因此在推广过程中青浦实验曾采用分类指导的办法,取得较好实效。传播要提倡区别对待,但不能人为地划分档次,甚至称颂一部分人指责另一部分人。

第四,受者无论自觉还是不自觉,都必须具备内化经验的行为条件。也就是说,受者必须在自己的教学实践中进行"计划—实施—评价—再计划—再实施—再评价"的工作,不断循环,反复试验。有的教师自觉地采用这种研究方法,有的教师虽不自觉但实际上仍然遵循着"实践—认识—再实践—再认识"的规律。不管怎样,这种行为条件可以保证经验的传受在操作中内化,而且富有创造性。

在这里,整个传受过程必须体现现代教学的若干特点。现代教学的特点是:集体的努力,实际的经验,对儿童的深切了解,以及教师与教育研究人员、教师培训人员的密切合作。可是,这样的行为条件势必增加受传对象的负担,而且还有一定的难度。正如瑞士心理学家皮亚杰所说:"一般地说来,我们愈是要改进我们的学校工作,教师的任务就愈繁重;我们的教学方法愈好,这些方法就愈难以应用。"正因为如此,所以在研究经验传播、成果推广这个问题上,对受传对象确实需要有态度和业务素养方面的更高要求。

总结推广教改研究成果的认识,旨在引导学习者更自觉更理性地接受它们,这里必然会涉及对成果的评价问题。青浦实验在推广教改成果时,主张至少要在三个方面深入考虑。

第一,注重教育思想和教学论依据的评价。教学经验和教改成果最重要的方面,应该是教育思想的具体贯彻。教育思想决定、指导着教改实践的方向。只有教育思想端正,而且又能在教改实践中充分体现出来,并得到广大教师的认同,才是教学经验和教改成果在推广中取得的根本性成就。评价推广的成效,首先应该关注这个方面。此外,教学理论的学习和应用也是衡量经验和成果推广有效性的一个重要方面。一种成功的教学经验必然吸取了教学论、学习论或认知心理学等学科的理论营养,传播这个教学经验,无疑在传播上述理论,衡量经验传播的深刻程度,也自然要衡量它所蕴含的理论被接受的程度。

第二，要看结果，更要看过程。通常，人们关注的往往是经验传播的结果，而忽略了成果推广是一个过程。结果只反映出某个阶段终了时的状态，而过程则显示了各个阶段运动变化的轨迹。考察教学经验传受过程的轨迹，比单纯看结果更能取得有说服力的依据。从过程方面评价受传个体，可以考察受者是否认真摄取新的知识经验，并由此丰富对教学的认识，显示出比以前更恰当、更有效的教学行为；或者教学经验对受者的行为虽然一时没有明显的帮助，但是否由于参加经验的传受带来了自身的充实感，从而为教学行为增加了活力。评价受传集体，可以考察其在确定集体目标、计划等意向以及各成员的角色行为中是否提供了有用的信息，从而对集体活动具有导向和促进作用。

第三，注重推广实效，但不要片面地将它与考试分数绑在一起。推广经验，其根本目的在于提高教学效果，学生的学习成绩显然是重要的衡量标志。但教育的对象是人，人是复杂的，人有各种素质，考试分数只是一个方面的反映，不是其全部。而且在受传经验、提高成绩的过程中，出现反复是经常会有的事，因为造成成绩变化的原因是多方面的。如果把推广经验片面地与提高分数绑在一起，那么这种推广便有可能走向违背教学规律、片面追求分数的歧途，这与教育改革的宗旨——让所有学生都有效地学习，无疑背道而驰。

小　　结

教育改革的实质在于追求教育实践的合理性，合理性是合目的性与合规律性的统一。合目的性是指教育改革的结果要与预期的目的一致；合规律性是指按教育的客观规律办事，它制约着合目的性。教改研究即是寻求引导教育实践趋于合理的可行途径，教改实践中要警惕在预期的发展方向上没有出现真正变化的"虚无事件"，这就有赖于教改实践方法的提升和研究主体的变革。

青浦实验在多年的探索中找到了实践性教育研究的一个模式（调查—筛选—实验—推广），同时又以探索中形成的教改积极分子的作为证实，脚踏实地的教育改革需要教师成为研究的"局内人"。

其实，教师对自己所从事的教育教学实践的主动研究，以改进个人的施教行为和推动教改的进行，这已成为当前国际教育研究的一个新动向，它主要体现于 20 世纪 80 年代末在西方国家迅速兴起与发展的"反思性教育实践"。其原因主要是：受 20 世纪反思性文化的熏染,强化了教育主体的反思意识,"反思被广泛地看作教师职业发展的决定性因素";追求教育实践的合理性,是反思性教学的根本动力。反思是教师以自己的教学活动过程为思考对象,对自己所作出的行为、决策以及由此所产生的结果进行审视的过程,是教学理论和教学实践之间的对话。

有两种教师反思模型:埃拜模型是由如下三个过程构成的连续统一体——反思性计划(初步判断、考虑备选策略、确定合适的计划),反思性教学(将计划付诸行动、观察课堂情况、提出问题),反思性评价(搜集资料、分析资料、再作判断);考尔德希德模型包括如下三要素——动力(即动机,推动反思的心理力量),行动(反思付诸实施,包括情境、过程、态度、内容),结果(获得新的理解力,解决实践问题)。其优势大致有:"学会教学"与"学会学习"相结合有利于教师整体水平的提高,能比较合理地发挥教师的主观能动性,这种实践的审议能"把经验与理论或哲学的探究结合起来"。在反思过程中,教师要花功夫积累来自第一线的丰富而生动的教学案例,通过专家教师和教学新手的比较研究,或来自外部的合作与指导,提高实践研究的水准。

教改研究的价值在于提高教育实践的成效,其关键是研究成果要被广大教师理解、接受并及时转化为各自的教育实践。因此,如何提高成效自然是实践性教育研究的题中应有之义,青浦实验将寻求切实有效的成果推广模式列为方法研究的课题,并在探索过程中形成了比较有效的做法。

首先是发挥行政主导优势,推动决策、研究、实施三方形成合力。

教改研究成果所具有的社会效益不只取决于本身的内在价值,而且也受对成果推广的宣传、组织、指导等的影响。成果推广固然不宜采用强制手段,但需要得到各级领导的支持。推广是个由点到面的扩展过程,这一过程得以顺利进行,除了成果本身的内在价值外,离不开领导部门和领导者对成果意义的首肯,为成果的展示、宣传创造条件和对成果价值大面积实现的嘉勉。

在 20 世纪 80 年代末、90 年代初,青浦县数学教改成果走向全国之际,县政府和县教育局都曾将推广本县数学教改经验纳入社会发展规划和年度工作计划。教育行政领导带头树立依靠教育科研的观念("科研兴教"),亲自下水、深入教改实践,对重大问题把好决策关,并且及时将带有方向性又迫切需要解决的问题提供给研究人员,归结为科研课题,积极推动教研部门和第一线教师开展研究。研究部门集中力量进行课题攻关,并且及时做好使研究成果转化为教育实践的中介设计,同时为领导部门提供有实践价值和理论依据的咨询意见,进而在决策、实施双方之间发挥桥梁和纽带作用。作为实施一方的中小学则坚持从实际出发,创造性地运用教育研究成果,切实提高教育教学的质量和效率。上述三方引进协同机制,建立密切联系是教改研究成果推广取得成功的重要保证。

其次是植根基层,形成网络,逐步扩大推广的层次和范围。

教改研究的源头活水来自基层学校,来自课堂,它的成果的推广就必须从真心实意地服务基层做起。青浦实验着眼的是健全专兼职教研人员(科研人员)相结合的工作制度,形成分级指导的研究网络(县、"片"——毗邻的几个学校、校三级),使教改成果顺畅地贯通到教学第一线,使推广活动牢牢地扎根于基层。

全县内的推广分下列几个层次进行,第一层次是将一部分成果物化为每位教师都应遵照且都能操作的教学常规,使某些教改措施直接产生实际效益。第二层次是有针对性地抓住各支教师队伍,分别提出要求。教师对研究成果的认同度与其理论素养、经验背景、工作年限等都有一定关系。向新教师提出的要求是对教学常规(成果的体现)的认同,先解决"知其然"的问题;对骨干教师则还要求"知其所以然",包括掌握产生成果的过程乃至学得获取成果所需的精神。第三层次是抓好试点学校的推广,发挥其带头作用,并作为继续研究的基地。推广的范围首先是数学本学科内,取得成效与经验后再由单科迁移至多科、由智育扩展到各育,启动全县教育的整体改革。

再次是在推广过程中正确处理继续研究、交流互动、兼收并蓄的三角关系,使教改成果保持旺盛的生命力。

教改成果推广的效益与对其继续研究本身"后劲"的大小密切相关,原有成果如能通过推广过程得到持续发展,则推广的效益就大。这就需要逐步提高研究成果的理论概括程度,使其由属于经验范畴的"原型"发展为以理论作坚实支撑的"成型"。对青浦实验的推广实践来说,研究始终保持领先一步;并且每个阶段的研究动态和理论进展，又依据多种途径以不同方式取得与实践的沟通。这里，不断地充实成果原型的理论底蕴，使研究占据新的理论制高点，则是扩大推广效益的关键。

推广中继续研究的初衷在于成果自身的完善，但如果仅限于一地一隅的闭门研究是难以实现的。青浦实验着力使成果推广走出青浦，期冀在与各地教改研究的交流互动中提升自己的价值。这些年来，全国各地教育界人士络绎不绝地来青浦考察、研讨教改，青浦县数学教改实验小组的教师也经常应邀外出学习、讲课。通过相互交流，不但青浦总结的经验能在外地得到验证，而且各地的教改成果又滋润了青浦的教改园地。一个地方、一个方面的教改成果如能借助互动交流得到充实，则成果推广更有理由要求兼收并蓄而不可搞"独家经营"。就青浦实验而言，数学教改研究成果在本县推广后，各个学科根据迁移、内化原理也创造了众多成果。这些新成果不是对原成果的否定，而是包容了它的内核，因此以后的推广就不是排他性的，而是择善而从。

最后，评价成果推广的效果不能只看一时的显在结果。

决定教育质量的是个复杂的因素系统，但教师是它的基本创造者。教育科研成果要在教改实践中发挥实际作用，最终还是取决于它的承受者——教师。通过推广，教师的教育思想得到更新，业务素质有了提高，教学态度获得匡正，这些潜在的积极变化才是推广的最大成功。在推广过程中，青浦实验所追求的是数学教改实验小组垂范的艰苦创业、自觉奉献、锐意改革、不断进取的职业精神，着眼于教师队伍整体素质的提高。

青 浦 实 验

——一个基于中国当代水平的数学教育改革报告

顾泠沅

摘要

自 1977 至 1992 年,我们在青浦县(可视为当时中国的缩影)开展一项大规模的教育改革实验,使全县中学生数学的合格率从 16% 上升到 85% 以上,国家教育委员会将此定为基础教育改革的重大成果并在全国推广。本报告简要介绍适合于教师群体的实验方法的独特体系,以及让所有学生有效学习的教学原理与策略等实验成果。

1. 从困惑走向成功

青浦县是中国上海市所属的一个县,全县面积 600 多平方千米,人口 40 余万。20 世纪六七十年代,由于十年社会动乱,中国的教育受到了灾难性的破坏,青浦县也未能幸免。1977 年动乱甫止,我们对该县全体中学毕业生作了一次最低水平的数学知识考查,4 300 余人得分率仅 11.1%,零分人数占比高达 23.5%。那是中国数学教育史上最暗淡无光的时期,青浦县堪称全国的一个缩影。以此为起点,我们在该县开展了一项大规模的数学教育改革实验(简称青浦实验,1977—1992),前期旨在改变落后状况,嗣后致力于理论总结(1987—1997)。实验的口号是:"回到数学教育的规律去!"为此,必须求助于教育科学研究。

如何从青浦实际出发开展改革实验,这一来自实践的困惑正是当时亟待复兴的中国教育的写照。借鉴国际上的经验教训是十分重要的。事实上,自20世纪50年代开始,各经济发达国家为着实现改革教育的宏大目标,空前地重视对教育的研究。然而时隔不久,由于经济和政治等方面的原因,整个70年代却是"对教育研究失望的时期"[1]。当时从工业界移植过来、原先成功地用于技术开发的"研究(research)—开发(development)—推广(diffusion)"模式遭到猛烈的抨击。从教育研究方法的角度看,这种从学者到教师的直线式的单向过程,在研究者和实践者之间人为地设置了一道鸿沟,由此导致研究成果连同它所开发的新编课程在学校实施时倍受挫折。人们开始放弃旧方法和寻找新的研究模式,并认为新的模式应有利于解决实际问题,有益于发挥实践者的作用。正如英国当代著名教育家史坦豪斯(L. Sterhous)所说的:"教育要取得重大改进,就必须形成教师能够接受又有助于教学的研究传统。"[2]我们的改革吸取了上述教训,转而鼓励教师成为研究、开发工作的局内人,并在寻找新的研究模式的探索中形成了自己的研究路线:调查—筛选—实验—传播。循此,青浦数学教育改革达到了预期目的。自80年代中期以后,全县中学生数学成绩合格率从原先16%达到并稳定在85%以上。在国内专业刊物上发表的各种研究报告迄今已达100多篇,由国家著名出版社出版的实验总结和理论专著有《学会教学——青浦教改实验过程》《教学实验论——青浦实验的方法学与教学原理研究》等。1986年,实验小组被上海市教育局命名为"顾泠沅数学教改实验小组",实验初步成果在全市推广。1990年,由国家教育委员会有关部门组织的18人专家研究小组经9天实地考察,认证青浦实验,两年后国家教委将此定为基础教育改革的重大成果并向全国推广,目前已在不少省市取得实效。

青浦实验以新的实践把理论推向前进,在基本原理与研究方法上有所突破,重要的论述有:

• 数学知识的最佳呈示应是个"套箱式"的过程。只有确立每个套箱的最佳结构及其间的适当梯度,才有理想的教学效率。成功的教学恰巧在于把握好原有知识固着点与新问题间的"潜在距离"。

• 数学学习过程的最佳模式应是"接受式"与"活动式"的正确结合、相互补充。学生的外部行为(包括语言)活动可以内化为内部的心理活动,这对学习过程的组织无疑具有指导意义。由此可以构建把人的行为活动和心理活动共同作为中介的新的学习模式。

· 实验表明,认知领域的教学目标由更基本的记忆、理解和评判三大内隐因素所决定,通常划分的数学教学目标可以简化。据此,不同方式的习题训练对应着不同的目标水平,变式递进的训练对提高教学效率十分有益。

· 发掘教学过程中师生交际传播的有利因素对学习的理想模式具有不容忽视的影响,其中应特别重视让学生的学习热情保持在最佳状态。教学经验的传播是社会传播学的一个专门领域,其中教师接受外来经验更多的是需要选择和内化。

· 在调查和实验之间尚缺一个如何从发现问题到形成假说的中间过程,行动研究法通常无法得出科学假说。实践筛选的方法可以填补常规研究方法的上述空缺,并具有从原型经验提炼出纯粹、有序的经验系统以及构建理性认识的可能。

· 在教学过程中恰当地运用信息反馈机制可以克服教师、学生两方面存在的不足,从而有效地提高教学目标的达成度。青浦实验独具的方法使我们有可能构筑有效目标控制下的数学教学基本原理,这就是——情意原理、序进原理、活动原理和反馈原理。

2. 数学知识结构与"套箱理论"

学生的认知结构主要是从教材的知识结构转化而来的。为了塑造学生良好的认知结构,我们必须有步骤地提高所呈示的知识和经验的结构化程度。这是因为:第一,结构化的知识以基本概念和原理作支撑,因此重点突出、体系简约,使数学知识容易被领会;第二,结构化的知识是记忆的支柱,可以抗拒遗忘;第三,结构化的知识便于联想,具有迁移与被应用的活力。青浦实验进一步发现:结构化一定要适合学生发展阶段的特征,这是一个"套箱式"的连续构建的过程。也就是说,对现代日益丰富的学科内容,可以按照不同的学习阶段,构建程度不同的知识结构,使其一个包含一个形成"套箱",数、式、数学关系与数学模式、图形、形式演绎、符号处理等都可建立各种套箱模式,以此呈示给学生,对学习有很多优越性。问题在于两个相邻的套箱之间的梯度怎么确定。实际中经常出现的不当处置有两类:一类是梯度太大,于是结构化的知识因为过于精练或严谨反而成了学习的障碍;另一类是梯度太小,无法引发学生的学习激情。

我们所关注的是,探明各个阶段知识内容的最佳结构以及这些结构之间呈现合适梯度的最佳序列。因为只有确立合适的梯度,才能产生理想的教学效率。在这里,对数学家合适的结构对学校里的学生不一定合适;适于某一年龄段学习者的好的结构,对另一年龄段的学习者来说也不一定依然称好。而且,知识结构总是应该适应每个人的思维与才能的不同而有所变化。这样一来,"教学应按学科的逻辑程序还是按学生的心理程序来进行"这个长期争论不休的问题,便转换成如何确立知识结构之间最佳序列的问题了。

对于这个问题,历来有不同看法。布鲁纳(J. S. Bruner)从知识的形成过程着眼,认为这个序列至少有行为把握、图像把握和符号把握三层阶梯。[3] 由此他论及几何教学的安排应当逐级上升,构成所谓"螺旋型课程"。奥苏伯尔(D. P. Ausubel)则从学生内部心理过程的角度着眼,提出了设计教学内容、安排教学序列的同化理论——学习是否有意义,取决于新知识与学生已有知识之间是否建立了联系。他认为,影响有意义学习的变量主要在于与新知识相联系的学生已有知识中的相应部位,即知识的固着点及其性质。由此他非常强调学习知识时的"先行组织者"、逐渐分化和整合协调等原则,以有助于对知识的学习、保持、迁移和运用。[4] 我们的看法是,布鲁纳的认知顺序强调知识形成的过程,而不仅仅是结果,对我们组织教学内容很有启迪。关于概念的形成,他设计了不少发现式的实验,但似乎都与教师的原有观念有较大差距,难以在课堂教学中完全实施。相比之下,奥苏伯尔对概念学习和概念同化的阐述使概念教学具体化、操作化了,对课堂教学更具指导意义,但过于注重细节有时会陷入刻板,对于培养学生像科学家那样从事发现过程,即对创造性的培养会带来阻碍。

1987 至 1988 年间,我们在关于学生思维过程的实验研究中,曾考察了新问题与学生已有经验、知识固着点的关系,得出了它们之间的"潜在距离"的概念。例如探究由两圆半径及圆心距的数量关系判断两圆的位置关系,如图 1 所示,初一、初二、初三各年级学生所具知识与新问题的距离差别较大。实验表明,知识固着点与新问题的潜在距离愈远,一般说来探究的难度就愈大。由此可见,知识、经验是学习和探究新问题的基础,离开了一定的知识、经验的丰富度强调发展能力,去构建过分简约的结构,必然会在实际教学工作中造成失误;相反,无限制地缩短距离,不分主次和难易,一律把知识嚼得稀烂然后喂给学生,则是

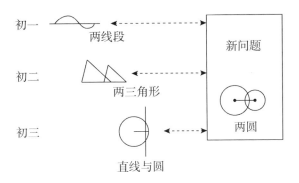

图 1　原有知识固着点与新问题间的"潜在距离"

另一种形式的失误。新问题与知识固着点间的潜在距离可长可短,短距联结符合渐进分化的原理,长距联结更多地需要学生的创造智慧。优秀教师的成功经验,恰巧是在这两者之中把握好"适度"两字,他们始终把能有力推动学习前进的适度序列,视为课堂教学的生命线。此外,实验还表明,平时我们认为成绩中等的学生(仅就掌握知识的程度而言),在探究能力方面拥有并不比成绩优秀学生逊色的巨大潜力。男女学生数学思维能力存在着某些差异,就其特性而言,男生在思维的简约性、灵活性和对启示的感受性等方面略好,女生则在思维的独立性、稳定性等方面稍强;就其发展而言,女生在初中低年级发展快,男生在初中高年级发展快。还有,学生从直观形象思维到抽象逻辑思维发展的飞跃期在中学低年级,但这种飞跃必须通过环境和训练才能真正成为现实;平时教学中未予训练的归纳、直觉等思维类型,即使在飞跃期也不会发生飞跃。基于这类研究,我们认为,首先要辨明数学学科各知识点间的固着关系及其潜在距离,然后以此为尺度,构建适合于不同学生特点的、针对不同发展时期的、具有合适梯度的知识结构序列,也许是件前景堪羡的工作。

3. 数学学习的活动中介说

讨论了教学内容的理想呈示之后,必然要讨论学习过程的最佳模式问题,它们是教学研究的两大重要问题。我们开始关注这个问题,尚需追溯到一二十年前。那时候,全县大部分学生学习数学还停留于机械模仿,不会独立思考。造成这种情况的原因主要是教学不得法。在课堂里,学生被视为简单接受的"容器",他们只需记住教师讲的公式,然后直接套用,完全处于一种被动地位。为了解决这个问题,我们先对已有的经验,如讲练结合、要求学生动手动口动脑等进行分析,然后参照我国古籍《学记》上"道而弗牵,强而弗抑,开而弗达"[5]的要求,试着在采用讲授法的同时,辅之以这样的方法:让学生自行"尝试"获取知识,教师则根据"尝试"需要予以指导。例如"勾股定理"的教学,教师先引导学生观察图 2-1 阴影所示的直角三角形,注意斜边上的正方形面积 c^2 随着 a、b 的变化而变化,特别当 a、b 的长分别为 1、2,1、3,2、3,2、4,3、4 等时,根据图 2 示例的网格图试算 c^2 的值并填入表格(表内除 c^2 外,另含 a^2、b^2、ab 等行)。接着比较所得的结果,直观地猜测其中关系,引导学生得出"表内各个 c^2 的值正好是相应 a^2、b^2 两值的和"这一结论。

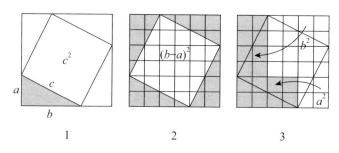

图 2   网格图上的勾股定理

然后教师再与学生讨论斜边上正方形面积 c^2 的计算方法:一种方法是把它划分成四个直角三角形和一个小正方形,如图 2-2 的非阴影部分。另一种方法由整个大正方形减去四个直角三角形,或者如图 2-3 那样拼合,剩下非阴影部分面积即为所求,很明显它等于 a^2+b^2。最后,教师要求学生思考,撤除网格结论是否仍然成立,从而获得直角三角形三边之间的一般关系式:$a^2+b^2=c^2$。这样的探究活动不但有助于学生形成关于勾股定理的猜想,而且也随之得出了定理证明的思路。关于这个定理的类似上述面积计算的直观证法,在现存的中国古代数学典籍中即有几十种之多。在初步探索的基础上,我们对如何开展此类尝试活动进行了一系列实验研究,这主要是指从 1981 至 1984 年的运用"尝试指导"等心理效应改革数学教学的主实验,该实验对象来自 5 所不同类型中学的 10 个教学班,共 440 名学生,在比较严格的控制下进行等组试验,同时还就其中的 50 对学生作了更为细致的对偶跟踪比较。此外,还有利用主观判据对课堂教学进行评价(判据来自对 36 名有经验教师有关资料的聚类分析)、用"出声想"方法评价学生解题思维过程(用带有时间刻度的口语、动作记录分析学生的思维过程)等辅助实验。结果表明,指导学生开展尝试活动的教学方法,对于激发学生的学习动机,培养他们学习数学的兴趣,确立学生在学习过程中的主体地位有很大作用,实验组学生的阅读能力和思维能力均比控制组学生有更大的提高,而且"出声想"的口语材料表明,实验组学生在解题时所表现出的思维的准确性、敏捷性、深刻性等方面明显优于控制组学生。

对尝试活动的进一步分析,需立足于教学论层面,也就是应分析活动式教学的过程和特点。根据上述实验,我们认为活动式数学教学大体包含以下四个阶段:①引导学生思索某个数学问题;②为了解决这个问题,借助于观察、试验、归纳、类比以及概括经验事实并使之一般化和抽象化,形成猜想或假设;③在已经掌握的概念和知识体系的基础上检验猜想或假设,运用数学符号演绎出问题的结论,从中获得新的概念,以丰富原有的知识体系;④新概念和知识的应用,进一步巩固和发展所学得的概念和知识。显然,这四个阶段的安排与科学认识形成和发展的一般途径大致相符。数学家反省自身的研究生涯,发现一个基本数学过程的循环,它反复出现,形成了最基本的模式,这就是抽象、符号和应用。然而,历来的接受式的数学教学主要着眼于传授前人积累的系统知识,它突出了符号运演,忽视了对现实问题的数学抽象与实际应用,因而陷入偏颇。活动式教学重演了科学地组织现实世界的完整过程,正可弥补接受式教学的不足。当然,活动式教学往往费时较多,有时又难以顾及数学知识的结构系统等。这就有必要研究活动课题的正确选择和合理布局,使讲授的形式和活动的形式在教学中各得其所。大量的事实表明,赫尔巴特(J. F. Herbart)开创的接受式教学与杜威(J. Dewey)力主的活动式教学,近三十年来有明显接近的趋势——真理也许就在这两个极端的中间。目前不少教育理论家提出,教学论研究中极其重要的是:一要确定形成认识能力与实际掌握知识之间的正确比例;二要灵活地运用包括儿童中心主义所主张的适当的教学方法和方式,促进教学过程积极化。

更为重要的是,对于活动式教学的研究,渐渐使我们悟出了一个道理:学生的外部行为(包括语言)活动可以内化为内部的心理活动,两者不但具有发生学上的同源关系,而且相对同构、同步发展。这对学习过程的组织无疑具有指导意义。换句话说,我们必须重视学习者的亲身感受、动手操作和动口交流等行为在教学过程中的作用。此外,尽管20世纪中叶以来有关学习理论的论争不息,但无论是行为主义,还是认知理论,这两派心理学都力图用科学的方法研究人的学习,都将介于主体与环境之间的某个中介物视为学习的本质。然而令人遗憾的是,前者仅注目于行为活动,后者则注目于心理活动,它们均未去查明行为和知识经验、情意状态之间的关系,因而反映不出人类学习的实质所在。直至晚近,这种状况才有所改变,皮亚杰(J. Piaget)从其发生认识论的角度提出了智慧的操作内化理论,苏联的心理学家们则以马克思主义的人类活动论为依据系统研究了儿童的学习过程。在这里,回头看看中国古代的学习理论是意味深长的。早在春秋战国时期,古代哲人就已认识到,学习需要人的全部心理活动(包括认知的、情意的活动)的积极参与,而且明确指出,学习是获得知识经验的"学"与进行行为实践的"习"相结合的活动范畴,诚如孔子所说"学而时习之,不亦说乎"[6]。到了宋代,朱熹更明白地提出学与习、知与行"相须互发"的观点[7],揭示了两者之间的密切关系。据此我们认为,体现中国传统特色的学习理论,是一种以人的活动为中介的学说。这种活动可区分为内部的心理活动和外部的行为活动两类,它们的关系如图 3 所示。

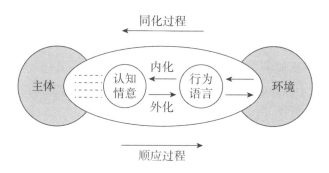

图 3　活动中介的学习模式

　　人通过与自身紧密相连的这两类活动,实现主体与环境之间的物质和精神的变换,从而呈现一种不断发展的动态图式:在原有行为结构与认知结构的基础上,或是将环境对象纳入其间(同化),或是因环境作用而引起原有结构的改变(顺应),丁是形成新的行为结构与认知结构,如此不断往复,直到达成相对的适应性平衡。对此,数学学习可提供大量的、最恰当不过的例子。

　　4. 变式递进的习题训练

　　中国传统的数学教学一向把习题训练作为它的有机组成部分,并把正确地组织练习视为让学生学好数学的必要条件。从学习理论看,学生学习的意义全在于使新知识与学生已有的知识建立实质的联系。问题是如何辨别实质与否,对此可以变换一种形式去检查学生,看其是否仍能掌握,这就是用所谓"变式"而不是"照葫芦画瓢"的方法。在这方面,我们曾根据有经验的教师创造性工作的素材,提炼出了"变式递进"的训练办法。现作简要介绍。我们把数学题分解为三个基本成分:初始状态 A——问题的条件;解决的过程 B——运用一定的知识和经验,变换问题的条件,向结论过渡;最终状态 C——问题的结论。如果一道题的条件和结论都很明确,其解题过程也是学生所熟知的,那么可称为标准题。对标准题作一些改造和变化,使三个基本成分中缺少一个或两个,这些成分学生不知道或不明确,这样得到的题可称为封闭性变式题或开放性变式题,这三类题具有一种递进的关系,如表 1 所示,其中 x、y、z 是对应于 A、B、C 的未知成分。一道题到底属于哪一类型,取决于教学的实际,还取决于学习该题的学生。例如"解方程 $x^2-4x=1$"这道题,在学了求根公式之后,它是封闭性变式题(ABz 型),但在此之前求解,需要自己探求方法,如通过配方变为 $(x-2)^2=5$,然后得 $x=2\pm\sqrt{5}$,求解的过程和结论事先很不明确,就是一道开放性变式题。对数学题作这样的划分,习题的教学功能可以得到比较充分的发挥,使不同水平的学生都能得到有效的训练,有利于发展学生的独立思考能力。此外,这种划分给我们提供了一条途径,适当改造中学数学教材中的某些基本题,为不同的训练要求服务。如图 4 那样一道简单的基本题,已知 $\angle ACB=\angle ABD$,求证 $\triangle ABC\backsim\triangle ADB$。一般说来,这是一道标准题或封闭性变式题($AyC$ 型)。把这道题改变一下:"要使 $\triangle ABC$ 与 $\triangle ADB$ 相似,D 点应取在何处?"这样一改便成了开放性变式题(xyC 型)。解该题时,学生必须从已知的三角形相似判定方法中挑选出某个方法(可能不止一种),然后结合图形恰当地运用已知条件,最后才能完成证明。教学实践表明,学生数学思维能力的提高,以及独立解决问题能力的形成,主要取决于有关变式问题的长期训练,而不是死读硬记。因此我们认为,按照循序渐进的原则,根据教材,针对不同年级、不同学生的实际水平,逐步形成分年级的顺序要求,适当开展变式训练,这样做对于提高教学效率是十分有益的。

表 1　标准题、变式题与不同教学水平的对应关系

标准题	封闭性变式题	开放性变式题
记忆水平	解释性理解水平	探究性理解水平
A　B　C	A　y　C A　B　z x　B　C	A　y　z x　B　z x　y　C

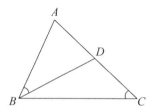

图 4　一道简单的基本题

当然,习题训练必须依据教学目标,为了深入研究这两者的关系,我们从 1989
至 1990 年,在青浦县进行了一项由 3 000 名初中同年级学生作为被试的大样本
实验。首先采用通常的各种数学教学目标开展测试,然后运用因素分析技术对
测试数据作主成分分析。结果表明:认知领域的教学目标都是由更基本的内隐
因素所决定的,这些基本因素构成一个层级模型,依次的三级主成分分别以记
忆、理解和评判为主要标志。因素分析结果呈现,知识、计算、领会、应用、分析、
综合六个测验变量在记忆、理解两个因素上的负荷量两两非常接近,这种情况
能直观反映,如图 5 所示。

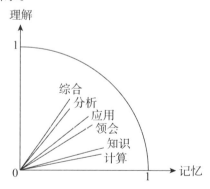

图 5　六个测验变量在记忆、理解两因素平面上的矢量表示

可见,知识与计算、领会与应用、分析与综合可以合并为同一目标。这样,布卢姆(B. S. Bloom)等人提出的目标分类可以简化。这一结果与前述数学习题的三种类型十分吻合。现代学习论通常把教与学区分为三级水平:记忆水平、解释性理解水平和探究性理解水平,[8]而前面提到的三种习题变式正好与这三级水平相对应。因素分析实验还提供了"在各个能力层级上的因子得分"这一新的评分思路。运用因子得分可以甄别学生与教学水平相对应的三种能力倾向类型,据此我们绘制了3 000名被试学生能力倾向的地域分布图,从而可以比较细致地获知该县学生在地理、文化背景上的能力倾向差异,以便为因地、因人而异的习题训练示明方向。

5. 交际传播理论进入教学法科学

教学法科学可以说是教育科学的最基本、最古老的核心。到了现在,它不仅包含有关教学方法和技术、课程论、教学论等的应用和评估,而且已经受到交际传播学的有力介入。实际上,人们早已意识到,教学过程是一个人际交往与知识经验传播的过程。调整好教师和学生之间的人际关系,是任何教学情境所不可回避的一个重要问题。我们在青浦所做的许多调查和试验证明,师生情感缺乏沟通以及教师期待的丧失是造成差生的相当重要的原因;而教师对学生的适当鼓励、教师热爱学生的情感倾注,常常会提高学生的学习效率。足见师生之间的交际关系将对学习的理想模式带来不容忽视的影响。由此还可以引出这样的问题:教师如何组织和指导学生的学习活动,才能使他们学习数学的热情保持在最佳状态? 这个问题的解决,在当前教学条件下需要努力发掘下列几种有利因素:①将问题作为出发点。教师积极为学生创设问题情境,与学生一起对某些问题进行考察,使他们逐渐形成认知冲突,这样可以激发学生的求知欲和思维的积极性。②面对适度的困难。在训练中,教师采用分步设置障碍等方法让学生面对适度的困难,让其得到一定的锻炼,这样可以提高学生思索的兴趣。③根据结果调整学习。在学习进程中,当学生感到新的内容"高不可攀"而气馁,或者获取知识过于容易而自满时,学习的热情往往都会下降,为了避免这些可能,应当根据结果随时作出调整。现代关于教学法的研究有两个新动向,一是如前所述借助情感因素促进学习,强调过程的情感化;二是借助最先进的传媒,整个地改造教学手段,强调手段的技术化,达到高效低耗的目的。还需着重指出的是,数学语言作为交际传播的重要工具,更有其区别于一般语言的精确性与简约性,它已成为通用的科学语言。今天,训练学生用数学语言表述思想、进行交流,理应成为数学教学的必要侧面,因为学生的体验、猜想和创造,多半是在数学交流中达到的。

交际传播理论进入教学法科学还有一个尚未引起人们注意的崭新领域,那就是先进教学方法及其经验的推广普及。青浦实验所以能取得显著成效,从教改实验之初起就有目的、有计划、有步骤地对全县教师进行培训,及时传播实验研究的成果,是个重要的原因。历经多年的传播实践与研究,我们认为,教学经验的传播如同其他社会传播一样,也都要通过信息流、感情流和影响流而起作用[9],就是说教学经验的传播也会受到感情的影响,也需要"劝服"和作出有力的决定。但这种传播却有其独特之处,它既不同于新闻传播所具有的共赏性,又不同于技术革新成果推广所具有的转让性。就其本质而言,教学经验的受传主要是个选择和内化的过程,如图 6 所示。对传者和受者来说,①教学经验的

图 6　经验传播的构成要素及其关系

传播不宜采用强制手段,而应自愿选择。试验与研究表明,人们接受教学经验必然是有选择的,这可称之为选择性接受。因此,传递经验的过程中必须坚持既讲特点又讲不足与局限性,让别人全面了解;受传经验的过程中应当提倡致力于寻找共同的认知要素和情感要素,尽可能取得一定程度的协调,以便兼收并蓄、择善而从。②教学经验的传播不是照搬,而是内化。任何一个教改经验和成果中的生动实例,都不是可以原样照搬的。这是因为这个实例只能用来表明哪些原理可以运用,以及运用这些原理的方法;同时它在应用中产生较好的效果,又是以当时当地的特定基础、条件为前提的。由此我们认为,教学经验的传播其实是上升到原则或原理高度的一种再创造——首先应努力运用正确的教育思想、教学论知识去认识、鉴别各种经验成果;其次结合自己的经验、特长,对他人的东西做一番改造制作,再创造;最后在自己的实践中检验修正这种再

创造,内化为自己的东西。

6. "实践筛选"的教学研究之路

前已述及,20世纪70年代国际上对教育研究的反思得到了一个历史性的教训,其要点是必须强调研究者与教师的通力合作,仔细考虑革新的技术。于是人们重新想起了美国心理学家勒温(K. Lewin)早在1944年提出的行动研究法。这种方法所指的是由教师和研究者协作进行的一种研究活动,其研究结果及时为现场人员所理解、掌握和实施,它是以解决问题为目标的"诊断性研究"。[10]这种方法的一般操作程序大体可表述为:①计划;②实施;③计划的记录与评价,或事实的发现;④再计划;⑤再计划的实施;⑥再计划的记录与评价……。行动研究于20世纪50年代进入了美国的教育科研领域,70年代以来,人们渐渐意识到它的独到之处,以致有的学者甚至预言:"也许可以说行动研究法将会构成教育心理学研究法的主流"[11]。然而近几十年来,这一预言并未成为现实。问题的关键是:行动研究法只具备改善行为的机制,不具备确立假说的机制,因此对理论的支持力度是不够的。这种方法尚需改造。我们选取了逻辑归纳、假说—演绎、逆推溯因等几种科学发现的模式,将其导入行动研究的流程,使"计划"过程同时是基于理论或经验事实提出初步假说(或称预设)的过程,由该假说可以推论出若干可检事实;然后经过实施,使"计划的记录与评价"同时也是检验、修正或补充可检事实的过程;而"再计划"的过程同时也就是将预设相应地修正或补充为新假说的过程。如此将行为改善与理性思辨同步进行,教育改革的实践性研究便因此而增加了理论创新的可能性和期望值。这就是我们提出的"实践筛选法"[12]。

教育科研就常规而言,大体可分为调查性研究和实验性研究两大类[13]。比较这两类研究可知,调查的方法能够获取问题的信息,但一般无法得出具有因果联系的假说;实验的方法能够确证事件的因果联系,从而获取可靠知识用以指导实践,但它必须以理论假说为先导。显而易见,调查和实验之间尚缺一个如何从发现问题到形成假说的中间过程,而实践筛选的方法正好可以填补这个空白。当然,每种具体的研究方法有其特点及适用性,下面对这三种方法作扼要比较:

方法	特征	优势	局限
调查	对客观自发现象的考察与记录	应用范围相当广泛	不能说明因果联系
实验	对人工诱发现象的主动观察	最能揭示现象的本质	分解、孤立的研究,与实际有距离
筛选	现场取样,系统考察	结论能迅速返回到实际中去应用	控制不够严格,可信度、精细度不高

作为科学的方法体系,必须正确运用各种方法的特长,使之互相补充、合理结合。我们在青浦所作的数学教改研究,综合地采用了调查、筛选和实验三种方法,只是由于研究阶段的区别,各种方法使用的侧重程度有所不同。整个研究的总流程见图7。

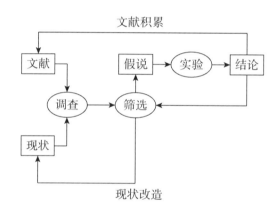

图 7　研究方法的总流程

此图示明了青浦实验的网络状研究结构。从现状和文献的调查引出各种问题,获取大量的原型经验;由筛选将经验的本质内容从原有背景中剥离出来,提取其最能体现一般教学规律的、具有内部一致性而不是简单镶嵌的完整系统(有序化)及与之相应的假说。这里,筛选是整个研究网络的核心。一方面,筛选所得的假说可通过自然实验或心理实验加以验证,以便揭示教育现象间的因果关系,所得结论归入科学水平的文献积累,这是一条旨在构建理性认识的研究主线;另一方面,无论是筛选所得的经验系统,还是实验得出的结论,都应与新的经验背景相融合,或经过进一步的筛选,以便在教改实践中得以传播,改造现状,这是一条旨在实际应用的研究主线。

实践筛选的方法在青浦实验中的特殊作用,初步显示了它在方法学上的重要意义。第一,它提升了勒温提出的行动研究的价值,因而对行动研究法具有发展意义,使行为改善的过程同时也成为科学发现的过程。第二,它阐明了从经验到科学假说的发生机制,使教育科学的常规研究方法——调查方法和实验方法之间存在的空缺有了切实可行的填补方法。第三,它对教育实践活动具有实际指导意义,为群众性研究如何从原型经验提炼出纯粹、有序的经验系统提供了可行的道路。

7. 有效目标控制下的数学教学原理

学生的学习是个动态的活动过程。因此,它必须通过教师和学生之间的信息传递和信息反馈,才能实现控制与调节,从而达到预期的目标。我们曾经以最简单的线性反馈模式为对象,探明它的控制过程以及对解决现实问题的意义。如图 8 所示,通过运算可知效应器的输出为

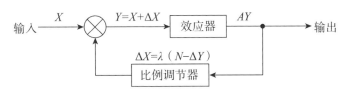

图 8   最简单的线性反馈模式

$AY=(AX+\lambda AN)/(1+\lambda A)=BX$

(其中 N 为需要命中的教学目标)

A 改变 dA,则改变率为 dA/A,反馈机构的特性改变率

$$dB/B =d[(AX+\lambda AN)/(1+\lambda A)]\cdot (1+\lambda A)/(AX+\lambda AN)$$
$$=dA/A \cdot 1/(1+\lambda A)$$

所以有

$$dB/B<dA/A$$

由这个不等式可以得出一个重要的结论:教学过程中的信息反馈,可使整个教学机构的特性对教学效应器特性的依赖关系减弱。换句话说,如果原来教学效应器的特性差,例如学生基础差别很大、教师水平低一些,因而教学效率不高的

话,那么恰当使用信息反馈方法作调整,就可以弥补这些方面的不足。我们在教育调查中发现不少所谓的"差生",他们一旦问题积累甚至脱节,要补救过来并非易事。对此,如能采用反馈手段,及时加强个别指导,给予"第二次教学的机会",激励他们的自信心,情况就会大不一样。1986 年,我们曾选择数学练习这个角度,考察教师对学生练习采取当面批改、适当鼓励之后的反馈效应,实验结果表明,面批鼓励能促使学生对学习数学产生兴趣,这种兴趣又是进一步提高学习成绩的前提条件;如果学生自觉产生一种适当的期望目标,那么学习效果的提高将更为迅速。

最后,随着各个研究项目的陆续完成,我们便有了一种可能,综合所有这些研究成果,构筑有效目标控制下的数学教学基本原理。[14] 在这里,青浦实验特具的方法起了十分重要的作用。这些原理的提出,最初是从调查现状和筛选有效的教学经验开始的。通过调查和筛选形成了纯粹、有序的经验系统,那就是:①让学生在迫切要求之下学习;②组织好课堂教学的层次(序列);③在采用讲授法的同时辅之以"尝试指导"的方法;④及时获取教学效果的信息,随时调节教学。这个由筛选得到的经验系统,应该说已为此后建立具有完备性和简约性的原理框架打下了初步基础。后来,我们的研究进入实验和传播阶段,这个经验系统经受了科学实证和实践的考验,其结果应该说是在大范围内证实了它的特别有效性。紧接着,借助有关教学理论和认知科学的学习与研究,我们逐步将这个经验系统提炼升华,使之更具合理性。认知的全过程主要包含认知动因的激起、认知内容的组织、认知方法的安排和认知结果的处理四大要素,青浦县大面积提高教学质量的经验系统恰巧也在于这四个方面。经验的归结和认知过程要素如此的一致,使我们更加有把握地提出下面四条基本原理。

① 情意原理。学生的心理活动包含着互为前提、互相促进的认知结构和情意状态两个方面,激发学生的学习动机、兴趣和追求的意向,加强教师与学生间的感情交流,是促进认知发展的支柱和动力。

② 序进原理。来自外界的知识和经验可以相应地转化为学生的认知结构、情意状态和行为结构,教师根据不同对象的发展水平,有步骤地提高所呈示的知识和经验的结构化程度,组织好从简单到复杂的有序累积过程,是提高转化效率的基础。

③ 活动原理。学生外部的行为结构与内部的心理结构之间有着直接的互化关系,教师精心组织各类行为活动与认知活动,并使之合理结合,学生充分发挥活动的自主性,是促成行为结构与心理结构迅速互化的有效途径。

④ 反馈原理。学生的心理和行为向预期目标的发展,都需要依赖反馈调节,教师及时地、有针对性地调节教学,学生自我评价的参与,这些可以大大改善学习的进程,有效的反馈机制是目标达成的必要保障。

青浦县数学教育质量的大面积提高,在教学上主要得力于上述几条原理的综合运用。这些原理揭示了教学过程中,情意过程与认知过程的统一,新知识与旧知识、掌握知识和发展能力的统一,接受式学习与活动式学习的统一,动力系统与控制系统的统一。基于这些原理,我们初步得出了让所有学生都能有效学习的一种数学教学结构,它包括具有层次性的五个环节:把问题作为教学的出发点—指导学生开展尝试活动—组织变式递进的习题训练—连续地构造知识系统—根据教学目标及时反馈调节。

注释

[1] Husén, T. The International Context of Educational Research. *Oxford Review of Education*, 1983, 9(1).

[2] Stenhous, L. *An Introduction to Curriculum Research and Development*. London: Heinemann, 1975.

[3] Bruner J. S. *Toward a Theory of Instruction*. Cambridge: Harvard University Press, 1966.

[4] Ausubel, D. P. The Facilitation of Meaningful Verbal Learning in the Classroom. *Educational Psychologist*, 1977, 12(2).

[5] 中国古籍《礼记·学记》。

[6] 中国古籍《论语·学而》。

[7] 中国古籍《朱子语类》卷九、卷十四。

[8] Bigge, M. L. *Learning Theories for Teachers* (4th ed.). New York: Harper & Row Publishers, 1982.

[9] Deflew, M. L., & Dennis, E. E. *Understanding Mass Communication*. Boston: Houghton Miffin Company, 1981.

[10] Lewin, K. *Resolving Social Conflicts*. New York: Harper & Row, 1948.

［11］大桥正夫编,钟启泉译:《教育心理学》,上海教育出版社1980年版,第13页。

［12］青浦县数学教改实验小组:《学会教学——青浦教改实验过程》,人民教育出版社1991年版。

［13］Nisbet，J. D.，& Entwistle，N. J. *Educational Research Methods*. London：Hodder and Stoughton，1977.

［14］顾泠沅:《教学实验论——青浦实验的方法学与教学原理研究》,教育科学出版社1994年版,第160—186页。

进入 21 世纪的中小学数学教育行动纲领

（讨论稿）（1997—2010）

1. 序言

（1）**迈向新世纪的上海，需要以建设一流教育为先导。**《进入 21 世纪的中小学数学教育行动纲领》（以下简称《行动纲领》），是受上海市教育委员会委托编制的关于中小学学科教育领域跨世纪战略的一份咨询报告。《行动纲领》旨在保持和发扬本世纪 80 年代以来上海中小学数学教育改革的成功经验，为下一世纪的进展提供一个前瞻性的思考框架和若干操作建议。纲领编制主要依据《中共中央关于教育体制改革的决定》《中国教育改革和发展纲要》《中华人民共和国教育法》等，同时参考了上海市建设一流基础教育的规划，以及有关政府机关、业务部门、学术团体、研究单位和各类学校近二十年来关于数学教育的共识，还参考了国内外近些年来在这方面的研究成果。

（2）上海中小学数学教育基础历来较好，学生的数学基础知识和基本技能比较扎实，在国际数学学业成就评价中有一定的地位。随着 21 世纪即将来临，上海的现代化建设需要更多、更有用的数学，尤其是信息化程度的提高和以数学为基础的工具、设备和技术的大量出现，要求国际大都市的市民具备更高的数学素养。**为贯彻党和国家的教育方针，培养德、智、体全面发展的社会主义事业的建设者和接班人，《行动纲领》主张将以学生发展为本作为进入 21 世纪数学教育改革的行动口号。**以学生发展为本，第一，必须正确处理基础与发展的关系。中小学数学教育不仅要关注学生掌握的数学知识、技能和能力，为将来的数学学习打好基础,而且还要关注数学学习对学生作为 21 世纪合格公民所提供的基本素质的训练,从而为学生将来走向社会和终身学习奠定基础。第二,必须正确处理学习主体与客体间的关系。学生是学习的主体,在学习活动中,学生是内因,教师、教材是外因,教师的教是为了最终的不教。学生的发展在很大程度上取决于主体意识的形成和主体参与能力的培养,要注重让学生学习自行获取数学知识的方法,学习主动参与数学实践的本领,获得终身受用的数学创造才能。然而,当前学校教育中以片面追求升学率为特征的"应试模式"正好与此背道而驰,表现为学生学习被动且负担过重,主体意识和参与能力不强,独创精神和负责态度欠缺等,以致很多学生在数学学习上感到困难,数学优秀学生难以脱颖而出。造成上述状况的原因有当前各种社会现实的因素,也有几千年封建文化带给教育的影响,但不容忽视的是学校教育尚未真正确立以学生发展为本的基本观念。教育的目的是培养适应时代需求的人,教育实践的本质说到底就在于学生的发展。发展不仅是教育的目的,而且也是教育的内容。要尊重儿童,尊重学生,致力于创造一种适合所有儿童的教育,而不是挑选适合教育的儿童。**以学生发展为本,正是体现了现代社会对学校教育最根本的要求,体现了教育工作最重要的规律,同时也体现了现代教育所具有的主动性、民主性、合作性和多样性等时代特征。**

(3) 数学研究的对象是现实世界的数量关系和空间形式。随着数学自身的进展,现代的观念已大大超越了原始的意义。本世纪初以来,所谓"数量"已从实数扩展到复数、向量、张量,甚至以代数结构的抽象集合中的元作为数量;所谓"空间"已从欧几里得空间扩展到非欧空间、高维或无限维空间,甚至具有某种结构的抽象空间。最近三十年来,数学的性质及其应用的途径发生了巨大的变化。不仅发现了许多新的数学领域,而且应用数学的问题类型以空前的速度增长,其中最显著的是计算机及其应用的迅速发展与普及;同样重要的是,在用广泛应用性的统一概念联系起来的几个主要数学分支中,在与其他科学领域的联系中,产生了大量的思想财富。一方面是数学规定和构造现实世界的各种可能形式,另一方面是计算技术和用广泛统一的概念处理现实世界的各种数学模式,已成为本世纪数学发展的两个决定性特点。人们强烈地感受到数学同时具有科学和技术的双重特性。这样,数学的领域业已扩大为科学中的数据和测量、观测资料,数学推断、演绎和证明,自然现象、人类行为和社会系统的数学模型。与此相应地,对数学的方法也有了完整的认识,数学家们得出了一个基本过程的循环,它反复出现并形成如下的形式:数学抽象、数学符号变换和数学应用。**对数学学科特性、领域和研究方法的重新认识,必将推动对中小学数学内容、方法的重新审视,这种审视也正为数学教育中以学生发展为本的跨世纪战略提供重要的根据。**

（4）为了 21 世纪的数学教育,需要广大数学教育工作者与管理人员,以及与数学教育有关的各方面、各部门、各团体继续进行创造性的工作,重视加强各方在以往工作中业已逐步形成的协调与统筹,注意争取社会各界对数学教育改革的支持,并积极汇聚力量,采取具有明确目标的、大规模的一致性行动。这种行动是多方面的,主要包括课程编制与教材编写,教学软件制作,教学与研究,学生指导,教师培训,考试与评估,设施与设备,学校管理,家庭、社区与学校的合作以及其他相关工作。

2. 主要目标

（5）中小学数学是整个教育的重要支柱之一,50 年代末以来国内外几次重大教育改革表明,数学特别是中小学数学已成为教育改革的带头学科。**数学教育改革包括教与学两个方面的实质性变革,不断的改革构成了数学教育发展自然的、本质的特征。**

（6）"数学重要,数学难学"——来自社会与学生的此类信息需要所有各方对为什么和怎样进行数学教育作更自觉的反省。上海有一批在数学教育方面成绩斐然、富有特色的学校,但是不同地区、不同学校之间数学教学和学生掌握数学的水平悬殊,还有相当数量的学生学习自觉性差;至于创造意识、实际应用能力则普遍偏弱。面对 21 世纪,数学教育改革的目标基点应该定位在:

① **普遍提高学生的数学基础能力。**这里所说的基础能力,不再局限于通常所说的计算能力、逻辑推理能力和空间想象能力,而是指数学抽象的能力、数学符号变换的能力和数学应用的能力。其中数学符号变换既包括数量计算和逻辑演绎,也包括经验归纳甚至空间联想,这是数学的主要方法。

② **充分发展学生的各种数学需要。**这里所说的数学需要,不再像以往那样简单划一、千人一面,而是具体地区分为生活的数学需要、职业的数学需要、接

受后续教育的数学需要等多种类型。

（7）《行动纲领》确认的最终目标是：**在规定的期限内，基本实现所有学生的数学基础能力普遍提高，不同学生的各种数学需要充分发展，形成一流水平的上海数学教育并达到与国际大都市相匹配的现代化程度。主要标志是：对95％以上的适龄儿童和青少年施行全程 12 年的数学基础教育，数学课程切实适应 21 世纪的需求，学生的数学水平得到根本上的提高。**

（8）纲领采取目标明确、分步到位的实施战略。有关各方要在与本纲领取得共识的基础上制定阶段性的、更为具体的中期或近期目标与规划。这种目标与规划有实施的重点、切入口和关键项目，有适当的时间期限，而且对取得的进展可测定、可审查，以便与最终目标相衔接；同时也留有一定余地，以便随着条件的变化有所修正和更新。作为第一步，2000 年前本市数学教育改革目标的建议范围如下：

① 中小学的数学教育摆脱"应试模式"的束缚，初步确立以提高未来社会公民的素质为目标、以学生发展为本的现代教育观。

② 总结本市课程教材改革的已有经验，立足 21 世纪的需要开展课程评价，在调整现行数学课程标准，修订、完善已编数学教材的同时，着手设计符合时代精神、面向世界、体现上海基础教育特色的新一轮数学课程教材改革。

③ 至 2000 年，60％左右的初中、小学数学教师达到高一级学历水平，部分高中数学教师达到硕士学位水平，10％—15％的中小学中青年数学教师成为或正被培养为跨世纪的骨干教师、学科带头人或有影响的数学教育专家。

④ 形成教师和研究人员共同开展数学教育改革和科学研究的合作机制，创造有利于学生素质提高的多种教育模式，加快改进数学教学策略等应用性课题的研究，在面向全体学生、全面提高数学教学质量的基础上培养更多全国一流的数学优秀学生，产生更多能代表我国数学教育当代水平的科学研究成果。

⑤ 现代教育技术在数学教育中的运用上一个新台阶，至 2000 年初步建成中小学数学教育信息网，入网学校至少达到 30％；数学课堂教学软件的开发与研究、教育手段现代化的试验与推广都得到进一步加强。

⑥ 初步形成与兄弟省市及国际联系、交流的开放格局，能及时吸收与传播国内外数学教育发展的有益经验。

3. 行动策略

（9）21 世纪上海中小学数学教育的进展将取决于所有各方所采取的行动，这些行动最终体现出如下准则：

① **让所有学生学习更好的、但却是有区别的数学，这种好与区别主要基于学生自己的需求和选择。**

② **让每个学生都会用自己内心的体验和主动参与去学习数学，这种体验和参与会不断增强学生的自信。**

（10）影响学校教育差异有三个因素——最重要的是学生教育背景的不同，其次是教师素质的高低，第三是课程和设备的优劣。《行动纲领》建议当前应予重点关注的领域有课程内容、教师培养、教学研究和教育技术。数学教育的有关各方除了以往作出的努力之外，还需决定在上述重点领域中哪些具体行动是必须的以及采取这些行动的步骤和过程。

3.1　课程内容

［问题及认识］

（11）以往的数学课程与时代和社会的需求尚有较大差距，课程内容比较单一，并且强调要求的统一而不顾学生在数学学习上实际存在的差异。主要问题有：

① 列入中小学教材的数学内容，有相当一部分学生学不好。这个问题存续多年。1987 年对全国 15 省市（含上海）初中数学教学质量的抽样调查表明：毕业时数学合格的学生为 63％，在同龄人中仅占 1/3；近 40％ 学生学习有困难，10％ 学生对所学内容不满足。5 年后的又一次调查显示，合格率有所提高，但总的情况仍未有大的改观。数学学习的困难，使数学教育事实上成为淘汰学生的筛子。

② 现代社会所必需的某些数学知识、数学技能乃至必备的数学素养，学生在中小学课程中却很少接触。这个问题更为严重。不少学用分离的数学内容，繁琐运算、证明技巧的机械训练挤占了学生动手、动口、动脑及提出和解决实际问题的时间。与世界各主要国家相比，我国学生在这些方面屡屡逊色。学习内容的陈旧，使我国中小学数学教育缺乏现代教育应有的活力。

（12）根据以学生发展为本的观念，**新的课程体系必须正确处理教材、教**

师、学生三者关系,要坚持加强基础,要特别重视发挥学习主体在认识活动中的主动和能动作用,重视由此导致的从问题出发、设计以解决问题的活动为基础的数学认识过程。学习主体对环境客体的主动作用是发现、探究等高级智力活动的基础。人类学习的本质是获得知识经验与进行行为实践两者结合的活动,数学学习是知数学和做数学的统一。数学课程内容改革的逻辑起点应从对客体的存在研究为主,移到对主体的活动研究为主,据此需要建立如下共识:

① 学生学习数学是一个连续不断地同化新知识、构建新意义的过程。

② 学生学习数学只有通过自身的操作活动和主动参与的做才可能是有效的。

③ 学生学习数学只有通过自身的情感体验、树立坚定的自信心才可能是成功的。

[改革要点]

(13) **重视数学与现实生活的联系。**完整的数学过程区分为抽象、符号变换和应用三段,以往的数学课程却以单纯处理中段为原则,这导致了数学教学脱离实际的倾向。现在,强调数学抽象和数学应用已成为国内外课程内容改革的共同取向。数学抽象首先是把握现实事物的有用特征,舍去无用特征以节约精力;数学应用是回到开始时注意的事物的所有特征中去,得到的答案常需误差估计,甚至实际检验。抽象和应用的内容,含有与原来单纯的推导、计算、演绎的数学课程很不相同且又很不简单的训练。努力的主要途径有:

① 增选在现代生活中更具有广泛应用性的数学内容充实课程,如估算、统计、概率、线性规划、系统分析与决策、计算机应用与数据处理,以及与经济、金融、贸易密切相关的其他数学知识等。

② 改造原有中小学数学内容,用增强应用、强调从生活实际和学生知识背景以及其他学科中提出问题以发展数学概念的观点,对传统的内容进行根本性的处理。

③ 开发实践环节,以来自实际、专业的课题和学生兴趣为出发点,教师指导学生一起设计分工实施,获取所需信息,将单项结果汇集综合。

(14) **加强课程的主干——最基本的数学知识。**以往的数学课程内容比较庞杂,造成学生学习数学不得要领,难度偏高,致使学生负担加重,最基本的数学知识反而不够突出。数学基本知识是指给每个学生提供的作为现代公民应具备的最低限度的数学概念、数学方法和数学思想。基本知识是学生智力开发、能力发展、继续学习以及个人全面发展的基本条件。确保系统的数学基本知识居于数学课程的核心地位，是我国传统数学课程的精华所在。新课程设计中的数学抽象与应用必须以系统的基本知识作为内核，知识的问题化与知识的结构化必须互补。改革的着力点主要是：

① 抓住数学知识的主干部分，削枝强干，构建更为简明的数学知识结构。基础教育阶段数学知识的涉及范围主要有：数与数系、代数与运算、几何与空间观念、综合几何、三角、函数与图象、向量、解析几何、统计与概率初步、微积分基础，或再加离散数学（主要指有限图、矩阵、数列与递推）等。理清这些知识之间的关系，在此基础上强化最核心的部分，突出通性通法，减弱需要强记的法则、公式、事实，复杂的笔算方法以及过量的特殊性质与运算技巧，如大量按类型分类的人为应用题，用因式分解等特殊技巧解方程、化简代数式等繁复的运算，严密地论证十分复杂的几何问题，复杂的三角恒等式证明，和、差、倍、半角公式的数值应用，用纸笔解某些特殊的超越方程等。

② 根据实际应用的需要与数学自身的发展，重新审视知识的基础，不断确立新的基础观。完全封闭的欧几里得几何体系、精细描述的圆锥曲线、单列课程的立体几何，曾是数学课程的重要基础，但今天必须作大幅度的调整。计算器和计算机的广泛使用，推动着计算方法、程序设计等内容进入新的基础知识的行列，必须使之尽快取代繁复的笔算，取代用数表和插值法进行的开方、对数、三角函数运算，甚至方程的代数解法。

（15）**拓宽创造性学习的课程渠道。**以往的数学课程教材主要是为教师讲授提供蓝本，很少为学习主体——学生的主动活动提供服务，不利于学生数学创造才能的培养。数学教育不仅培养学生计算、演绎等具有根本意义的严格推理的能力，还培养学生预感试验、尝试归纳、"假设—检验"、简化然后复杂化、寻找相似性等非形式推理或似真推理的能力。只有这样，数学课程的创造性气质才算提高。历史上，许多数学定理都是靠观察、试验和归纳发现的，严格推理的证明只是补充手续。实验方法在数学科学中的作用愈来愈被重视，除了直接观察、假想试验，统计抽样和计算机迭代、数字仿真等方法也日益被采用，成为发现、创造的重要杠杆。扩充数学课程的创造性成分需要逐步做到：

① 有计划地增设以数学问题解决为特征的课程实施形态，与原来以数学知识构建为特征的实施形态构成互补体系，在数学概念引入、数学观测与归纳、数学规定与演绎、数学演练、数学建模与求解、数学交流等方面形成各自的活动方式，同时根据知识内容的特点，合理选择和适当组合这些活动方式，使学知与学做相结合，开辟课程新渠道。

② 无论数学知识构建，还是数学问题解决，都应是学生内心的体验与主动参与的活动，这些活动要么来自数学知识体系的需要，要么来自数学应用的问题情境。要重视知识构建与问题解决的过程，发掘这个过程中的创造性成分。

③ 大力开发习题功能，把非形式推理、开放性问题、课题钻研和建模求解等纳入新编习题的范围，与原先强调现有知识掌握、巩固的习题类型相配合，组成完整的数学训练体系。

（16）**增加课程的可选择性。**以往的数学课程无视学生学习水平和学习速度的差别，用统一的模式套在各各不同的学生身上，矛盾十分突出，不利于不同类型学生个性、特长的发展。新的数学课程应当因人制宜增加可选择的内容，为全体学生提供平等的权利和机会。无论是适应现代生活与职业的需要，还是为高一级学校的学习计划作准备，基础教育的课程都要建立在学生力所能及而非简单划一的基础上，具体分为：

① 确立义务教育学段及高中前期课程内容的最低基准（适当降低基准，可以提高一批学生），以此向所有学生提供必需的数学基本知识。对于表现出不同能力、学业水平以及兴趣的学生，可在内容的深广度、训练的难易度、应用的种类上有所不同，允许他们选择有区别的内容组合与次序安排，但一定要通过教学的实践与策略，保证对每个学生来说他的数学学习都是完整而有效的。一部分数学优秀的学生则不受最低基准的限制，还可通过选修课、活动课等途径得到充分的数学学习机会，主动地发挥各自的创造性。

② 高中阶段的适当时间开始分为理科、文科和实科等，根据分科需要编制不同的数学课程，供学生选择。还可试验按学生不同的兴趣、特长，设立分水平的数学课程，与其他学科的分水平课程相配合，通过学生选择形成不同的课程组合，建立学分制与多文凭、多证书等更为灵活的体系。

[必须的行动]

（17）**构建新的数学课程体系。**这一体系的框架,纵向按数学知识内容排列,强调以最基本的数学知识为主干,包括前述基础教育阶段的各项知识,互相穿插,由浅入深地螺旋上升;横向按实施形态分类,注重以培养终身受用的发展能力为线索,包括前述从数学知识构建到数学问题解决等各种活动,贯穿所有相关内容。新课程编制的要义是凸现以学生发展为本的观念,将课程与学习融为一体,特别注目于:

① 逐步提高学生自主学习的程度。从数学概念引入到数学演练,从问题情境创设到数学交流,教师的角色逐步从知识的传授者转到学生自主学习的指导者和促进者,学生则从提高接受知识的主动性转到初步自主甚至基本自主地学习。

② 逐步提高学习内容的整合层次。要克服学知与学做脱节、数学与其他学科分离、数学科学与人文精神割裂的现象,使它们逐步在学习活动中得到整合,使智育与德育、美育、体育和劳动技术教育在数学学习中得到和谐统一。

③ 逐步提高学习效果的累积水平。要重视知识的获得过程、能力的习得过程、数学素养和人文精神的形成过程,强调有目标指向的累积,强调每一过程累积效果的递级上升,从量变向质变发展。

（18）**新数学课程的实施,必须与整个中小学课程结构改革同步,而且,相应的教育评价、教育管理和升学考试制度的改革势在必行。**新的课程结构,必须通过学科课程和活动课程的正确结合处理好学科传授与学生活动的关系,通过必修课程和选修课程的合理组合处理好统一要求与学生差异的关系,通过显性课程与隐性课程的相互配合处理好课本内外、课堂内外、学校内外形成教育合力的问题。多种课程、多种教学活动形态不能人为割裂,而应环绕提高学生素质这个轴心同轴旋转和上升。各类课程、各种活动之间应当讲究横向沟通、纵向成序,目标始终瞄准全体学生的全面、主动的发展。实施新课程必须强调把过程评价和过程管理作为基本手段,其根本标志是全体学生学习的主体意识和主体参与能力是否得到充分发展。好的教育评价首先应当有好的评价机制,同样重要的是科学的方法,主要指兼顾过程与结果,定性与定量、主观与客观相结合。升学考试制度和考试办法的改革尤为迫切,当然这方面的改革还必须与教育结构的调整、社会继续教育的完善保持同步，才能从根本上克服"应试模式"的弊端，真正变淘汰为分流，使每个学生都有可能走向成功。

3.2　教师培养

［更新观念］

（19）以学生发展为本的现代教育观，强调师生关系的革新。大量反馈信息表明，教师对学生的爱，无论是数量还是质量，都还不能充分满足学生发展的需要。**新世纪呼唤着新型的师生关系，这种关系要求教师的权威从此不再建立于学生的被动与无知的基础上，而是建立在教师借助学生的主动参与以促进其充分发展的能力之上。**教师必须尊重学生、信任学生，帮助学生去吸取、探究、组织和管理知识，有区别地引导他们而非按统一模式塑造他们。

（20）教师的专业发展应随学生培养目标的进步而变更。今天，对于数学教师的发展方向必须提出如下三点基本要求：**第一，教师要为学生今后的生存和发展准备数学工具；第二，教师要会做要求学生做的一切与数学有关的工作；第三，教师要成为数学教育改革的永恒动力。**这样强调，旨在培养数学教师特有的人文和智力品质，以便沿着正确方向促成新的教学过程。与此相关，数学教师的培养方法要和人们希望教师在课堂上采用的教学方法相适应。当前，教师的培养已成为世界各国教育进入 21 世纪的关键举措，对教师质量的重要性无论怎样强调都不会过分。数学教师的培养，需要在如下方面建立观念：

① 明确目标和标准。教师从业后的继续考核，包括对有经验的教师、有经验的学科教育带头人、有经验的学科教育管理者的分级考核，要有清晰的区分和明确的要求。

② 促进数学教育的专业基础知识，包括数学论题和教育心理学的研究成果进入培训内容。更为重要的是，培训课程应加强对师德，尤其是数学教师人格力量的关注。

③ 检验培训实效，要看有无足够的力量打破那种因受多种因素制约、数学教师已经习以为常的陈旧的教学实践的循环。

［必须的行动］

（21）进一步加强师范院校建设和继续进行大学数学教育的改革。优化配置师范教育资源和推行大师范观念，师范院校及其有关方面更好地承担起使中小学教师再提高一级学历水平的紧迫任务。**现代教育需要的数学教师,在他们学习数学时应当主动积极地获取知识、增长能力,热衷于数学应用与追求数学思想方法的进步,但更重要的是正确的教育态度和教育观念的确立。**大学的数学课程和教学风格也要解决好如何与中小学数学教育改革相适应的问题。

(22)**在教师中率先实现真正的社会终身教育。**教师培训的内容、形式与管理要更符合成人学习的心理特点,培训单位必须努力建成开放型、权威性、多功能的继续教育体系。目前,如下应变值得培训单位考虑:

① 教师继续教育的学习系统,不能经院式地封闭于培训单位,应该从每个教师的实际出发,扩大到他们工作、生活的各个角落。培训单位必须保持与中小学的亲密联系,以便深切了解学科教师的知识状况、教学水准和工作质量,在此基础上作出并执行对各类教师来说是有区别的、能结合工作进修的规划。

② 培训单位的工作更多地要凭借它的权威性,提高本单位教师的学术水平是当务之急。培训单位首先要鼓励他们不断更新知识,提高师德修养和教育理论水平,同时要把直接深入中小学解决实际问题作为培训单位教师的基本职责,推动他们充分地以先进而具体的教育、教学经验装备自己。

③ 培训单位必须对其设置的学历课程与职务培训课程予以区别研究然后作出联结,以便在教师培训与教学研究之间架起桥梁;还应积极参与中小学的各种教育实践活动,以便通过多方协作增加活力,综合地发挥多种功能,提高在职教师的素质。

(23)**在加强数学教师队伍整体建设的过程中,必须十分重视骨干教师的提高,尤其是青年骨干教师的培养。**要有计划地通过选苗、专门培训和考核,加快速度提高青年数学教师的实际教学能力和教育理论修养。要教育骨干教师把履行职责的每个过程、每一环节当作提高自身水平的台阶,下决心在学校和课堂里摔打、锤炼。开展教学实践研究是培养骨干教师的一条捷径,要继续扶持青年教师进行课题研究。还必须让每个教师懂得,师德高尚最重要,首先有很好的人品,然后在业务上也有很高的水平,这才称得上真正的骨干教师。到下世纪初,上海要培养出相当数量优秀的青年数学骨干教师,在业务上他们有过硬的教学基本功,课堂教学能体现新型的师生关系,懂外语、会计算机、掌握现代数学教育理论,还能从事科学形态的数学教育研究。

3.3 教学研究

（24）随着教育改革的深入，各种教育观念必然地出现冲撞，这在课堂教学中就有明显的体现。**数学教育必须成为以研究为基础的职业。处于世纪之交的数学教师，应该是有目的性的实践者，应该成为对改革、实验有自觉性的研究者。**只有这样，才能回避单纯解题技巧对数学教师的诱导，使他们对自身的专业发展负责。目前，教师在工作或改革过程中忽略理论思辨、在进修专业理论时把教育实践搁置一边的情形是屡见不鲜的。这一问题困扰着教师素质的提高，但通过教学研究作中介，两者可以沟通。当然，教师的研究应努力做到从经验描述水平提高到理论假设水平，从自然观察水平上升到实证思辨水平，从追求成果表述扩大到交流传播并物化为教学质量的提高。此外，可以采用下列方法开展实践研究：经验反思，行动研究，专家教师和教学新手的比较研究，还有来自外部的合作与指导等。

（25）各级教研机构以所属中小学为主要服务对象，专门从事教学研究和教学业务指导工作，它们对促进所在地区的教育教学改革与教学质量的提高具有重要意义。现在教研人员年龄渐趋老化，为防止出现青黄不接的断层现象，急需制定有力度的办法补充新生力量。数学教研人员必须在深入数学教学工作实际的基础上，不断提高自身业务水平，敢于占领教育理论的制高点，学会从一定的理论高度上考察数学教学的实际问题；同时还应不断提高教研工作的方法论水平，学会教育调查、提炼经验和科学实验，学会经验传播与成果推广。教研工作的源头活水来自学校、来自课堂。**各级教研机构应充分发挥其职能，按照以学生发展为本的观念，从教学内容、教学组织形式、教学方法和技术等方面的改革着手，引导中小学数学教师积极研究与改进教学策略，努力改造现有的数学教学模式，把数学学习的主动权交给学生。**

（26）**要十分注重科学研究在学校数学教育改革与发展中的导向作用。**应强调教育行政领导和学校管理者首先要树立依靠教育科研的观念，积极推动教研部门和第一线教师开展研究。在决策—研究—实施三者之间引进协同机制，始终保持血肉般的密切联系是至关重要的。应鼓励数学骨干教师与科学研究人员紧密结合，形成教育科研共同体或联合体，使之逐步成为研究机构与实验、示范学校联合组建的教育教学研究实体。还应提倡在比较灵活的体制下，上述两方面人员密切配合,有时各司其职,有时角色互换,坚持理论与实践紧密结合,经常开展课题研讨,进行课题研究,及时将科研成果转化为教学实践,有序地在各个范围推广传播。上海要抓紧时间,总结与积累优秀的数学教育案例,分期分批出版数学教育的著作,以此作为上海数学教育形成特色、在国内外产生影响的重要标志。

3.4 教育技术

(27) 近年来教育技术的进展主要反映在运用现代电子信息技术设计教学活动方面,数学课上广泛使用计算器和计算机将是不可避免的前景,上计算机信息网学习数学也不是遥远的将来。在此推动下,教学情境空前丰富,有选择的学习出现前所未有的可能,通过人机交流使每个学生都能够获得最适合自己的、近乎完善的知识。这种时代趋势所导致的绝不仅是教学手段的变化,也许会给教育实践各方面带来无法估量的巨大影响。**当前要密切注视教育技术现代化的国际动态,要组织力量开发适用于数学课堂教学或数学实践活动的各种软件和设备。作为国际大都市的上海,必须在这方面及早制订规划,作好精神和物质上的准备,以迎接新技术的挑战。**

4. 实施建议

(28) 数学教育的各方在确定自己的中期或近期目标及制定实现这些目标的行动计划时,要制定一个时间表来协调和安排具体活动。全市《行动纲领》更需要作出总体部署以使各方都能按时实现各自的目标。在下列分阶段要求中,某些阶段可能需要交错进行,而一些预定的年份也可能要作修改才能适应各方的情况。大致时间安排如下:

① 1997—2000 年:框架性的全面准备,主要是在确立现代教育观念上取得初步共识,启动新一轮数学课程教材改革,完成调查研究和制订新课程及其评价标准等奠基性工作,开始按新的课程标准修订和编写教材,并进行局部试验。

② 2001—2005 年:有重点地推进一流数学教育的实施,推动社会在教育观念上有较大转变,数学教师普遍达到高一级学历水平,基本完成数学新教材的修订和编写工作,新一轮课程改革进入分年段推进的整体试验阶段。

③ 2006—2010 年:全面推进并基本达到上海市一流数学教育的目标,做到对 95% 以上的适龄儿童和青少年施行全程 12 年的数学基础教育,适应 21 世纪

需求的数学新教材在全市普遍使用,学生的数学水平得到根本上的提高。

（29）今后的十余年是一个历史性的机会。虽然教育的许多方面都需要改进,但是当前数学教育的改革既特别紧迫又有特殊机遇。**数学是科学和技术的基础,现在社会和经济的发展又需要更高的科技力量;数学又是人类文化深刻而强有力的一部分,它因是一门其优美决不亚于其威力的科学而备受学校青睐,所以数学教育在世纪之交的教育改革中格外引人注目。**现在应当充分利用（如果条件成熟的话还要适当发展）现有的组织机构、合作形式、交流渠道和学术论坛,广泛开展数学教育改革的协商和会诊,不间断地保持并推广纲领所基于的共识。

（30）本《行动纲领》最后建议:**为了学生数学基础能力的普遍提高和不同学生各种数学需要的充分发展,人人应当作出长期的义不容辞的努力。**这一努力需要对中小学的数学教育和教师培养作出比以往更多、更明智的精神付出和物资投入,而其效益也将与日俱增且会更好地延续至下世纪初——到那时一流水平的上海数学教育的目标将以人人有份的方式得以实现。面对 21 世纪的挑战和为着满足学生发展的需要,我们别无选择,是行动的时候了。

1997 年 9 月

（编制本《行动纲领》的课题组成员有:张福生、胡仲威、施良方、袁振国、顾泠沅、顾鸿达、唐盛昌、黄建弘等 8 人,全文由顾泠沅执笔）

后　记

书稿杀青之际,回首 1977 年以来青浦教改历程,感悟与崇敬之情相拥而至。20 多年耕耘,初有建树,成果之中凝聚着多少人的心血和关爱。当年数学教改伊始,先行者举步维艰时,县教育局老局长施家琦的坚定支持,使改革未因条件差、困难多而夭折。后来,历届县局领导班子,还有县委县府领导,都十分关心教改实验进展并提供多种支持。而处于教改第一线的校长和教师,更以主人翁的姿态出现于实验研究的每一步。青浦教改从"小荷才露尖尖角"起,就受到市教育局及所属市教研室和教科所、京沪等地教育界和数学教育界的充分重视和大力扶植。市局老领导吕型伟、华东师范大学名誉校长刘佛年、中国数学教学研究会理事长张孝达等专家学者,都很早就关注青浦教改实验并多次莅青考察指导。其间种种情状,非另著不可一一详叙。离开方方面面的参与和帮助,青浦教改难有今天的成就。

1997 年,青浦实验研究所被批准列为上海市教育科学研究基地。县教育行政部门在报请文件中指出,"长期以来,本县的教改研究,主要是采用了实验的方法。对这项由单科突破到学校教育整体改革的大规模教改实践研究,'青浦实验'作为它的专门语称,也正逐渐被认同并在国际上产生影响。由此命名拟建的研究所,既能体现研究方法的特点,又指明了研究的主要对象"。建所的目的是,"为了进一步发挥教育科研对教改实践的指导作用,挖掘与开发本县数学教改经验,提升它的理论价值与应用价值"。《青浦实验启示录》是青浦实验研究所建所后出的第一本书。这本书从思想观念、课程改革、教学策略、师资队伍、研究方法五个方面总结了青浦实验的已有成果,并从今天的立场思考了这一教改实践带来的启示,试图在 20 世纪终了时,为青浦今后的教育改革和发展留下一点有价值的资料。

青浦实验研究所获准甫建之时,适临顾泠沅奉命调离、将去未走之际。于是,本书的写作便作了这样的安排:顾泠沅提出全书基本架构,由郑润洲、李秀玲二人对顾泠沅和青浦县数学教改实验小组原有研究成果整理补充,具体完成。

作者

1999.3

图书在版编目（CIP）数据

上海教育丛书：典藏版.综合卷 / 上海教育丛书编
辑委员会编. — 上海：上海教育出版社，2023.8
　ISBN 978-7-5720-2197-8

　Ⅰ.①上… Ⅱ.①上… Ⅲ.①地方教育 – 基础教育
– 教育改革 – 上海 – 丛书 Ⅳ.①G639.2-51

　中国国家版本馆CIP数据核字(2023)第234567号

总 策 划　缪宏才
执行策划　刘　芳
统　　筹　公雯雯
责任编辑　孔令会　刘　懿
整体设计　陆　弦